特殊地质路段处置技术

主编 张友华 邹辉杰 何利军

江西科学技术出版社

江西·南昌

图书在版编目（CIP）数据

特殊地质路段处置技术 / 张友华, 邹辉杰, 何利军
主编. -- 南昌：江西科学技术出版社, 2024.3
　ISBN 978-7-5390-8880-8

　Ⅰ.①特… Ⅱ.①张… ②邹… ③何… Ⅲ.①高速公
路—道路施工 Ⅳ.①U415.12

中国国家版本馆CIP数据核字（2023）第254477号

国际互联网（Internet）地址：
http://www.jxkjcbs.com
选题序号：ZK2023350

特殊地质路段处置技术
TESHU DIZHI LUDUAN CHUZHI JISHU

张友华　邹辉杰　何利军　主编

出版 发行	江西科学技术出版社
社址	南昌市蓼洲街2号附1号
	邮编：330009　电话：（0791）86615241　86623461（传真）
印刷	江西骁翰科技有限公司
经销	全国各地新华书店
开本	787 mm×1092 mm　1/16
字数	490千字
印张	25.75
版次	2024年3月第1版
印次	2024年3月第1次印刷
书号	ISBN 978-7-5390-8880-8
定价	98.00元

赣版权登字-03-2024-56
版权所有，侵权必究
（赣科版图书凡属印装错误，可向承印厂调换）

前 言

近年来，随着山区高等级公路建设的迅速发展，路线等级高、路面宽、开挖量大，出现大量高边坡，也发生众多高边坡变形及破坏，既增加投资，又延误工期。因地质情况复杂、强降雨、膨胀土、施工管理不规范等原因，造成多处边坡不同程度的滑塌，处置时间长，处治难度大，处治费用大，不仅造成大量财产损失，而且影响局部工期。

一般认为岩质边坡高于 30 m，土质边坡高于 20 m 即为高边坡，高边坡的稳定性问题在铁路、公路、矿山和水利建设中早已存在，国内外有许多人进行过研究。但是，由于高边坡是将地质体的一部分改造成人为工程，因此它的稳定性受制边坡所在岩土体的基本特性，即地层岩性、地质构造、岩体结构、坡体结构、水文地质条件以及人为改造的程度，即开挖高度、坡形和坡率。由于地质体的复杂性、多变性和不均质性，使得高边坡的设计与处置因具有特殊性而无章可循。

在公路隧道的施工过程中，因复杂的地质条件和施工工况，由于不良地质或水文或气候或爆破扰动等因素引起的隧道塌方等地质灾害较多。隧道塌方往往会形成严重的安全事故，给国家和人民的生命及财产造成损失。

　　岩体经历了地质构造运动的变形与破坏，形成各种结构面的复杂地质体，隧道的开挖打破了岩体原本的平衡状态，使围岩发生卸荷回弹和应力重分布，如果围岩足够坚硬，不会因卸荷回弹和应力状态的变化而发生显著的变形和破坏，那么开挖出的隧道就不需要采取任何加固措施就能保持稳定。但是，有时或因隧道围岩应力状态的变化大，或因岩体强度低，围岩适应不了回弹应力和重分布应力的作用而丧失稳定性。当隧道的开挖随隧道掘进面向前推进时，隧道围岩因隧道开挖卸荷而产生围岩应力重分布和岩体的应变软化。隧道开挖时，因土压作用和地层出现临空面后的应力调整，在软弱围岩内产生裂缝或破坏，或者因围岩内已有的层理和节理松弛、剥离。岩石和泥沙发生大量坍落的现象称为塌方，塌方是和剥落相类似的现象，但塌方的规模比剥落大。

　　为了总结高边坡与隧道塌方的治理经验，我们编写本书，结合某些路段的高边坡与隧道塌方处置案例，目的是让相关专业的读者在今后的工作中，汲取相关教训，避免类似情况重现。

目 录

第一部分 公路滑坡边坡处置技术

第 1 章 公路滑坡的认识与调查 / 3

1.1 公路滑坡的形态特征 / 3

1.2 公路滑坡的形成要素 / 6

1.3 公路滑坡的类型 / 8

1.4 公路滑坡的调查 / 10

1.5 滑坡区公路选线 / 20

第 2 章 滑坡处置原理 / 22

2.1 滑坡工程地质勘测 / 22

2.2 滑坡稳定性判断 / 30

2.3 滑坡推力计算 / 39

第 3 章 公路边坡排水工程与施工技术 / 49

3.1 公路边坡排水工程概述 / 49

3.2 地表排水工程的分类 / 54

3.3 排水沟渠设计 / 54

3.4 跌水与急流槽 / 67

3.5 地下排水工程 / 69

3.6 排水设施的施工技术要点 / 77

第 4 章 边坡挡土墙工程技术 / 79

4.1 挡土墙的类型、构造及布置 / 80

4.2 挡土墙的压力计算 / 86

4.3 重力式挡土墙设计要求与稳定性验算 / 90

4.4 其他常用的挡土墙 / 95

第 5 章 坡面工程防护技术 / 101

5.1 锚杆 / 101

5.2 预应力锚索 / 116

5.3 抗滑桩 / 151

第 6 章 公路边坡植被恢复原理与公路边坡防护工程案例 / 194

6.1 植被恢复原理及要求 / 194

6.2 植被恢复实现模式 / 205

6.3 植被恢复生态分析 / 208

6.4 植被恢复的难点问题 / 213

6.5 户洋高速公路边坡防护工程分析 / 219

第 7 章 边坡滑塌治理案例——某高速公路某标段边坡滑塌治理 / 228

7.1 工程简况 / 228

7.2 边坡滑塌原因分析及对策 / 229

7.3 路基滑坡防治的有效措施 / 248

7.4 总结 / 250

第二部分　软弱隧道坍塌处置技术

第 8 章　软弱隧道塌方分类及塌方机理 / 253

8.1 隧道坍塌分类 / 253

8.2 规模与基本形式 / 259

8.3 隧道塌方机理 / 265

第 9 章　软弱隧道塌方原因分析 / 270

9.1 不良地质条件原因 / 270

9.2 地下水因素 / 273

9.3 设计或施工因素 / 275

9.4 爆破扰动影响分析 / 281

第 10 章　隧道坍塌处理技术 / 284

10.1 隧道洞口地段防坍技术 / 286

10.2 浅埋隧道防坍技术 / 290

10.3 暗挖隧道施工防坍技术 / 298

10.4 特殊地层防坍技术 / 307

10.5 提高土层和低强度岩层承载力的方法 / 333

10.6 防坍基本经验和基本原则 / 335

第 11 章　公路隧道坍塌治理案例 / 340

　　11.1　工程简况 / 340

　　11.2　坍塌及施工处治过程 / 341

　　11.3　注意事项 / 388

　　11.4　塌方处治措施之洞顶处理 / 393

　　11.5　洞口滑塌处理措施 / 395

参考文献 / 397

第一部分

公路滑坡边坡处置技术

第1章　公路滑坡的认识与调查

1.1　公路滑坡的形态特征

斜坡上的岩土体在重力为主的作用下，由于种种原因坡体内一定软弱面（或带）中应力状态发生改变，或因水和其他物理、化学作用降低其强度以及因振动或其他作用破坏其结构，该软弱面在应力大于其强度下产生剪切破坏，上覆岩土体失稳而作整体或部分向下或向前滑动。空间形态上具备以下组成要素：

（1）滑坡体：滑坡发生后，与稳定坡体脱离而滑动的部分岩土体叫做滑坡体，简称滑体（如图1-1中1）。

（2）滑坡周界：滑坡体与周围不动体在平面上的分界线叫做滑坡周界，它圈定了滑坡的范围，在多个滑坡构成的滑坡区内，它可以是不同滑动块体的界线（如图1-1中2）。

（3）滑坡壁：滑坡体上部与不动体脱离的分界面露在外面的部分，高数米至数十米，特大型滑坡也有高数百米以上者，坡度55°～80°，似壁状，故称为滑坡壁。在平面上它多呈圈椅状（环谷状、马蹄状），岩体滑坡中也有呈直线或折线状者。其中最上部高陡部分称为主滑壁，两侧称为侧壁。发生滑坡不久尚未坍塌的滑坡壁上常留下清晰的滑动擦痕（如图1-1中3）。

（4）滑动面、滑动带和滑动擦痕：滑坡体滑动时与不动体间形成的分界面并沿其下滑，此分界面称为滑动面。许多滑坡滑动时在滑动面以上形成一层剪切揉皱结构，即被破坏的软弱带，厚数毫米至数米，称为滑动带。滑动擦痕是滑动面上动体与不动体间因相互摩擦而形成的痕迹，它指示滑坡滑动的方向（如图1-1中4）。

（5）滑坡床：滑动面以下的不动岩土体称为滑坡床（如图1-1中5）。

（6）滑坡剪出口：滑动面最下端与原地面相交剪出的破裂口叫做滑坡剪出口，简称滑坡出口。在滑坡大滑动之前它表现为地面隆起、翘出，或建筑物被剪断，大滑动之后常被埋入滑坡体之下（如图1-1中6）。

（7）滑坡舌与滑坡鼓丘：滑坡体从滑坡剪出口滑出后伸入沟、堑、河道或台地上形似舌状的部分称为滑坡舌。国内也有称为滑坡头部（类似泥石流的龙头）的，由于滑动面反翘或滑坡体浅部受阻，该部分常形成垂直滑动方向的一条或数条土垄，称为滑坡鼓丘（如图1-1中7）。

（8）滑坡台阶和滑坡平台：滑坡体在滑动中因上下各段的滑动次序和速度的差异，在其上部常形成一些错台，每一错台形成一个陡壁，称为滑坡台阶。宽大的台面叫做滑坡平台，有时该平台具有向山缓倾反向坡，叫做反坡平台，是滑坡的一个典型地貌特征，尤其是沿弧形面旋转滑动的滑坡（如图1-1中8）。

（9）滑坡后缘：主滑壁与山坡原地面的交线称为滑动后缘（如图1-1中9）。

（10）滑坡前缘：滑坡舌前部与原地面线的交线叫做滑坡前缘，其最突出的地点叫舌尖（如图1-1中10）。

（11）滑坡洼地和滑坡湖：滑坡滑动后，滑坡体与主滑壁之间拉开形成沟槽或陷落成"地堑"状，相邻土楔向山反倾形成四周高、中间低的洼地，称为滑坡洼地。当滑坡壁向外渗水或地表水汇集于洼地中形成溃泉地或水塘时，就成为滑坡湖（如图1-1中11）。

（12）拉张裂缝与主裂缝：位于滑体上部因滑坡体下滑而张开的长达数十米至数百米、方向与滑坡壁吻合或大致平行的裂缝称为拉张裂缝，其中与主滑壁重合的一条称为主裂缝（如图1-1中12）。

（13）剪切裂缝：位于滑坡中下部的两侧，因滑坡体与两侧不动体间发生剪切位移而形成的裂缝叫做剪切裂缝，它形成滑坡的两侧边界（如图1-1中13）。

（14）羽状裂缝：滑坡体两侧剪切裂缝尚未贯通前，因动体与不动体间相对位移剪切形成的呈羽状（雁行状）排列的张裂缝称为羽状裂缝（如图1-1中14）。

（15）鼓胀裂缝：滑坡体下部因下滑受阻挤压隆起形成垣垄（鼓丘），在其上形成垂直滑动方向的鼓胀裂缝（如图1-1中15）。

（16）放射状（扇形）张裂缝：滑坡体下部因下滑受阻而形成的顺滑动方向的压张裂缝，在滑坡主轴部位大致平行滑动方向，两侧呈放射状（扇形）分布。在滑坡大滑动前，它先于鼓胀裂缝和滑坡剪出口出现，是抗滑段受压的标志。滑坡滑动后，滑体向两侧扩展也形成张裂缝，在舌部呈放射状分布，故称为放射状张裂缝或扇形张裂缝（如图1-1中16）。

（17）牵引性张裂缝：主滑壁以外因失去侧向支撑而形成的尚未滑动的断断续续的张裂缝，称为牵引性张裂缝。它预示着滑坡可能扩大或主滑壁可能坍塌的范围（如图1-1中17）。

（18）主滑线（滑坡主轴）：滑坡体上滑动速度相对最快的纵向线叫

主滑线，也称为滑坡主轴。它代表滑坡整体滑动的方向，可以为直线或曲线，位于滑体后缘最高点与前缘最远点的连线、滑坡体最厚、滑坡推力最大的纵断面上（如图1-1中18）。

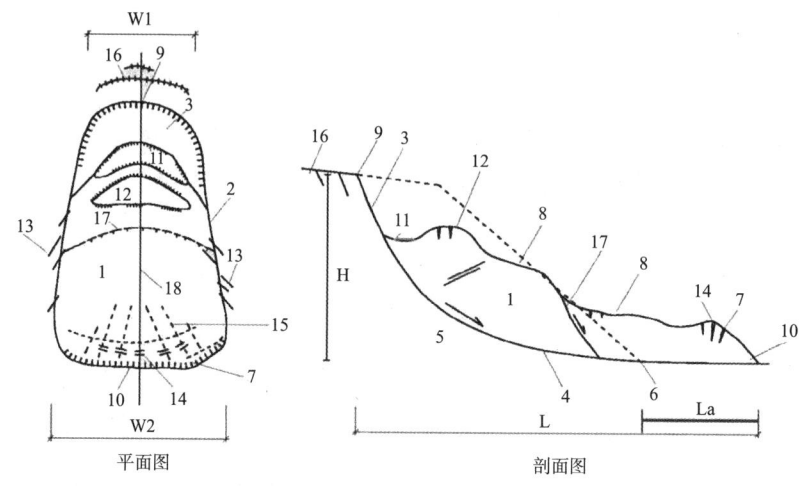

图1-1 公路滑坡形态特征图

需要说明的是，并不是每个滑坡都完整具备以上各要素，一些发育不完整或结构复杂的滑坡，要根据具体地质条件来判别某些不清楚的要素。

1.2 公路滑坡的形成要素

公路滑坡的形成是由于斜坡岩土体抗剪强度的降低及下滑力增大造成的。导致斜坡岩土体抗剪强度的降低及下滑力增大的因素很多，包括斜坡岩土体区地形地貌、地质结构、物质组成、水文地质、人类工程活动等，其中斜坡岩土体区地形地貌、地质结构、物质组成是产生滑移的内在因素；水文地质条件的变化、人类工程活动是使得斜坡岩土体产生滑移的外在因素。对公路滑坡来说，其产生滑动的原因往往是多方面的，很少是由一个确切的原因或因素引起的，往往是内因和外因相互作用的结果。

1.2.1 形成滑坡的内在因素

内在因素是指斜坡体本身就具备的有利于滑坡发生的地质地貌因素,这在滑坡形成中起着决定性作用。

(1) 地形地貌因素:只有处于一定的地貌部位、一定坡度的斜坡才可能发生滑坡。通常情况下,滑坡形成于地形高差偏大的山地、高原地区,且高差越大,滑坡越易形成。同时在另一方面还要有适宜的斜坡坡度、高度和形态,便于形成滑动的临空面。产生滑坡的有利地形是下陡中缓上陡、上部呈环状的坡形。

(2) 岩土类型因素:岩土体是产生滑坡的物质基础,它的性质和结构对滑坡的形成具有决定性作用。一般情况下,外表坚硬,结构完整的岩石,抗剪强度和抗风化能力也强,斜坡整体性好,不易发生滑坡。

(3) 地质构造因素:地质构造是滑坡活动的重要影响因素,组成斜坡的岩土体只有被各种构造面切割分离成不连续状态时,才有可能产生向下滑动的条件。断裂构造面促进了斜坡岩土体的风化作用及为降雨等水流进入斜坡提供了通道,破坏了岩体的整体性,地下水或地表水将沿着断层滑动面运行,为滑坡的产生提供了条件。

1.2.2 产生滑坡的外在因素

(1) 水文地质因素:地下水活动,在滑坡形成中起着主要作用。它的作用主要表现在软化岩土,降低岩土体的强度,产生动水压力和孔隙水压力,潜蚀岩、土,增大岩、土容重,对透水岩层产生浮力等,为滑坡的产生提供了条件,尤其是对滑动面(带)的软化作用和降低强度的作用最突出。

(2) 滑坡的外形因素:如洪水的冲刷、人工的开挖、爆破震动、局部加载(减载)使滑坡体的平衡状态受到了破坏,为滑坡的产生提供了条件。特别是爆破震动影响最为直观，在潜在的滑坡体上产生附加爆破震动力，降低潜在滑体的稳定系数，爆破震动产生的惯性力增加了岩体的下滑力，从而易触发和诱发滑坡，对含有软弱面的岩石斜坡震动更容易发生滑坡。

1.3 公路滑坡的类型

滑坡形成于不同的地质环境，并表现为各种不同的形式和特征。滑坡分类的目的就在于对滑坡作用的各种环境和现象特征以及产生滑坡的各种因素进行概括，以便正确反映滑坡作用的某些规律。在实际工作中，可利用科学的滑坡分类去指导勘察工作，衡量和鉴别给定地区产生滑坡的可能性，预测斜坡的稳定性以及制定相应的防滑措施。

目前滑坡的分类方案很多，各方案所侧重的分类原则不同。有的根据滑动面与层面的关系，有的根据滑坡的动力学特征，有的根据规模、深浅，有的根据岩土类型，有的根据斜坡结构，还有根据滑动面形状甚至根据滑坡时代等。公路工程滑坡分类如下：

1. 根据滑体的物质组成、成因性质和结构特征等分类，见表1-1。

表1-1 滑坡按主要物质组成分类

类型	亚类	主要特征
土质滑坡	堆积土滑坡	除黄土、膨胀土、填土等特殊土外，发生在第四系地层各种成因土层中，包括风化残积土，由一般土质组成的滑坡体，多沿堆积土层中软弱土层或基岩面滑动
土质滑坡	填土滑坡	发生在路堤或人工弃土中，多沿原地面或基底以下松软土层滑动
土质滑坡	膨胀土滑坡	发生在含有膨胀土地层中，沿膨胀土层或下伏基岩（土层）滑动，多为浅层滑坡
土质滑坡	黄土滑坡	发生在各时期黄土层中由黄土构成滑坡体，沿黄土层界面或基岩滑动
岩质滑坡	破碎岩体滑坡	发生在构造破碎带或严重风化带的破碎岩体中
岩质滑坡	层状岩体滑坡	发生在具有层状结构的岩体中，多沿层面或软弱结构面滑动
岩质滑坡	块状岩体滑坡	相对完整的块状岩体沿构造节理或小断面产生组合式滑动

（1）堆积土滑坡根据土的性质和颗粒组成分类，见表1-2。

表1-2　堆积土滑坡分类

类型	主要特征
黏性土滑坡	发生在非膨胀性黏性土层中的滑坡。多沿高含水量、软弱的高塑性黏性土或基岩顶面滑动
碎石土滑坡	由砂性土组成的滑坡
块石土滑坡	由块石土组成的滑坡。多沿块石土层中高含水量、软弱的黏性土夹层或基岩顶面滑动
风化土滑坡	发生在残积土、全风化土、砂土状强风化层中，滑动面主要依附于结构面，沿土体中的风化界面、软弱夹层、原生或次生结构面滑动

（2）层状岩体滑坡可根据滑动时与岩体结构面的组合关系分类，见表1-3。

表1-3　层状岩体滑坡分类

类型	主要特征
顺层滑坡	由顺倾层状岩体构成，沿顺倾坡外的层面或软弱带滑动
切层滑坡	由平缓或反倾层状岩体构成，滑动面切割岩层层面常沿倾向坡外的一组软弱面或结构面（带）滑动

2. 根据滑坡体体积分类，见表1-4。

表1-4　滑坡按体积分类

滑坡类型	小型滑坡	中型滑坡	大型滑坡	巨型滑坡
滑坡体积 $V/\times 10^4 \text{ m}^3$	$V \leq 4$	$4 < V \leq 30$	$30 < V \leq 100$	$V > 100$

3. 根据滑动力学特征分类，见表1-5。

表1-5 滑坡按滑动力学特征分类

滑坡类型	主要特征
推移式滑坡	中后部岩土体滑动挤压推移前缘段产生滑动形成的滑坡
牵引式滑坡	前缘段岩土体发生滑动后使后缘岩土体失去支撑滑动而形成的滑坡

4. 根据发生年代分类，见表1-6。

表1-6 滑坡按发生年代分类

滑坡类型	主要特征
新滑坡	新近发生滑动的滑坡
老滑坡	全新世以来发生的滑坡
古滑坡	全新世以前发生的滑坡

5. 根据滑动面的埋藏深度分类，见表1-7。

表1-7 滑坡按滑动面埋藏深度分类

滑坡类型	浅层滑坡	中层滑坡	深层滑坡
滑动面埋藏深度/m	H≤6	6<H≤20	H>20

1.4 公路滑坡的调查

公路滑坡调查一般结合选定的线路走廊带，由大到小、由面到点、由粗到细。调查方法和手段也越来越多，包括历史资料、空中摄影、现场调查等。对于简单的、小范围的滑坡调查，可以采用现场调查，而公路沿线点多、线长、面广，对于新建公路，还存在交通不便，故应采用多种方法相结合，例如可以先采用遥感技术进行普查、分析，细化工作范围，再通过工程技术人员现场调查，这样可节省时间，利于工作深入开展。

1.4.1 遥感技术调查

在滑坡勘察调查中，遥感是应用传感装置而不直接接触目标物体，利用在空中运行的卫星或飞行器收集地面信息的技术。目前通过遥感技术获取信息的方法较多，有照相、扫描、电磁脉冲设备、γ射线频谱仪等。但在滑坡调查，特别是公路走廊带内大面积、大范围普查应用中，航空摄影可以说是一种有效方法，它全面、直观、经济、应用方便，在美国、日本、欧洲等发达国家应用较早，精度较高。据不完全统计，日本使用航空摄影鉴别调查滑坡总的精度达到84%，而在没有乔木和灌木覆盖的水田等类似地区，鉴别精度高达96%。

航空摄影能提供走廊带内的三维全貌，据观察和分析地区地形、排水、地表覆盖、地质材料及人类活动对地貌作用之间的相互关系，判释可能发生的滑坡位置、范围、影响等。判释方法主要通过图像上典型要素的分析，找出滑坡敏感地形和易滑地点，典型要素包括：

（1）滑坡土体被溪沟水流冲刷切割地形。

（2）有大量松散土体和岩块的土坡。

（3）在滑坡壁（头部末端）上破碎的断崖线，或出现张裂缝，或两者均存在的地带。

（4）滑坡壁下滑坡体波状起伏的地形。

（5）非天然的地形，如地形上的勺形槽、人工修路等产生的切脚陡坡地形。

（6）明显的渗水地带。

（7）细长的积水洼地或水塘。

（8）流水沟或沟中的碎屑堆积体。

（9）小间距自然流水沟。

（10）图像色调明显变化地带。

（11）植物的明显变化地带，植物的分布不均与土体性质、含水量等关系密切。

（12）因蠕动而倾斜的树木和移位构筑物等。

滑坡判释质量好坏和可靠度与判释人所具有的对其所研究区域的土和地质知识的多少成正比，还与滑坡判释人员的熟练程度、拍摄相片的参数和效果、植被覆盖程度的自然因素、使用的仪器设备和分析方法等因素有关。为了提高公路滑坡判释的精度，选择有经验有能力的滑坡摄影判释人员，采用合适的仪器设备进行分析是十分重要的。

1.4.2 滑坡野外鉴别

1.4.2.1 地层岩性标志

地层岩性是产生滑坡的物质基础。研究结果表明：一定地区的滑坡发生于一定的地层之中。滑坡的产生多与泥质地层的存在有密切的关系。这些地层中容易产生滑坡的主要原因是此类地层岩性软弱。在水和其他因素的影响下，往往构成潜在的滑动面（带）。

在进行滑坡野外调查时应首先查明易滑坡地层在研究区内的分布组合规律。在中国，易滑坡地层的主要类型有：砂页岩和泥岩互层；煤系地层；灰岩、泥灰岩、页岩互层；板岩、千枚岩、云母片岩等变质岩系；各种黏土、黄土和类黄土地层；风化残积层以及各种成因的堆积层等。

根据滑坡区内地层层序和产状的异常现象可以区分滑坡体和未扰动体的界线。在滑坡区内，滑坡体在脱离未扰动体的滑移过程中，岩土体常有扰动松脱现象。滑坡体的层位和产状特征常与外围岩体不连续，局部可能出现新老地层倒置的现象。滑坡造成的地层层序和产状特征的异常往往易与断层相混淆，在野外调查时应注意加以区分。其主要区别为：

滑坡改变岩体结构的范围不大，而断层改变岩体结构的范围大，一般顺走向延伸较远。滑坡体常具有折扭、张裂、充泥等松动破坏迹象，而断层上盘的岩体破碎多数是由有规律的节理切割而成。滑坡塑性变形带的物质成分较杂，厚度变化大，挤碎性差，所含砾石磨光性强；而断层带的物质成分较单一，厚度较稳定，破碎较强烈，常形成断层角砾岩或断层泥。

1.4.2.2 地质构造标志

地质构造条件控制了滑坡滑动面的空间位置和滑坡范围，在大的构造断裂带附近滑坡往往成群出现。各种结构面与山坡临空面或人工开挖面的组合关系，控制着斜坡的稳定性。地质构造条件还决定了滑坡区地下水的分布和运动规律。滑坡是在地表浅层由各种结构面圈定的以水平滑移为主的运动地质块体。组成滑坡的各要素都是有一定产状的构造成分。这些构造成分一般仅限于地壳表层，且是在外力作用下产生的，可以称为滑坡构造。

不同性质的结构面在滑体内有着一定的展布规律（如图1-2）。滑坡壁和洼地所组成的地堑式陷落带是在主滑动力作用下形成的。地表出现一系列拉张裂缝，这些张性结构面的倾向与滑坡壁相反。滑坡左右侧的羽状裂缝组，是在力偶作用下形成的次级张性结构面。这些次级张性结构面呈雁行状排列，缝壁两侧面粗糙不平且呈张开状。在滑坡舌部前缘，则产生与主滑方向正交的压性结构面及次一级鼓胀裂缝。在主轴断面上，如图1-2（b），一般规律是滑坡壁与陷落段的滑面倾向坡脚，且倾角较陡，至主滑地段滑面逐渐变缓。而抗滑地段滑面背向坡角呈"反倾"，其倾角由极平缓直到很陡。当倾角极小时，抗滑地段不明显。在野外调查中若能查明按图1-2的规律性展布的裂缝及结构面的分布范围，即可判定有单个滑坡存在。

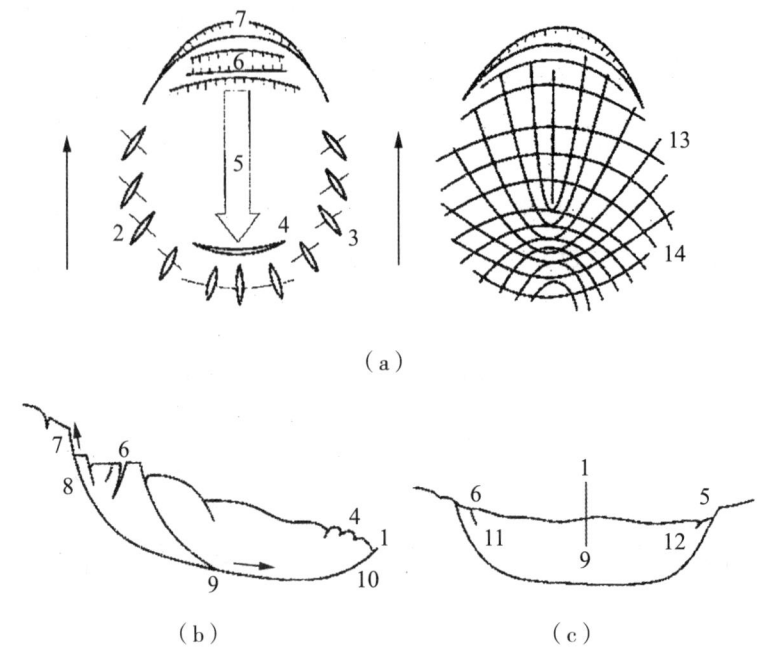

（a）滑坡构造理想展布及主应力分布；（b）主轴剖面；（c）横向剖面。

注：1.舌部压性结构面及放射状裂缝；2、3.前弧左右侧雁列裂隙；4.鼓胀裂缝带、侧羽状裂缝带；5.滑坡脊椎及张性结构面；6.洼地、张拉裂缝带；7.滑坡壁；8.山前马蹄形盾地；9.扭性结构面；10.压性结构面；11、12.张扭性结构面；13、14.最大及最小主应力迹线。

图1-2　某滑坡构造及剖面结构概图

在许多滑坡中，滑坡壁或其他要素往往追踪古老地质构造面而发育，某些滑坡构造又与一般地质构造很相似。因此正确识别滑坡构造与一般地质构造是滑坡野外鉴别的基本工作。滑坡构造与一般地质构造的主要区别如下：

（1）不同的滑坡构造出现的相互位置较固定。例如滑坡地堑出现在坡面较高的部位，而滑坡地层褶皱和滑坡舌逆掩现象则出现在坡脚附近。一般地质构造现象本身则不受山坡部位高低的限制。

（2）滑坡构造成分的展布范围一般较小，而一般地质构造的展布范围则往往较大。

（3）各种滑坡构造张裂缝中，往往充填有松散土石和岩屑角砾，这类充填物除多孔隙外无任何动力变质烘烤现象。而一般地质构造形成的破碎带中，充填物少有直观的孔隙，多具有动力变质现象以及糜棱化和角砾化现象。

（4）滑坡擦痕方向与主滑方向一致，仅存在于黏性软塑带中或基岩表层，痕槽深浅及方向随不同部位稍有变化。而断层擦痕与坡向或滑坡方向无关，且常深入基岩呈平行的多层状。痕槽深浅及方向较有规律性。

（5）滑坡地层褶皱的次级张性断裂都是开口的，折断处参差不齐，褶皱轴部的硬岩层保持不变的厚度。而一般地层褶皱的岩层往往有减薄或构造尖灭现象，折断处是圆顺的。

（6）滑坡床产状有起伏波折，其总体有下凹的趋势。而一般断层的产状较稳定。

1.4.2.3 水文地质标志

滑坡区普遍存在地下水。滑坡发生前后的水文地质条件会相应产生不同程度和不同性质的变化。滑坡发生后，滑移体上部的张性裂隙系统可以直接接受大气降水的补给。

滑动带土则形成相对不透水的隔水层，滑体内部的地下水常富集于中下部，斜坡含水层的原始地下水赋存条件常被破坏，在滑坡区内形成复杂的单独含水体。由于滑坡前缘舌部存在反倾段，在滑动带前缘常有成排的泉水出现，或形成带状湿地。

滑坡区的地下水有下列几种主要类型：

（1）上层滞水：指埋藏较浅、分布不连续的地下水。主要埋藏分布于黏性土层中，呈透镜状的碎卵石层中以及基岩风化带的上部，其动态完全决定于大气降水。它的活动常是产生中、浅层滑坡的主要原因。

（2）基岩裂隙水：是基岩滑坡的主要地下水类型之一。赋存于基岩裂隙之中，既有无压水，也有承压水。在裂隙连通的情况下与滑带水常有水力联系。

（3）滑带水：指埋藏于滑动带附近的地下水。多半汇集于滑坡中前部的凹槽之中。滑带水对中、深层滑坡起主要作用。滑坡地下水的补给来源可以是大气降水和地表水入渗，也可以是基岩裂隙水、断层水和第四纪含水层等。大气降水与滑坡的关系十分密切，很多滑坡都是在暴雨之后形成的。断裂在基岩中形成地下水的网络通道。正断层一般破碎带较宽，透水良好，可沟通错动范围内各层地下水；而逆断层一般不含水，有时尚起一定的隔水作用。

滑坡地下水的排泄条件往往影响滑坡的稳定性。在地下水排泄条件不良时，会在滑动带附近积蓄动水压力，从而破坏滑坡的稳定。当地下水排泄不畅时，地下水多在斜坡前缘出露，不利于滑坡稳定。沿着滑坡裂隙发育的冲沟，往往有利于地下水的排泄。在冲沟发育地段滑坡的整体稳定性较好，而在冲沟不发育地段一般稳定性较差。地下水与在斜坡中的活动及滑坡的形成有密切的关系，地下水在硬质岩地层中沿软弱破碎带或薄风化层活动时，岩层可能沿该软弱面（带）产生滑动。黏性土层一般上部较松散，下部较致密。当水下渗后沿其上下部分界面活动时，常使上部土层沿此软弱面而滑动。风化岩层干燥时呈散粒碎屑状，受水潮湿后易形成表面溜滑。坡积黏土中的地下水常沿黏土与下伏基岩的分界面活动，常沿基岩顶面形成滑坡。在滑坡区内往往是下卧层面受水软化，具隔水作用，形成滑动面。滑动层则由于其松散性而容易受水。在下卧层和滑动层之间常具备供水条件。如下卧层顶面为地下洼槽时易于聚水。地下水量的增加，使土体的含水量增大，从而使强度降低。而地下水流速加大，在含有易溶矿物或粉细砂层的地层中，会产生潜蚀作用而降低强度。地下水位和河、湖、水位的升降会相应地改变原有的静动水压力。水位上升时，会增加下滑力和水对土的浮力，降低抗剪强度。水位骤降时，会造成岸边动水压力。这些都是助长滑动的因素。地下水与周围岩土体产生长期的水化学作用，会不断改变周围岩土体的性质和强度。在一定的水化学条件下，含水地层中的某些易分解矿物不断转变为相应的次生黏土矿物，如高岭石、水云母、蒙脱石、绿泥石、褐铁矿等。这些新的次生矿物本身都易于吸水膨胀且强度较低。地下水中盐含量的降低与钠离子含量的升高，将导致岩土抗剪强度的大幅度降低，成为滑坡的有利条件。采取滑坡区内外的地下水样进行水化学分析对比，是识别滑坡的有效手段之一。综上所述，在识别滑坡时，应注意调查滑坡区的独特水文地质条件，特别是注意对滑坡区进行成因分析。

1.4.2.4 地形地貌标志

滑坡在斜坡上常形成上陡中缓下陡的折线状地形，在山坡上部造成环谷地貌。所谓环谷即圈椅状或马蹄状地形。滑坡区周围地形较陡，中间有一个较平缓的核心台阶。滑坡台阶与河流阶地的主要区别是滑坡台阶的高度无一定的规律，滑坡台阶主要由堆积层或其他地层构成，一般无底砾层，斜坡上常出现较多的错距不大的小台阶或坡面呈波浪起伏。滑坡体上常出现多级后倾平台，前缘常有隆起鼻状凸丘。滑坡在现代河床的凹岸常出现因山坡坡脚侵占河床反而稍微突出的现象（如图1-3）。曾经产生过滑坡的古河床凹岸，由于滑坡体的前缘已被冲刷掉，河岸边常残留分布一些大孤石。

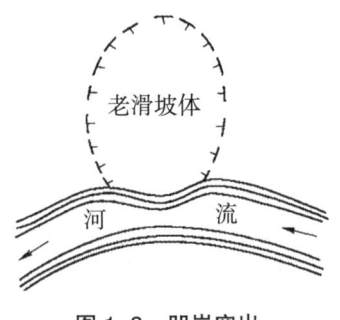

图 1-3 凹岸突出

滑坡体两侧常形成沟谷，造成双沟同源现象（如图 1-4）。而一般山坡上的沟谷多为一沟数源。环抱滑坡体两侧的冲沟多数并非真正同源，只是上游距离较近而下游距离较远。这些冲沟中往往沟底堆积物不厚或出露基岩。有的滑坡体上还有积水洼地、地面裂缝、醉汉林、马刀树和房屋倾斜、开裂等现象（如图 1-5）。由于坡体滑移运动，使其上生长的树木东倒西歪，形成醉汉林。这标志不久前该处曾发生过滑坡，而且滑动剧烈。马刀树指由于坡体滑移运动造成的树干下部歪斜而上部直立。根据马刀树的年轮可以推断滑坡的相对年代。根据滑坡区的地形地貌可以圈定滑坡边界。滑坡后缘断壁一般较陡立，前缘常被挤出或呈舌状凸出，两侧常以沟谷或裂面为界。滑坡床常具有塑性变形带。

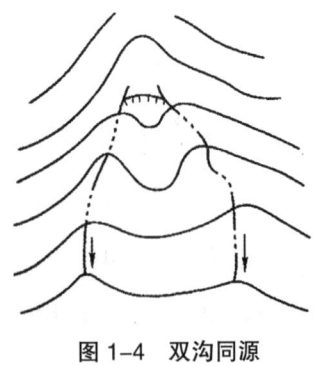

图 1-4 双沟同源　　　　图 1-5 滑坡特征

1.4.2.5 现代滑坡的野外鉴别

现代滑坡的主要特点是滑坡的各部分要素发育齐全，它往往可以具有如图 1-1 的各种滑坡要素。在野外鉴别现代滑坡，也就是识别各种滑坡要素的存在。当滑坡要素齐全或基本具备时，就可以判定滑坡的存在。在宏观上远眺，可以观察现代滑坡的周界。而在滑坡体上的相应位置，可以直接观察到不同的滑坡要素。现代滑坡作为一种特殊的地形地貌，滑移体在滑动过程中会产生各种裂缝、台阶、褶皱、镜面擦痕等滑动形迹。这些滑动形迹在滑坡体内的组合是有规律的（如图 1-1）。常可根据所有滑动形迹在空间的展布规律来确定现代滑坡的范围。现代滑坡的擦痕是新鲜的，在野外较易于识别。根据擦痕的方向和所处的部位，常可判断滑体各部分的滑移方向和受力状态。对于因人为因素使原始地形破坏较多的现代滑坡，应仔细观察残留的滑动形迹，分析其所代表的受力状态，确定其在滑坡体上的相对部位，然后根据滑坡体内各种构造形迹的展布规律，推断滑坡的存在及其展布范围。

1.4.2.6 古老滑坡的野外鉴别

古老滑坡往往受后期剥蚀夷平风化作用的改造，使滑坡要素短缺或变得模糊不清。古老滑坡的野外鉴别，应首先在宏观上远眺其与周围山坡的异常之处，然后进一步研究对比山坡地貌的发育过程，从而推断古老滑坡的存在。古老滑坡的野外鉴别特征如下：

（1）河流阶地的变位：滑坡使阶地的原始产状和特征遭到破坏，使阶地平台不再连续，使阶地前缘与河床的距离缩短，使阶地高程降低，与区域上相应阶地的高程产生差异性变位。

（2）坡面地形的菱形转折：正常坡面在纵断面上多呈浑圆状的凸形坡或凹形坡，而高陡滑坡壁的存在，将使斜坡纵断面上出现明显的菱形转折。当古老滑坡的后壁受风化剥蚀夷平作用而变得模糊不清时，要通过认真地观察对比，才能正确地进行鉴别。

（3）河流凹岸中的局部凸出：河道水流对凹岸的强烈冲刷，常造成滑坡。滑坡体的前缘伸入河道，占据部分河床，形成河流凹岸中的局部凸出。在后期冲刷作用改造后仍残留有巨大的孤石于岸边，这是古老滑坡存在的一种标志。平面上山坡堆积物在阶地面上的明显凸出也是古老滑坡存在的标志。

（4）环谷状洼地：在正常的斜坡上出现低于周围原坡面的环谷状或簸箕状洼地地形。洼地内部起伏不平，甚至出现向坡内反倾的台地。洼地内部冲沟发育，方向紊乱。这些冲沟往往沿古老滑坡的裂缝发育。洼地两侧发育的冲沟往往呈双沟同源现象。

（5）基岩陡坡区域内的局部缓坡：在由基岩组成的陡坡地段，由于滑坡使地形坡度减缓，构成由松散碎石夹土组成的局部滑坡。

1.5　滑坡区公路选线

公路路线是公路的骨架，它的优劣关系到公路本身功能的发挥和在公路网中能够起到应有的作用。公路选线是公路修建之前一道非常重要的环节，它将影响公路本身的工程投资、运输效率以及公路在整个交通网中积极效应的发挥。选线的好坏深刻影响到工程的造价、修建和运营。

当公路经过滑坡区时，选线工作应遵循以下原则：

（1）重视对滑坡形成的工程地质环境的研究，尤其是多个滑坡分布的滑坡群段落。这种段落往往预示着斜坡土体的不稳定性，有可能出现更大规模的斜坡岩土体移动。路线应尽量绕避。

（2）路线方案的选择应视滑坡的规模、稳定性和治理难易程度而定，对大型复杂的滑坡，宜优先考虑绕避，如绕避有困难或路线增长过多时，应结合滑坡的稳定程度，处治的难易，从经济与施工等方面对绕避和整治方案综合比较后加以取舍。对于小型滑坡，一般可不避绕，但应根据其滑动原因和稳定性采取排水、支挡、减载等措施进行处理。对于中型滑坡，一般也可以考虑通过，但需慎重考虑其稳定性，选择有利部位通过，并采取相应的工程处治措施。

（3）路线通过滑坡的位置原则上力求不恶化滑坡的稳定性，选择有利于滑坡的稳定和路线安全的位置通过。应根据路线高低选择布线位置，一般是滑坡的上缘或下缘比中部好。通过滑坡上缘，以挖方路基为宜，通过滑坡下缘，以填方路堤为宜。

（4）路线选择应尽可能避开潜在滑坡或易产生滑坡的不良地质路段。如坡面高陡、松散堆积发育、地下水丰富、上方汇水区较大、软硬岩层相间且倾向与坡向相同，易受河水冲刷的河岸等，以避免工程诱发滑坡。

第 2 章　滑坡处置原理

2.1　滑坡工程地质勘测

滑坡工程地质勘测的目的是查明滑坡的形成原因及其性质，判断滑坡的稳定程度及其对工程建设的危害性，提供防治滑坡的措施与计算参数。

在滑坡工程地质勘测以后，应提出：①滑坡工程地质平面图，比例尺为1∶500或1∶1000；②滑坡断面图，比例尺为1∶200或1∶500。

2.1.1　滑坡测绘要点

2.1.1.1　滑坡工程地质平面图（如图2-1）

（1）根据地貌形态、裂缝、台阶及水文地质特征、位移观测，并结合勘探，弄清整个滑坡的周界和滑坡周界内不同的滑动部分的界线。

（2）滑坡壁的高度、陡度、植被和剥蚀情况；擦痕的方向与倾斜度；弧形裂缝的位置、宽度、长度、产状及贯通情况。

（3）滑坡台阶的数目、分布位置、形状、长度、宽度、陡坎高度、有无反坡、坎壁植物生长情况等。

（4）滑坡舌的位置、形状、掩盖和被侵蚀情况。

(5)滑坡裂缝的分布位置、形状、长度、宽度、出现的先后顺序（可能的）、组合特点及连通情况。

(6)泉水、湿地的出露位置、类型和与地形、地质构造的关系，弄清地下水的补给与排泄关系。

(7)基岩层面和基岩顶面是否倾向路线、倾角大小，裂隙发育程度、产状、层面间有无软弱夹层和裂隙水活动。

(8)滑坡区内建筑物变形的程度、性质、部位和发展过程。

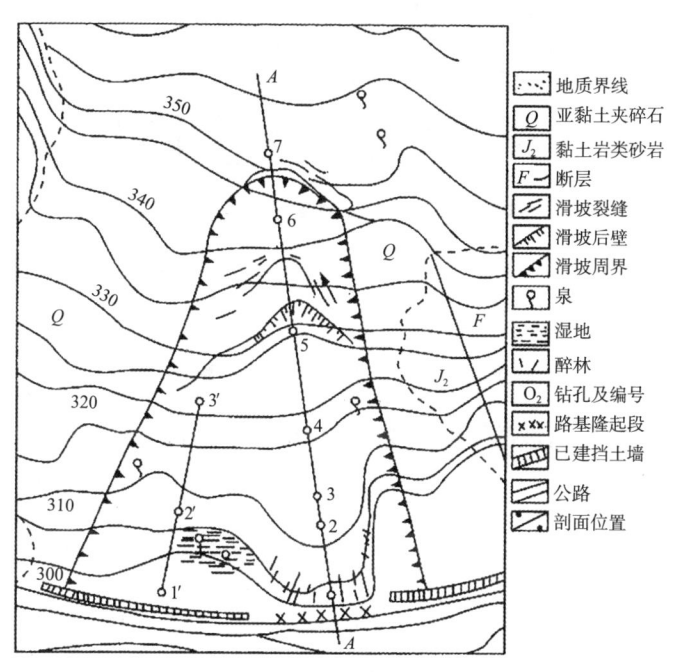

图 2-1　滑坡工程地质平面图

2.1.1.2　滑坡主滑断面图（如图 2-2）

(1)主滑断面常在滑坡滑动量最大、滑坡床最深的部位。以最外边一个滑坡壁的最高一点为主滑断面顶点，沿滑坡擦痕方向向下延伸，通过滑坡台阶、滑坡舌的前缘凸出部位，如果滑动方向拐弯，断面也要随之拐弯，对于滑坡群应按不同滑动方向作各个滑坡的主滑断面，主滑断面不一定与路线垂直，但要与主滑动方向一致。测绘主滑断面的地面线时，要显示出滑坡壁、台阶、陡坎、裂缝等滑坡要素的位置和外形。

（2）根据勘探资料，在断面图上填绘地层层序、岩性及岩层结构，并勾绘出各个部位滑动面（带）的位置和形状。

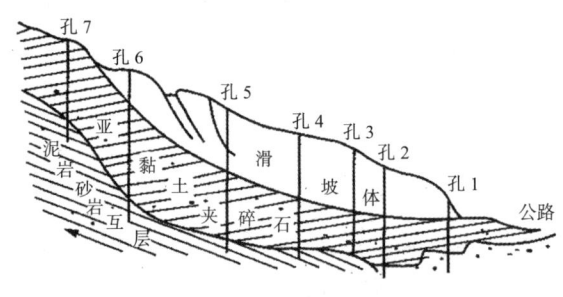

图 2-2　滑坡主滑断面（A-A 剖面）

2.1.2　滑坡勘探的方法

滑坡勘探，目前常用挖探、物探和钻探三种方法。钻探多用于滑坡的主体部分，是滑坡勘探的主要方法，物探和挖探多起配合作用。

2.1.2.1　挖探

挖探包括挖坑、挖槽、平洞、深井等，多用以确定滑坡床的后壁及前缘的产状和滑坡的周界（当周界不明显时），特别适用于浅层滑坡。挖探的特点是揭露面大，易于观察和采取原状土样等。在勘探设备缺乏的情况下，若结合工程施工采用挖探，则可争取时间，节省费用。深井、平洞等大型挖探工程，费工费时，工作条件困难，一般很少使用。

2.1.2.2　物探

在滑坡勘探中，目前使用较多的是电探和地震勘探，主要用以查明：

（1）覆盖土层的厚度，下伏基岩表面的形状；

（2）滑坡体内含水层和湿带的分布情况与范围，配合钻孔测定地下水的流速、流向；

（3）滑坡地区的地质构造及其分布的规律。

物探资料可以指导钻孔位的布置，利用钻探资料又可核对和修正物探成果，二者相辅相成。

2.1.2.3 钻探

（1）钻探常用于滑坡主滑断面的勘探。其钻孔位置与数量的确定，一般应根据调查、测绘的资料，结合滑坡的规模及其复杂程度而定；孔深以钻至滑床下 $1 \sim 3$ cm 为宜，若滑床为软质岩层时，则须适当加深。

（2）滑坡钻探以干钻为主，无泵反循环（小循环）只在特定情况下作为辅助用。在钻进中，应力求有较高的岩芯采取率（80%～95%），并应保持岩芯的天然含水量与原状结构。

（3）在钻进过程中，应及时分析和鉴定以下项目：

①岩芯的岩性（矿物成分、颜色、结构构造）、含水状态、破碎程度、力学强度及沿深度的变化情况等；

②地下水的出露及其水位的变化情况；

③观察岩芯中微斜层理、镜面、擦痕等滑动迹象。

对孔内漏水、掉块、卡钻、涌水、孔壁坍塌、套管变形、钻进速度变化等异常现象，均应作详细记录。

2.1.3 滑坡工程土质试验

2.1.3.1 水文地质试验

滑坡水文地质试验，主要是为处理滑坡地下水提供资料。试验方法与工作量，随滑坡水文地质条件的复杂程度和排水工程的类型不同而异。一般结合工程地质钻孔进行试验，必要时作专门水文地质钻探，测定地下水的流速、流向、涌水量，地下水的腐蚀性，各含水层的水力联系、渗透系数，确定抽水影响半径等。

2.1.3.2 滑带土物理力学试验

滑带土除做天然含水量、天然密度、液限、塑限外，主要做剪切试验，测定抗剪强度，以决定内摩擦角 Φ 值和黏聚力 c 值。

土体在受剪过程中，抗剪强度随剪切变形而增加，当达到某一峰值时，土体开始破坏。破坏后的抗剪强度将随着剪切变形的增加而逐渐降低，最后趋于一稳定值，这一稳定的强度值称为残余强度（如图2-3）。

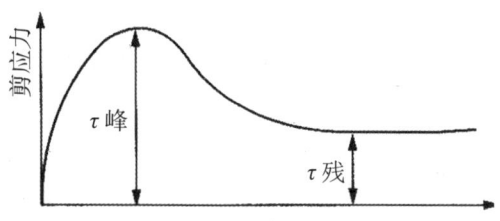

图2-3 土的剪应力变形曲线

滑坡经滑动后，滑带土、石的原始结构和性质遭到强烈破坏，其强度即降低至残余强度。因此，对已经产生滑动的滑坡作稳定性检算时，滑带土的抗剪强度不能采用常规试验的极限强度，而应根据滑坡的实际情况采用相应的残余强度值。

2.1.4 滑坡位移观测

对运动的滑坡进行位移观测，以测得滑坡的移动方向和移动速度等资料。观测方法有简易观测和布网观测两种。

2.1.4.1 简易观测方法

适用于规模小，性质简单的滑坡。在滑坡裂缝两侧设桩（如图

2-4)、设固定标尺(如图 2-5)或在建筑物裂缝两侧贴片(如图 2-6)等方法,均可直接量得位移量。

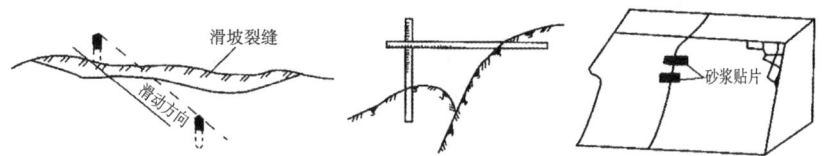

图 2-4　打桩观测裂缝示意图　　图 2-5　固定标尺示意　　图 2-6　裂缝贴片示意图

2.1.4.2　布网观测方法

(1)十字交叉法,如图 2-7(a),适用于滑体小,窄而长,滑动主轴位置明显的滑坡。

(2)放射状网法,如图 2-7(b),适用于比较开阔、范围不大,在滑坡两侧或上、下方有突出的山包能使测站通视全网的地形。

(3)任意观测网法,如图 2-7(c),适用于地形复杂的大型滑坡。

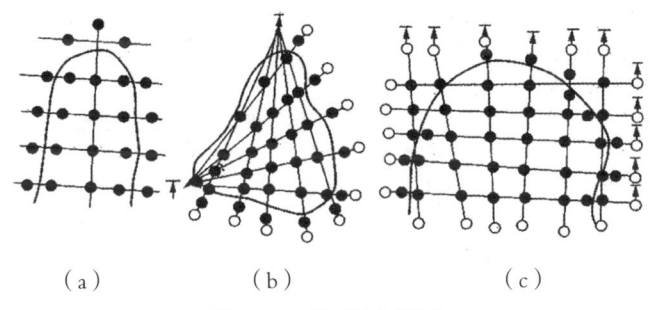

(a)　　　　　(b)　　　　　(c)

图 2-7　观测网布置图

2.1.4.3　观测资料的分析

对滑坡位移资料应及时进行整理和核对,并绘制滑坡观测桩的升降高程、平面位移矢量图,作为分析的基本资料。从位移资料的分析和整理中可以判别或确定:

（1）滑坡体上的次生滑坡；

（2）老滑坡体上的局部移动；

（3）滑坡周界；

（4）滑坡的主轴线和各部分的受力性质（压、拉）及大小；

（5）滑床的形状与深度。

若在观测中发现滑坡出现急剧滑动，有可能危及行车安全时，应立即采取措施，及时予以处理。

2.1.5　滑动面的确定方法

滑动面的确定，在整治滑坡中具有特殊的重要性，它直接影响到滑坡稳定性的判断、推力计算和治理工程的效果。

确定滑动面的方法有直接观察法、工程地质对比法和几何图法三种。其中常用的是直接观察法和工程对比法。

2.1.5.1　直接观察法

主要是观察滑动面的各种滑动特征。

（1）滑带土、石由于受到挤压作用，所以扰动比较严重，常含有夹杂物质，力学强度也低。当滑带为黏土时，在滑动剪切作用下，产生光滑面，且被挤压成鳞片状，有擦痕，黄土或黏性土中的滑动面不甚明显。

（2）滑动面（带）通常是沿着基岩顶面，下伏剥蚀面，含水层的顶、底面，软质岩层及其夹层等地质分界面滑动。

（3）构成滑动面（带）的物质多为云母、滑石、蒙脱石、高岭土、各种黏性土及各种风化严重的泥质页岩、千枚岩、云母岩、滑石岩、绿泥石片岩等。

根据上述特征，可以直接观察到滑面的位置。如滑面已部分暴露或埋藏不深，可用挖探的方法确定滑面位置。

2.1.5.2 工程地质对比法

此法就是将勘测过程中获得的钻探、挖探、位移观测、水质分析、土质试验及调查访问等资料，互相对比，核对补充，经过全面分析后，将各方面取得的资料统一起来，再同自然界类似的情况和滑坡体本身内在条件进行对比，据以判断滑动面的位置。其分析对比方法如下：

（1）地层的分析对比。有些地层及其风化物很容易形成滑动面，如高灵敏的软黏土、裂隙黏土、第三系、白垩系、侏罗系的砂、页、泥岩，侏罗系、二叠系的煤系地层，古生界的泥质变质岩系等。

（2）地质构造的分析对比。埋藏在斜坡内部，倾向与斜坡一致的软弱岩层、构造断裂面、基岩顶面、古地貌剥蚀面等都可能成为滑动面。

（3）地貌构造的分析对比。滑体表面的微地貌形态与滑坡面的变化是密切相关的。滑坡体表面地形鼓起的地方，滑面形态则呈凹槽形（滑坡在纵向上是分级的）；滑坡在纵向的陡坎地段，滑坡相应地段坡度亦陡，反之则缓；滑坡体上出现有较高的陡坎时，滑坡可能被分成上下两级；滑体下部出现隆起地形时，往往是滑面变缓或滑面呈反坡的地段。

（4）滑坡裂缝的分析对比。滑坡裂隙的形状和性质同滑坡各部位受力的情况有关。滑坡两侧雁行状裂缝常是滑面两侧的边界；滑坡下部的鼓张裂缝地段，滑面坡度也相应变缓或呈反坡；拉张裂缝地段滑动面一般变陡；滑坡体在纵向上分级的滑坡，在其分级衔接处往往出现有弧形拉张裂缝；滑坡区内出现两组形状的裂缝时，滑坡则被分成两个独立部分。

（5）钻孔岩芯与钻进现象的分析对比。滑坡在滑动后，其内部的地层结构、构造发生了变化，如：地层的重复、缺失，裂缝的增多、变宽，岩层压碎，节理和层理产状的变陡、变缓，岩石矿物成分和颜色有变化等。由于滑带土、石软弱破碎，故在钻进过程中常发生钻孔涌水、漏水、掉块、卡钻、孔壁坍塌、钻进速度增快或减慢、套管变形等现象。

（6）滑坡水文地质条件的分析对比。滑坡区内地下泉水的出露，多是滑面被切割或暴露的部位；滑舌下部泉水出露的位置，往往是滑面的下缘（滑舌被阻、地下水位抬高者例外）；两级滑坡衔接处，常有泉水、湿地和喜水植物出现；滑坡往往沿含水层的顶、底面滑动；黄土滑坡的滑面有的就在含水层中；滑坡体内存在几个含水层，其滑面亦有几个。

上述几项特征，可作为寻找和判断滑动面位置、形状、数目的参考。滑坡的地质条件是复杂的，在应用时，应认真综合分析，不应只根据某一特点就做出结论。在经过全面分析对比后，把所得各点滑面的坐标和高程标在滑坡工程地质平面图上，然后连接起来，即是完整的滑动面。若设计需要计算断面较多，可作滑动面等高线图。

2.2 滑坡稳定性判断

判断滑坡稳定性，可以预测斜坡滑动的可能性和判断现有滑坡的稳定性。

判断滑坡稳定性，国内铁路、公路等部门均采用以地质、地貌为主的综合分析判断方法，即从滑坡的地貌形态演变、斜坡的地质条件对比、滑动前的迹象观测、分析滑动因素的变化、斜坡平衡核算、斜坡稳定性计算、坡脚应力与强度对比、工程地质比拟计算等方面进行判断。

下面分别就工程地质调查法与力学检算法加以介绍。

2.2.1 工程地质调查法

2.2.1.1 滑坡滑动前的迹象

（1）斜坡中地下水的水位和水质发生显著变化，有些干泉突然流出浑水，斜坡坡脚附近湿地增多且范围扩大。

（2）斜坡上部出现弧形裂缝，在坡脚附近，土石被挤紧并出现大量鼓张裂缝，斜坡中部被纵、横裂缝所分割。

（3）斜坡上部不断下陷，其上树木开始倾斜，建筑物开裂并变形。

（4）斜坡下部的路基不断上拱，斜坡前缘土、石零星下落。

（5）大规模岩石滑坡滑动之前，由于岩层错动挤压会发出声响。

2.2.1.2 滑坡体缓慢滑动的迹象

（1）路基和行道树逐年下移。

（2）山坡上的农田变形，水田漏水变为旱地，或大块田变为小块田。

（3）斜坡上一些灌溉渠道不断破坏或逐年往下移动。

2.2.1.3 稳定滑坡和不稳定滑坡的区别

其主要区别见表2-1。

表 2-1 滑坡稳定性的形态鉴别表

	稳定滑坡的形态	不稳定滑坡的形态
1	滑坡后壁较高，长满了树木，无擦痕和裂缝	滑坡后壁高陡，未长草木，常能找到擦痕和裂缝
2	滑坡台地宽大且已夷平，土体密实，无陷落不均现象	滑坡后地沿保存台坎，土地松散，地表有裂缝且陷落不均
3	滑坡前缘的斜坡较缓，土体密实，长满草木，无松散坍塌现象	滑坡前缘的斜坡较陡，土体松散，未生草木，不断产生少量坍塌现象
4	滑坡两侧的自然沟谷切割很深，谷底基岩露出	滑坡两侧多是新生沟谷，切割较浅，沟底多松散物质
5	滑坡体较干，地表多无泉水和湿地，滑坡舌部泉水清澈	滑坡体湿度很大，地面泉水和湿地较多，滑坡底部泉水流量不稳定
6	滑坡前缘舌部有河水冲刷的痕迹。滑坡舌部有些土石已被冲走，残留一些大孤石	滑坡前缘处在河水冲刷的条件下

2.2.2 力学检算法

2.2.2.1 恢复山体极限平衡状态的检算

近期发生的滑坡，可将山坡轮廓恢复至开始滑动瞬间的形状，并认为它处于极平衡状态，即稳定系数 $K=1$。按测定的滑面形状求滑面（或带）上的综合抗剪强度值，然后将此值用于目前滑动后的山坡的稳定计算，以判断其稳定性。此法因将全部滑带土强度指标按平均值考虑，故其精度较差。

图 2-8 为常见的圆弧滑面和折线形滑面核算示意图。根据滑带土的组成成分的不同又可分为三种方法。

（1）综合 c 法。

适用于滑带的成分以黏性土为主，且土质较均匀，尤其是滑带饱水且排水困难条件下，即可认为 $\varphi \approx 0$。

①当滑面为圆柱面时，抗滑稳定系数 K 的计算公式见式 2-1。

$$K = \frac{G_2 d_2 + cLR}{G_1 d_1} \quad (2\text{-}1)$$

式中：G_1——滑体下滑部分的重力，kN/m；

d_1——G_1 重心至滑动面圆心铅垂线的水平距离，m；

G_2——滑体阻滑部分的重力，kN/m；

d_2——G_2 重心至滑动面圆心铅垂线的水平距离，m；

L——滑动圆弧全长，m；

R——滑动圆弧的半径，m；

c——滑动圆弧面上的综合单位黏聚力，kPa。

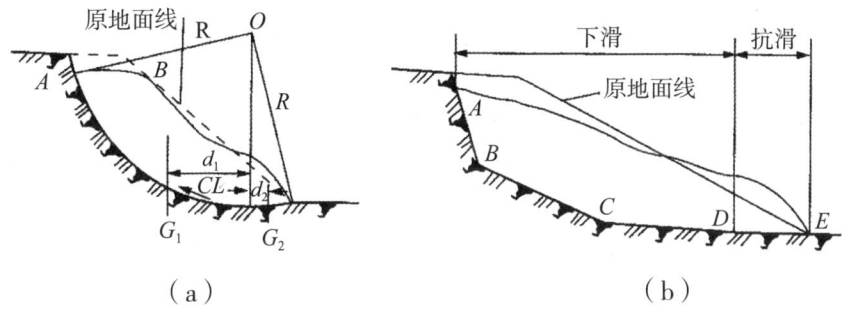

图 2-8　恢复山体极限平衡状态的检算示意图

②当滑面为折面时，根据主轴断面上折线的变坡点将滑体分成若干条块，分段将下滑段与抗滑段的力投影到水平面上。由水平力的平衡条件求稳定系数 K 的计算公式见式 2-2。

$$K = \frac{\sum G_{2j} \sin\alpha_j \cos\alpha_j + \sum c(l_i \cos\alpha_i + l_j \cos\alpha_j)}{\sum G_{1i} \sin\alpha_i \cos\alpha_i} \quad (2\text{-}2)$$

式中：G_{1i}——滑体下滑部分第 i 个条块的质量，kN/m；

G_{2j}——滑体阻滑部分第 j 个条块的质量，kN/m；

α_i——滑体下滑部分第 i 个条块所在折线段滑面的倾角，°；

α_j——滑体阻滑部分第 j 个条块所在折线段滑面的倾角，°；

l_i——滑体下滑部分第 i 个条块所在折线段滑面的长度，m；

l_j——滑体下滑部分第 j 个条块所在折线段滑面的长度，m；

c——折形滑面上的综合单位黏聚力，kPa。

（2）综合 φ 法。

适用于滑带土以粗粒岩屑或残积物为主，且滑动时能排出滑带水的条件下，即可认为 $c \approx 0$。这种情况的滑面一般为折面，其稳定系数见式2-3。

$$K = \frac{\sum G_{2j} \sin\alpha_j \cos\alpha_j + (\sum G_{2j} \cos^2\alpha_j + \sum G_{1i} \cos^2\alpha_i) \tan\varphi}{\sum G_{1i} \sin\alpha_i \cos\alpha_i} \quad (2\text{-}3)$$

式中：φ——滑面上的综合内摩擦角。

（3）c、φ 法。

适用于滑带土为含黏性土与岩屑碎粒的混合物，即认为 $c \neq 0$，$\varphi \neq 0$。这种情况的滑面一般为折面。在反求 c、φ 时，必须找出两个不同的断面，由联立方程解出 c、φ。其稳定系数见式2-4。

$$K = \frac{\sum G_{2j} \sin\alpha_j \cos\alpha_j + (\sum G_{2j} \cos^2\alpha_j + \sum G_{1i} \cos^2\alpha_i) \tan\varphi + \sum c(l_i \cos\alpha_i + l_j \cos\alpha_j)}{\sum G_{1i} \sin\alpha_i \cos\alpha_i}$$

$$(2\text{-}4)$$

由以上所算得的抗滑稳定系数值，可判断滑坡是否处于稳定状态，从而确定是否需要进行治理，以增强其稳定性。在分析中应注意其受力状况和环境因素与今后工程使用期间内的最不利工作条件有何不同。例如，滑动当年的降雨量和暴雨集中程度与历年最大降雨量和暴雨量有何差别；当年的洪水频率与工程设计的洪水频率有何差别；当时滑动瞬间的地震烈度与可能发生的最大地震烈度有何差别等。由此来考虑必要的稳定系数值，作为是否要治理的依据。一般当 K 值大于 1.5 时，可认为是稳定的。

2.2.2.2 滑坡当前稳定程度的检算

对于老滑坡，若恢复其开始滑动瞬间的极限状态很困难，则可利用滑带土的实测、试验求得的抗剪强度指标，并考虑到今后可能发生的变化与最不利的影响因素组合条件，加以分析调整，再用以验算滑坡体的稳定性，从而判断滑坡体的稳定程度。

应当注意，由于滑带土（岩）的强度指标常因所在部位不同和滑坡所处的发展阶段不同而有差异，因此其稳定性的验算有如下方法。

（1）滑坡体厚度大致均等，滑床为单一坡度平面的滑坡（如图 2-9）。当滑床相对隔水，滑体及滑带土的湿度变化不大时，可按式 2-5 检算其稳定性：

$$K = \frac{\gamma h \cos\alpha \tan\varphi + c \cdot \sec\alpha}{\gamma h \sin\alpha} \quad (2\text{-}5)$$

式中：h——滑体的厚度，m；

γ——滑体土的容重，kN/m³；

c——滑带土的单位黏聚力，kPa；

φ——滑带土的内摩擦角，°；

α——滑床的倾角，°。

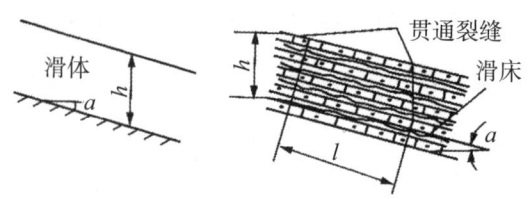

图 2-9 滑体等厚、滑床为单一斜面的层面滑坡

当滑床相对隔水，滑体上裂隙贯通至滑带时，应考虑雨季滑体全部为水所饱和的情况。可按式 2-6 检算其稳定性：

$$K = \frac{(\gamma - \gamma_w)h\cos\alpha\tan\varphi + c \cdot \sec\alpha}{\gamma h\sin\alpha} \quad (2-6)$$

式中：γ——滑体土的饱和容重，kN/m^3。

若滑体仅部分饱和时，应按饱和深度分别考虑滑坡体饱和及不饱和部分的容重来计算稳定系数。

由软硬岩层组成的滑坡体沿某一软弱层滑动，滑体有贯通裂缝时，在有暴雨的条件下，应考虑裂隙中的静水压力的作用。地震地区还应考虑到地震力的影响，则有式 2-7 如下：

$$K = \frac{\gamma h\cos\alpha\tan\varphi + c \cdot \sec\alpha}{\gamma h\sin\alpha + \frac{1}{2}\gamma_w h^2 \eta + P_d} \quad (2-7)$$

式中：$\frac{1}{2}\gamma_w h^2 \eta$——贯通裂隙中的静水压力，$\eta$ 为滑动岩体的裂缝系数，指每延米长距离内贯通裂缝的数目，等于 $(1/l \cdot \cos\alpha)$；

P_d——地震作用力，kN/m。

（2）滑体不等厚，滑床为折线形时，可按已知滑动面法检算滑坡的稳定性。

2.2.2.3 坡脚应力与坡脚岩土强度的对比

由较坚实的岩土所组成的山坡，当下伏地层为软弱土层或破碎松散岩层时，易于产生深层滑动，形成深层滑坡。这类滑坡在形成过程中，往往是由于外界条件的变化，使软弱松散层极限抗剪强度降低时，塑性变形区域扩大，进而逐步形成贯通的滑动面而发生滑动。因此，可用坡脚应力与坡脚岩土强度的对比，作为判断山坡稳定状态的依据。

具体做法是：一般先在代表性的山坡地质断面图上，用路基基底应力的计算方法，计算坡脚松软地层的应力分布，并绘出最大剪应力的等值线图；再按地层分层取样的试验资料绘出相应部位的岩土等强度系数图，对比两图圈出塑性变形区。根据塑性变形区域的大小就可以判断当前山坡（或滑坡）的稳定程度。考虑到今后可能发生的变化及对岩、土应力与强度的影响，亦可分析滑坡今后的发展趋势，判断其今后的稳定性。对已有滑坡进行地质勘查、量测坡脚应力，观测其变化，常能直接判断滑坡的稳定性并预测滑坡的发展趋势。

图 2-10 为一错动过岩层山坡，要求判断此错落体的稳定性。已知错动面 BC 上的综合摩擦系数 $f_{BC}=0.3$；错落岩体的容重 $\gamma=25$ kN/m³；错落体下部△ABC 部分被视为假想的"挡土墙"。

整个错落体重力：

$$G=25 \times 60 \times 30=45000 \text{ kN/m}$$

△ABC 部分的重力：

$$G_1=0.5 \times 30 \times 40 \times 25=15000 \text{ kN/m}$$

梯形 $EBCD$ 部分的重力：

$$G_2=G-G_1=30000 \text{ kN/m}$$

错动面 BC 的倾角：

$$a = \arctan(4/3) = 53°8'$$

作用于假想墙背 BE 上的推力，作用于 BE 的中点，其方向假定平行于错动面 BC，推力值为：

$E = G_2 \sin \alpha - G_2 \cos \alpha \cdot f_{BC} = 30000 \times 4/5 - 30000 \times 3/5 \times 0.3 = 18600$ kN/m

E 的垂直分力为：

$E_v = 18600 \times 4/5 = 14800$ kN/m

E 的水平分力为：

$E_H = 18600 \times 3/5 = 11160$ kN/m

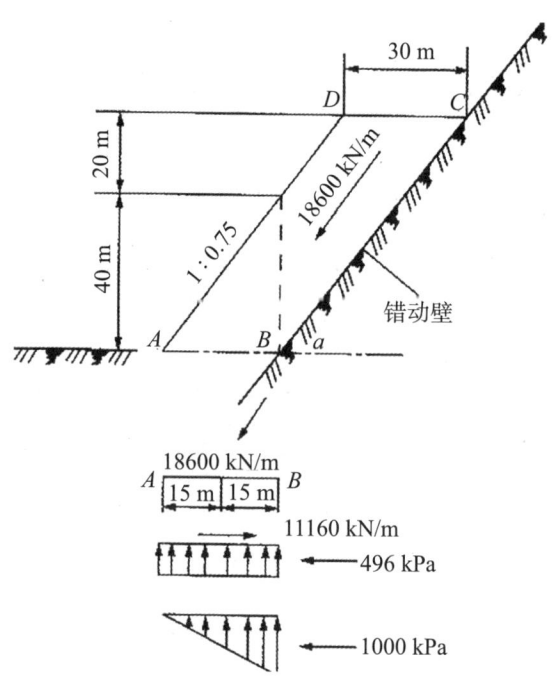

图 2-10　山坡错动体的滑动稳定性检算示例图

由推力所产生的作用于 AB 面上的斜向压力等于 18600/30=620 kPa，而垂直压力等于 14880/30=496 kPa。

由假想挡墙 ABE 自重所产生的作用于 AB 面上的垂直应力按三角形

分布，在 A 点为 0，在 B 点应为 1000 kPa。故 A 点的垂直压力总和为 496 kPa，B 点的垂直压力总和为 1496 kPa。

为保持错落体滑体平衡，AB 面上的摩擦系数应为：

$$f_{AB}=11160/（14880+15000）=0.3735$$

即 AB 面附近岩体的内摩擦角应不小于 20.5°。

根据以上计算结果可以推知：坡脚 A 点承受 496～620 kPa 的压应力；B 点的应力比 A 点的应力大 3 倍。在可能受水浸湿的条件下，这对于风化破碎岩层是危险的，当 AB 面的强度不足时，势必使错落体失去稳定。

2.3 滑坡推力计算

根据滑坡勘测和滑坡稳定性判断结果，当滑坡不稳定或稳定程度较低时，应采取适当的工程措施来提高滑坡的稳定性。为此，首先应确定滑坡的下滑力（推力）大小，计算滑坡推力要选定抗滑安全系数，确定滑体的容重、滑动面形状以及滑面（或带）上的强度指标等。

2.3.1 抗滑安全系数 K 值的选定

根据经验，对一般工程宜取 $K=1.10$～1.25；对重要工程可取 $K=1.25$～1.30；若计算中考虑了地震作用等各种不利条件，则可采用较小的 K 值，甚至可用 $K=1.05$～1.10。

抗滑安全系数的选定，要考虑如下因素：

（1）滑带岩土强度指标的可靠程度；

（2）对滑坡规模、性质和形成原因的了解程度；

（3）滑动后可能形成的危害程度；

（4）工程破坏后修复的难易程度。

2.3.2 滑带岩土抗剪强度指标的选取

选取合适的抗剪强度指标 c 和 φ，常用的确定方法有试验、反算和经验三种途径。

2.3.2.1 用试验方法取得 c、φ 值

根据滑坡的特性与当前所处的阶段，采用代表性土样，并用与滑坡滑动特点相似的试验方法测定 c、φ 值，经分析比较选用峰值与残余抗剪强度之间合适的 c、φ 值。

（1）对于即将滑动的新滑坡，由于滑面尚未完全形成，可用滑带原状土做固结快剪或快剪试验，取其峰值作为抗剪强度指标。

（2）对于连续滑动的滑坡，滑面已完全形成，可将滑带土重塑后作多次快剪试验，用其残余抗剪强度值。

（3）对于断续滑动的古滑坡和滑动量不大的滑坡，其抗剪强度介于峰值和残余值之间，较难选定。此时，可采用现场大型直剪试验来测定，或者用原状土固结下剪切（或浸水剪）测定，或者将滑带土重塑后多次快剪试验中的某次值作为抗剪强度指标。

（4）对于尚未滑动的崩塌性滑坡，可用滑带原状土做固结快剪试验；对于已开始滑动的崩塌性滑坡，未脱离滑床的滑面已形成，滑带土强度的试验方法同第（3）条。

（5）当滑面（带）为碎石土，或与薄的软弱夹层接触时，也宜用现场直剪试验求取。

2.3.2.2 用反算法取得 c、φ 值

对于整个滑带刚刚形成的滑坡，利用滑体的极限平衡状态下的断面，令其剩余下滑力为0，抗滑安全系数为1。在利用公式（2-8）～（2-10）求剩余下滑力时，由于 c、φ 是未知数，因此要寻找与断面有关的边

界条件，列出辅助方程求出 c 和 φ 值。

2.3.2.3 经验数据法

当滑带岩土的性质及所在部位与已有可靠的经验数据的滑坡近似时，可经过对比，将经验数据分析调整后用于计算，表 2-2 是铁路部门汇总的 c、φ 值，可做参考。

表 2-2 滑带土计算强度指标经验数据表

序号	滑带土性质简述	天然容重（kN/m）	含水量（%）	液限（%）	塑限（%）	塑性指数	部位	计算指标 c（kPa）	φ	附注
1	黑灰色及黑色炭质页风化的砂黏土	20.9	18.4	36.0	21.0	15.0	中上部	0	7°24′	宝成线
2	灰黑色炭质页风化的黏性土	20.0	23.0	38.1	19.5	18.6	中部	19.6	4°00′	反算，多次剪，宝成线
							下部	27.5	7°00′	
3	黑灰色及黄褐色泥质页岩风化的砂						中上部	24.5	27°4′	宝成线
							中部	11.8	18°45′	
							中下部	16.7	20°40′	
							下部	21.6	22°45′	
4	灰色炭质页岩风化的砂黏土	21.4	20.4	28.4	14.4	14.0	深层	9.8	12°25′	反算，多次剪，宝成线
							浅层	8.8	8°03′	
5	青灰色泥质页岩风化的砂黏土			28.8	15.7	13.1		4.9	10°00′	宝成线
6	紫红色泥质页岩风化的粉质黏土	20.4	19.0	35.4	14.5	20.9		14.7	7°30′	反算，多次剪，宝成线

续表

序号	滑带土性质简述	天然容重(kN/m)	含水量(%)	液限(%)	塑限(%)	塑性指数	部位	计算指标 c (kPa)	计算指标 φ	附注
7	紫红色黏土		20.9	33.9	15.4	18.5		9.8	13°00′	西南地区
8	棕红色砂黏土（第三系地层风化物）	18.5	31.1					12.7	7°00′	反算，华北地区
9	灰绿色砂黏土	19.9	23.2	29.9	19.0	10.9		10.3	8°49′	西南地区
10	杂色砂黏土（白垩系地层风化物）	19.1	30.0	33.5	20.0	13.5		10.3	8°00′	西南地区
11	石墨化千枚岩风化的角砾	19.6	20.0				中上部	0	15°06′	宝成线
11							中部	0	17°45′	
11							下部	0	33°02′	
12	灰白色云母片岩和花岗岩风化残积物	20.3	22.7	38.3	19.2	19.1		7.4	15°50′	鹰厦线
13	棕黄色黄土质砂黏土	19.34	21.5			13.1	中部	23.5	13°12′	宝天线
13		18.8	22.2			13.3	下部	20.6	13°30′	
14	银灰色云母片岩	20.6	17.0	27.1	12.9	14.2	中上部	0	24°42′	中南地区
14		20.6	16.7	27.9	11.7	16.2	中部	0	22°47′	
14		20.6	17.3	28.3	12.3	16.0	下部	0	19°48′	
15	泥质页岩风化残积土，软塑（岩石顺岩滑坡）		26.8	36.1	19.1	17.0		3.9	8°58′	皇图岭

续表

序号	滑带土性质简述	天然容重(kN/m)	含水量(%)	液限(%)	塑限(%)	塑性指数	部位	计算指标 c (kPa)	计算指标 φ	附注
16	灰白色黏土，软塑，蒙脱石为主（膨胀土滑坡）		40.6	72.9	34.9	38.0	浅层	8.8	3°50′	c、φ为残余强度，鸭雀岭
17	砂黏土（堆积土滑坡）		20.8	35.4	18.8	16.6	上部	7.8	10°54′	c、φ为残余强度，宝成线
			22.8				下部	6.9	10°09′	
18	强风化云母片岩，软塑呈泥状（岩石滑坡）		24.9	36.0	22.6	13.4	上部	2.9	13°	一机部某厂
			26.0				中部	2.0	12°30′	
			28.0				下部	0	11°	
19	棕色黏土含煤粉（黄土滑坡）		34.4	47.6	29.2	18.4	下滑面	11.8	8°18′	c、φ为残余强度，某电厂
							中滑面	19.6	8°06′	
20	破碎岩层沿基岩面滑动，地层挤压断裂破碎（破碎岩层滑坡）		21.9	31.4	17.2	14.2		4.9	12°06′	c、φ为残余强度，洒店塘
21	膨胀土路堑滑坡		31.1	59.5	24.0	35.5		8.8	4°48′	c、φ为残余强度，某厂滑坡
22	砂岩沿泥岩顶面的泥化面滑动，系层间错（岩石顺层滑坡）	21.0	37.6	18.9	18.7			6.9	16°	c、φ为残余强度，永加线K27

43

续表

序号	滑带土性质简述	天然容重（kN/m）	含水量（%）	液限（%）	塑限（%）	塑性指数	部位	计算指标 c (kPa)	φ	附注
23	伊利石和蒙脱石（膨胀土滑坡）	28.7	50.6	23.2	27.4			7.8	6°	c、φ为残余强度，某客站
24	灰绿、灰白色膨胀黏土（膨胀土滑坡）		39.0	71.6	30.8	40.8		8.3	3°30′	c、φ为残余强度，某公路
25	云母片岩风化物呈土状（岩石滑坡）		15.8	28.3	15.8	12.5	上部	4.1	17°30′	c、φ为残余强度，某公路
			16.2	27.9	15.6	12.3	中部	3.9	17°48′	
			16.4	28.5	15.8	12.7	下部	4.4	16°48′	
26	花岗岩风化物（堆积滑坡）		23.0	38.3	19.2	19.1		8.3	8°48′	c、φ为残余强度，某公路土
27	上部为砂泥岩风化黏土，中部为黄、黄褐、黑褐色黏土，下部为紫色页岩风化黏土（堆积土地滑坡）		16.0	29.0	16.0	13.0	上部	4.9	16°18′	c、φ为残余强度，某公路
			33.9	47.8	30.9	16.9	中部	13.2	10°48′	
			18.1	33.1	15.5	17.6	下部	8.3	10°	

2.3.3 滑坡推力计算

2.3.3.1 基本力系计算

（1）滑面为单一平面（如图2-11），滑体下滑力见式2-8。

$$E = KG\sin\alpha - G\cos\alpha\tan\varphi - cL \tag{2-8}$$

式中：G——滑体总重，kN/m；

α——滑面与水平面间的夹角，°；

L——滑面长度，m；

c——滑面上的单位黏聚力，kPa；

φ——滑体的内摩擦角，°；

K——安全系数；

E——滑体下滑力，kN/m。

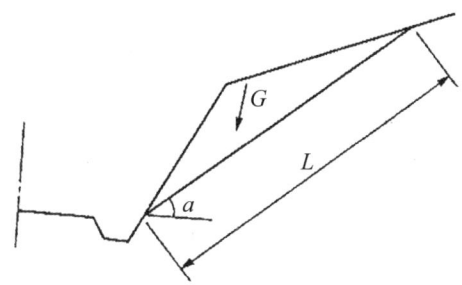

图 2-11 作用于滑动平面上的基本力系

（2）滑面为折面（如图 2-12）：

在滑动面变坡点或抗剪强度变化点将滑体分成若干块，从最上一块起，逐块计算其剩余下滑力，最后一块的剩余下滑力就是整个滑坡的下滑力，第 n 个条块的剩余下滑力按式 2-9 计算。

$$E_n = K \cdot T_n + E_{n-1}\cos(\alpha_{n-1}-\alpha_n) - [N_n + E_{n-1}\sin(\alpha_{n-1}-\alpha_n)]\tan\varphi_n - c_n L_n$$

（2-9）

式中：E_n——第 n 个条块的剩余下滑力，kN/m；

T_n——第 n 个条块自重的切线下滑力，kN/m，$T_n = G_n\sin\alpha_n$；

N_n——第 n 个条块自重的法线分力，kN/m，$N_n = G_n \cdot \cos\alpha_n$；

α_n——第 n 个条块所在折线段滑面的倾角，°；

φ_n——第 n 个条块滑面上的内摩擦角，°；

c_n——第 n 个条块滑面上的单位黏聚力，kPa；

L_n——第 n 个条块分段的长度，m；

E_{n-1}——第（$n-1$）个条块传递下来的剩余下滑力，kN/m；

$α_{n-1}$——第（$n-1$）个条块所在折线段滑面的倾角，°。

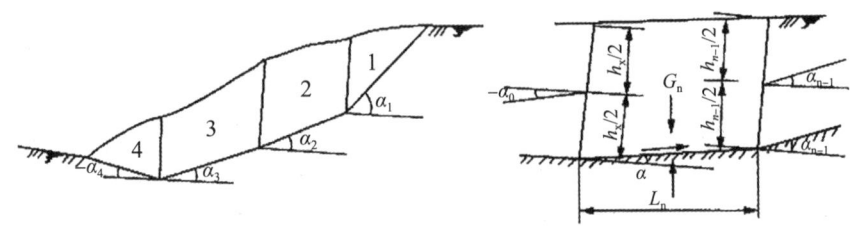

图 2-12　作用于滑体分块的基本力系

（3）滑面为圆柱面（如图 2-13），滑体下滑力按式 2-10 计算。

$$E = K\sum G_{1i}\sin α_i - \tan φ(\sum G_{1i}\cos α_u + \sum G_{2j}\cos α_j) - c(\sum l_i + \sum l_j) - G_{2j}\sin α_j$$
（2-10）

式中：G_{1j}——滑体下滑部分第 i 个条块的重力，kN/m；

G_{2j}——滑体阻滑部分第 j 个条块的重力，kN/m；

$α_i$——滑体下滑部分第 i 个条块所在圆弧段中心点的半径线与通过圆心的竖线之间的夹角，°；

$α_j$——滑体下滑部分第 j 个条块所在圆弧段中心点的半径线与通过圆心的竖线之间的夹角，°；

c——滑动圆弧面上的单位黏聚力，kPa；

$φ$——滑动圆弧面上的内摩擦角，°；

l_i——滑体下滑部分第 i 个条块所在圆弧段滑面的长度，m；

l_j——为滑体阻滑部分第 j 个条块所在圆弧段滑面的长度，m；

E——滑体下滑力，kN/m。

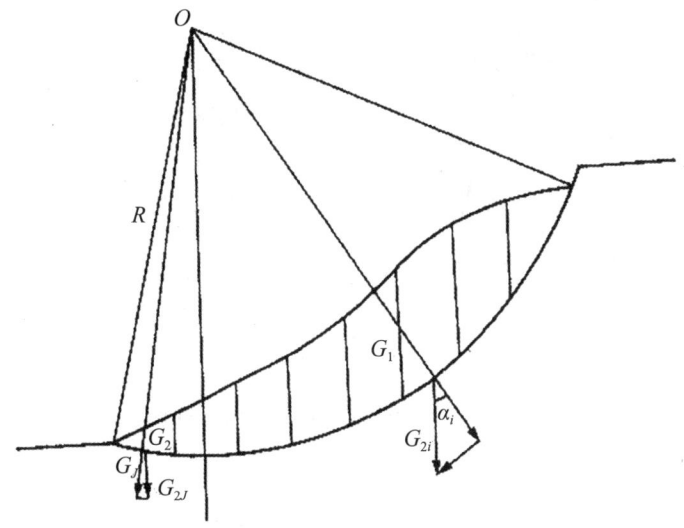

图 2-13 作用于滑动圆弧上的基本力系

2.3.3.2 附加力系计算（如图 2-14）：

（1）滑体上有外加荷载 P 时，将 P 加在相应的滑块上。

（2）滑体有水，且与滑带水连通时，应考虑动水压力（D_i）作用于饱水面积的重心，方向与水力坡度平行，其大小按式 2-11 计算。

$$D = \gamma_w \Omega_w n_i \sin\alpha_i \qquad (2\text{-}11)$$

式中：γ_w——水的容重，kN/m³；

Ω_w——滑体条块饱水面积，m；

α_i——滑体水的水力坡度角，°；

n_i——滑体土的孔隙度。

同时，还应考虑浮力（P_{fi}），其方向垂直于滑面，大小按式 2-12 计算。

$$P_{fi} = \gamma_w \Omega_w n_i \cos\alpha_i \qquad (2\text{-}12)$$

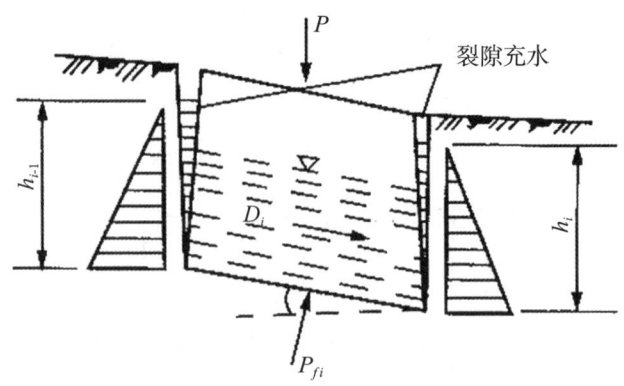

图 2-17　作用于滑动分块的附加力系

（3）当滑带水有承压水头 H_0 时，应考虑浮力（P'_{fi}），其方向垂直于滑面，大小按式 2-13 计算。

$$P'_{fi} = \gamma_w \cdot H_0 \qquad (2\text{-}13)$$

（4）滑体两端有贯通主滑带的裂隙，在滑动时裂隙充水，则应考虑裂隙水对滑.体的静压力 $P_n = \dfrac{1}{2}\gamma_w h_1'^2$（$h_1'$ 为裂隙深度），它作用于 $\dfrac{h_1'}{3}$ 处，方向水平。

（5）在地震烈度大于和等于 7 度的地区，应考虑地震力的作用。将作用于滑体条块重心处的水平地震荷载引入计算，方向指向下滑方向。地震力的计算可参照《公路工程抗震设计规范》。

第 3 章　公路边坡排水工程与施工技术

3.1　公路边坡排水工程概述

3.1.1　排水工程在滑坡处治中的地位和作用

降雨、融雪形成地表水，它经过地面裂缝或孔隙渗入滑坡体，并到达滑动面（带），造成滑面（带）岩土强度的降低，促使和加剧滑坡形成和滑动。水是产生滑坡的主要原因之一。要防止岩（土）体抗剪强度降低，就必须控制地表水和地下水。所以，排水工程是整治滑坡病害中一项极其重要的内容，一切滑坡地区的防治措施，都必须修建排除地表水的工程和排除地下水的工程。

排水不仅对土质滑坡是十分必需的，对岩质滑坡，譬如破碎岩石滑坡，也应考虑排水措施。对塑性牵引式滑坡尤为重要。当然，任何排水工程的设计和施工及其方案的确定，必须进行地表水和地下水的调查，搞清楚地下水补给、径流和排泄条件以及地质状况，尤其必须弄清楚使滑动面产生孔隙水压的地下水含水体的分布，并测定其压力，以便用稳定计算所需求的安全系数来制定排水方案。否则，不能收到预期效果。地下水的调查工作可分为初查和详查两个阶段。在初查阶段，根据地下水的水质、地质和地质构造等推断含水层的平面和垂直位置，而后通过详查对初查结果加以验证和确定。

排水工程应使其尽量做到排泄地表水和疏导地下水，以减少引起滑动土体的重量。增加组成斜坡物质的强度时，还应该考虑排水系统的完整性和总体性。通过排水工程，水不再渗透到或滞留在滑坡体内，并排除和疏干滑坡体内已有的水，从而增加滑坡的稳定性，达到处治滑坡的目的。

3.1.2 滑坡处治中常见的排水措施

滑坡处治中，对于滑坡体内的水应以"截、排和引导"为原则修建排水工程。通常，排水工程中所修建的排水构筑物可分为地表排水构筑物和地下排水构筑物两大类型。对于地表水，采用多种形式的截水沟、排水沟、急流槽来拦截和排引；对地下水则用截水渗沟、盲沟、纵向或横向渗沟、支撑渗水沟、汇水隧洞、立井、渗井、砂井、平孔、平孔排水、垂直钻孔群等排水措施来疏干和排引。这些排水措施，使水不再进入或停留在滑坡范围内，并排除和疏干其中已有的水，以增加滑坡的稳定性。

3.1.2.1 排除地表水

降雨后，水浸湿土壤，使土壤容重增大，而强度降低。如果汇聚成为径流，可以引起地面的冲刷，渗入地下，又成为地下水的补给来源。由于气温的变化，土中水分发生干湿循环和冻融，可以加速土壤风化。所以，在滑坡区，排除地表水是处理路基病害首先应当采取的措施，对整治滑坡更为如此。排除地表水的目的在于：拦截、引离滑坡范围外的地表水，使其不致进入滑坡区；将降落或出露在滑坡范围内的雨水及泉水尽速排除，使其不致渗入滑坡体。

所以，修建地表排水构筑物工程措施，按其分布的相对位置可分为滑坡体内和滑坡体外的两种。在滑坡体内的排水构筑物，为了使降落在滑坡体上的雨水能迅速排走，防止渗入滑坡体内，应以防渗、汇集和尽快引出为原则。在滑坡体外的地表排水构筑物，应使所有的水不流入滑坡区，故以拦截、引离为原则。要求达到"水随人意，沟沟皆通，有水必流，涓涓不渗"。

在透水性特强的地区，或在地表水特别丰富、渗透量大的地区，则可做防渗工程。在地基上发生裂缝的地方进行防渗，用黏土或水泥浆填充裂缝，在滑坡未采取工程措施稳固前，并用聚乙烯布等不透水材料将滑坡区域覆盖，以防止滑坡的发生。

选择地表水排水工程，应根据滑坡地貌，地形条件，利用自然沟谷，在滑坡体内外修筑环形截水沟、排水沟和树杈状、网状排水系统，以迅速引走坡面雨水。在滑坡区范围内则设树枝状排水沟等。同时，对滑坡体表面的土层应进行整平夯实，并采用黏土等夯填裂缝，使地表水尽快归沟，防止或减少地表水下渗；对滑坡体范围内的泉水、封闭洼地积水，应引向排水沟予以排除或疏干；对浅层和渗水严重的黏土滑坡，可通过在滑坡体上采取植树、种草、造林等措施来稳定滑坡。

3.1.2.2 排除地下水

对一般滑坡来讲，地下水是诱发滑坡的重要因素，地下水的存在是形成滑坡的主要条件，所以疏干滑坡体内以及截断和引出滑坡面附近的地下水，是整治滑坡的根本措施，十分必要。由于滑动面（带）常常积聚了大部分地下水。因此，排除滑面（带）积水又是滑坡地下排水的主要目的。因为排除地下水可使滑坡体土体干燥，从而提高其强度指标，降低土壤的重度，并可消除地下水的水压力，以提高滑坡体的稳定性。

排除地下水是一项比较复杂、艰巨而且投资较大的工程。设计中必须搜集足够的水文地质资料，注意施工质量，确保施工安全。

治理地下水的原则是"可疏而不可堵"。应该根据水文地质条件，特别是滑面（带）水分布类型、补给来源及方式，合理采用拦截、疏干、排引等排水措施，达到"追踪寻源，截断水流，降低水位，晾干土体，提高岩土抗剪强度，稳定滑坡"的目的。

3.1.3 滑坡中的水及其对稳定性的影响

产生滑坡的因素是多种多样的，其内因（如岩性、土性、地质构造、地形和风化状态等）一般起着控制作用，但外因（如降雨、融雪等气象条件和挖方、填土引起的应力变化等因素）往往加剧滑坡的运动，有时甚至是引起滑坡发生的主要直接原因。在产生滑坡的自然外因中，降雨、融雪和地下水的渗透水作用则是最大的外因。降雨、融雪形成的地表水下渗到土体的孔隙和岩石的裂隙中，一方面增加岩土的重度，加大滑坡体的重量，使下滑距离增加，另一方面使土石的抗剪强度降低；同时，降雨、融雪形成的渗透水补给到地下水中，使地下水位或地下水压（在受压状态下）增加，也会造成岩土体的抗剪强度降低。此外，渗透到地下的渗透水以一定的流速通过透水层到不透水的面层（此层与上层的结合层一般是滑动面或滑动带）上滞留，这样便形成了一个在均质斜坡中不可能有的具有很大孔隙水压的含水层，这种孔隙水压力一方面在透水层中将引起流砂或砂层剪切破坏，另一方面在不透水层上的结合层（滑动层或滑动带）中，土颗粒将因此发生塑性破坏。因此，滑坡中的水将加剧滑坡的发生。

3.1.4 边坡排水工程设计的一般原则

边坡排水设计的一般原则是：

（1）预防为主，防治结合。在公路边坡设计和施工过程中，要根据公路边坡的实际情况（如坡度、高度、土质、汇水面积等），事先设置截水沟、排水沟、边沟与渗水沟等排水设施，在岩土松散破碎处设置必要的防护和支挡工程。不要等到边坡失稳了，再来考虑这些问题，做到预防为主，防患于未然。

（2）分级截流，纵横结合。高陡边坡或岩土稳定性欠佳边坡的排水工程应采取分级截流、纵横结合排水的方法来进行处理。坡顶以外的地表水从截水沟排走；分级边坡每个台阶设一截水沟排水；坡脚设边沟排水。高陡边坡应根据地形和坡面大小，隔一定距离设一垂直路线的排水沟，使水尽快排出边坡。

（3）表里排水，综合治理。路基边坡设计中，必须考虑将影响边坡稳定的地面水加以拦截，排除在边坡范围以外，并防止漫流、停积或下渗。对影响边坡稳定的地下水，应予以截断、疏干、降低并引导到边坡范围以外，只有把地表水和地下水有效地排出边坡以外，实行综合治理，才能保证边坡的稳定。

（4）坡面防护、支挡并重。要根治水害，除了要注意排水外，必要时还需修筑一些坡面防护工程（如拱式护坡、护墙、植被护坡等），以保证边坡的稳固。有时，还要在坡脚设置一定数量的支挡结构物，以提高抗水害的能力。

（5）因地制宜，经济适用。由于边坡破坏现象和失稳原因是多方面的，因此应深入调查研究，根据当地气候环境、工程地质和材料等具体情况，因地制宜，就地取材，选用适当的工程类型或排水设施，不要轻易取消或减少必要的防护工程设施。排水沟渠应选择地形地质较好的地段通过，以节约加固工程投资。对排水困难和地质不良地段应进行特殊设计，使排水防护工程收到更好的效果。

3.2 地表排水工程的分类

地表排水设施主要有以下几种类型：

（1）边沟——设置在挖方路基的路肩外侧，用以汇集和排除路基范围内和流向路基的少量地面水。

（2）截水沟（天沟）——设置在挖方路基边坡坡顶以外，或山坡路堤上方的适当位置，用以截引路基上方流向路基的地面径流，防止冲刷和侵蚀挖方边坡与路堤坡脚，并减轻边沟的泄水负担。岩石裸露和坡面不怕冲刷的路段，可不设置截水沟。

（3）排水沟（泄水沟）——用来引出路基附近低洼处积水的人工沟渠。

（4）跌水与急流槽（吊沟）——设置于需要排水的高差较大而距离较短或坡度陡峻的地段。跌水是阶梯形的建筑物，水流以瀑布形式通过，有单级和多级的，它的作用主要是降低流速和消减水的能量；急流槽是具有较陡坡度的水槽，但水流不离开槽底，它的作用主要是在很短的距离内、水面落差很大的情况下进行排水，多用于涵洞的进出水口，或在特殊情况下，截水沟流向边沟的地段。

3.3 排水沟渠设计

3.3.1 排水沟渠的断面

3.3.1.1 断面尺寸

沟渠的断面尺寸应保证能通过全部设计流量。为防止水流溢出，除应按设计流量计算断面尺寸外，还必须使水沟深度高出相应的计算水位 0.2 m。水沟较长时，可按汇集流量分段计算断面尺寸。

3.3.1.2 沟渠底宽的改变

沟渠底部一般采用等宽。因流量改变而需改变断面尺寸时，可变化其深度。但当沟渠较长，上下游汇入的流量变化较大，沟渠底宽有必要由 b_1 增大至 b_2 时，为使水流顺畅，应在渐变长度 l 内，逐渐改变底宽（如图 3-1）。该渐变长度 l，建议按式 3-1 计算：

$$l=k(b_2-b_1) \quad (3-1)$$

式中：k——系数，一般取 5~20，根据流速的大小采用，流速较大者采用较大值。

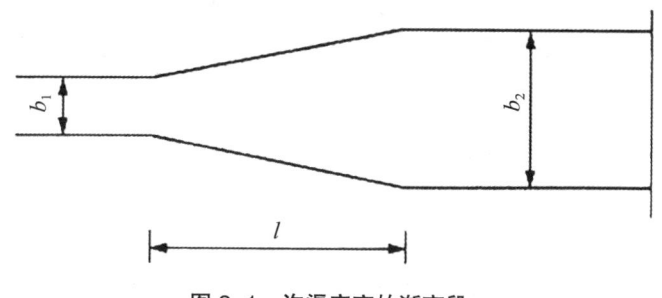

图 3-1 沟渠底宽的渐变段

3.3.2 排水沟渠的纵坡与流速

（1）沟渠的纵坡与当地的土质有密切的关系。理想的纵坡是使水流既不发生冲刷，又不发生淤积。沟渠的最小纵坡一般不应小于 0.5%。在工程特殊困难地段亦不应小于 0.3%。

边沟的纵坡，除出水口附近外，通常与路线纵坡相一致。当路线纵坡为零时，边沟仍应保持 0.3%~0.5% 的最小纵坡。出水口附近的纵坡应根据地形高程和地质情况做特殊设计。

（2）沟渠中的水流速度，应不小于产生淤积的速度，并应不大于产生冲刷的速度。沟渠不淤积的最小容许流速通常用经验公式（3-2）

确定：

$$v_{最小}=\alpha R^{0.5} \tag{3-2}$$

式中：R——沟渠的水力半径；

α——与水中携带的土质有关的系数，见表3-1。

表3-1　与土质有关的系数 α 值表

土的类别	α	土的类别	α
淤积的粗砂	0.65～0.77	淤积的细砂	0.41～0.45
淤积的中砂	0.58～0.64	淤积的极细砂	0.37～0.41

为避免淤积，在一般情况下水流的平均速度不得小于 0.25 m/s。对于携带细沙的水流，流速不得小于 0.4～0.5 m/s。为防止沟内喜水植物丛生，致使水流不畅，流速不应小于 0.4～0.5 m/s。如果流速小于产生淤积的流速，则应增大沟渠的纵坡，以提高流速。如果流速大于容许冲刷的流速，则应采取加固措施，或设法减小纵坡以降低流速。

3.3.3　边沟设计

3.3.3.1　边沟的流量

（1）路基边沟流量一般仅作概略估计，不予计算。

（2）其他排水沟渠的水流一般应避免进入边沟。但当个别沟渠的流量不大，拟利用一段边沟汇入桥涵时，应计算该段边沟的总流量，必要时扩大边沟断面尺寸。

（3）为防止边沟水流漫溢或产生冲刷，应尽可能利用当地有利地形条件，采取相应措施，将边沟水流分段排除于路基范围之外，或引入自然沟渠，以减少边沟的集中流量。

3.3.3.2 边沟断面形式

（1）边沟断面形式一般采用梯形。底宽与深度一般都不应小于 0.4 m；干旱地区也可采用 0.3 m。边沟边坡根据地质情况而定，内侧边坡一般为 1∶1～1∶1.5，石质路段可以直立；边沟外侧边坡，通常与挖方边坡一致（如图 3-2）。

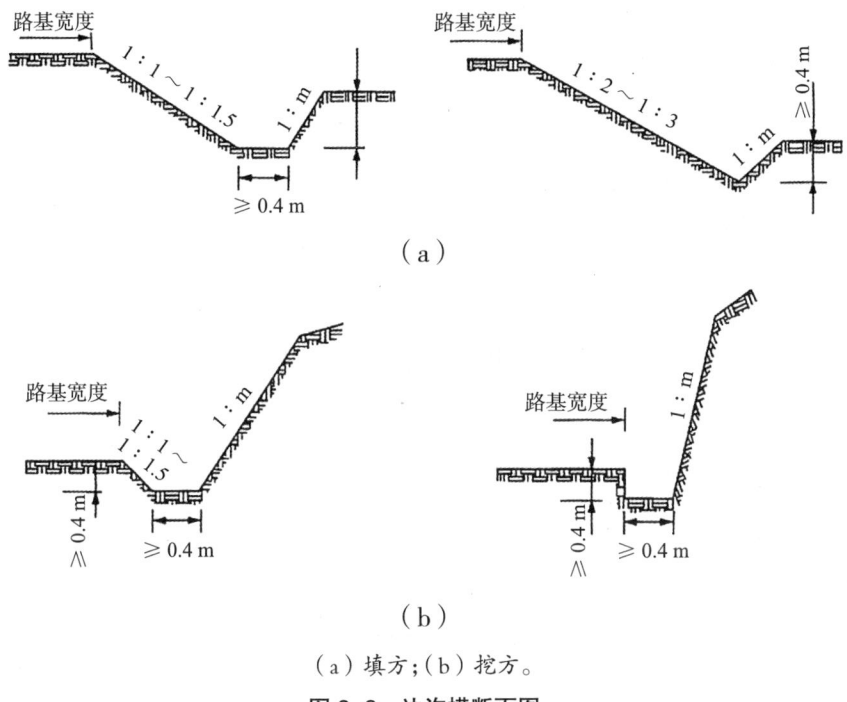

（a）填方；（b）挖方。

图 3-2　边沟横断面图

（2）当采用机械化施工时，土方边沟可做成三角形，其内侧边坡可用 1∶2～1∶3，外侧边坡一般为 1∶1～1∶2。

（3）当路线通过分水岭时，路堑中的石质边沟在凸形边坡点外，边沟最小深度可减至 0.2 m，底宽可不变。

3.3.3.3 边沟出水口

（1）边沟水流不应滞留在沟内，并且要注意出水口的设置，使水流不致危害路基。当边沟水流流向路堤坡脚外，纵坡一般较陡。如果边沟底与填土坡脚高差较大，则应结合当地地形与地质等具体条件采取下列措施：

①设置排水沟将路堑边沟水沿出口的山坡引向路基范围之外，使之不致冲刷填方边坡。

②自边沟与填方毗连处设跌水或急流槽，将水流直接引到填方坡脚之外，以免冲刷边坡，影响路基稳定。

（2）当边沟水流流向桥涵进水口时，为避免边沟流水冲刷，应作如下处理：

①在涵洞进口处设置窨井（如图3-3）；或根据地形需要，在进口前设置急流槽或跌水等构造物，将水流引入涵洞。

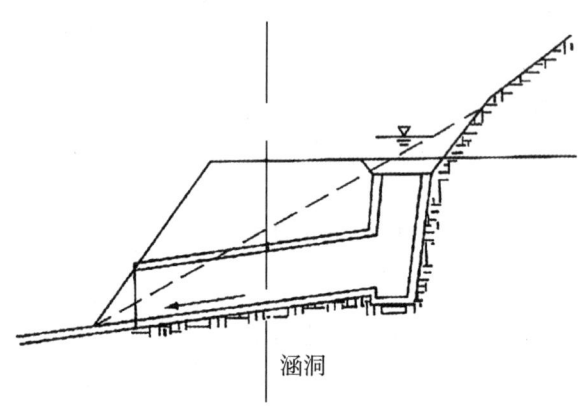

图3-3 边沟水流流入涵洞前的窨井（单级跌水）

②在桥头翼墙或挡土墙之后墙，设置急流槽或跌水，将水引入河道。

③当边沟水流流至回头弯处，流水一般充满边沟断面，流速亦较大。此时应顺着边沟方向沿山坡开挖排水沟，将水流引出路基范围以外的自然沟，或用急流槽引下山坡，以免增加对回头弯边沟的冲刷。

④除特殊情况外，边沟连续长度一般不宜超过 500 m；多雨地区不宜超过 300 m；三角形边沟长度一般不宜超过 200 m。

3.3.3.4 平曲线路段的边沟

在设置超高的弯道内，超高不论采用边轴旋转或中轴旋转，均须考虑内、外侧边沟的排水问题。

当路线纵坡符合下式的条件时，设置超高不致影响边沟排水：

$$i \geq i' + \frac{h_c''}{l_c} \text{（内侧边沟）}$$

$$i \geq i' + \frac{h_c}{l_c} \text{（外侧边沟）}$$

式中：i——路线设计纵坡；

i'——边沟最小排水纵坡，一般为 0.5%，困难地段可采用 0.3%；

l_c——超高缓和长度（m）；

h_c——路基外缘最大抬高值（m）；

h_c''——路基内缘最大降低值（m）。

l_c、h_c、h_c''的数值按所采用的超高方法计算而得，见《公路设计手册 路线》有关章节。

在特殊情况下，如路线设计纵坡不能满足上式要求时，则须调整边沟的深度，使之达到设计排水纵坡。同时还应注意弯道部分同弯道前后的边沟衔接。

在暴雨量较大的地区，如挖方路基的纵坡陡长，下端接有小半径曲线或平缓的纵坡路段，为了避免水流漫溢、冲刷或软化路基，危及路面，可在变坡点附近或进入弯道前，设置横向排水沟，必要时增设涵洞将边沟水排除于路基范围以外。

3.3.4 截水沟设计

3.3.4.1 截水沟设计的一般要求

（1）当路基挖方上侧山坡汇水面积较大时，应设置截水沟。

（2）截水沟的设计应能保证迅速排除地面水，沟底纵坡一般不应小于0.5%，以免水流停滞对土质地段的截水沟造成影响，必要时应采取加固措施，以免水流冲刷或渗漏，致使山坡上过湿引起滑坍。

（3）截水沟应结合地形合理布置，直捷舒顺。在转折处应以曲线连接，必要时并应采取加固措施。

（4）若因地形限制，截水沟绕行，工程艰巨，附近又无出水口时，可分段考虑，中部以急流槽衔接（如图3-4）。

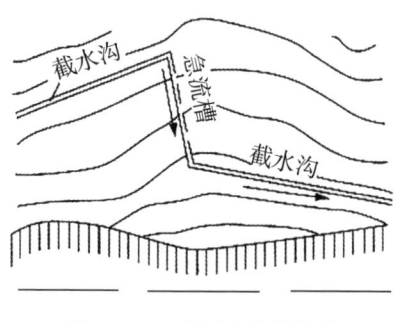

图 3-4 中部以急流槽衔接

（5）若由于地形限制，汇水量比较大，如将截水沟中的水流引至自然沟或路堤地段确有困难，引入边沟又将过大增加路基挖方时，则应综合考虑，可在挖方较低处增设急流槽和涵洞，直接将水引至路基的另一侧，排除于路基范围以外（如图3-5）。

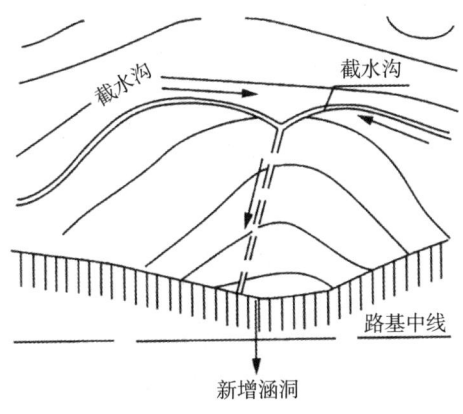

图3-5 增设急流槽与涵洞

3.3.4.2 截水沟的断面形式

（1）截水沟断面的形式一般为梯形，如图3-6（a）。底宽不小于0.5 m；深度按设计流量确定，亦不应小于0.5 m；边坡坡度视土质而定。

（2）山坡覆盖层较薄（小于1.5 m），又不稳定时，修建截水沟可将沟底设置在基岩上，如图3-6（b）。以截除覆盖层与基岩面间之地下水，保证沟身稳定。必要时还应与沟身加固设计作技术经济比较。

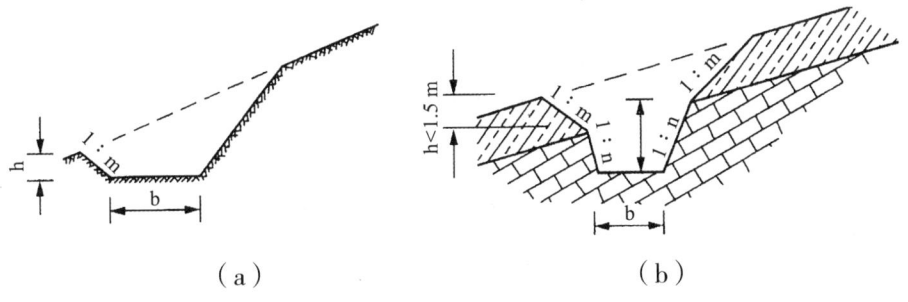

图3-6 截水沟的断面形

（3）截水沟沟壁最低边缘开挖深度不能满足断面设计要求时，可在沟壁较低一侧培筑土埂（如图 3-7）。土埂顶宽 1～2 m，背水面坡 1∶1～1∶1.5，迎水面坡则按设计水流速度、漫水高度所确定的加固类型而定。如土埂基底横坡陡于 1∶5 时，沿地面须挖 0.5～1.0 m 宽的台阶（如图 3-7）。

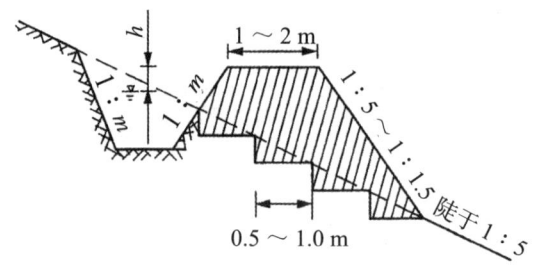

图 3-7 截水沟沟壁一侧培筑土埂断面图

（4）当地形较陡，若采用一般沟渠断面形式，致使地表覆盖层破坏范围太大，或遇地质条件不良的土层，为了缩小山坡破坏面，可采用图 3-8 的形式。

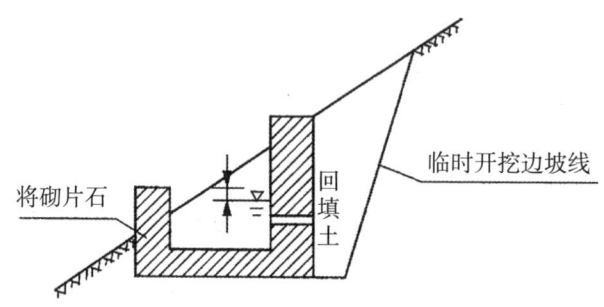

图 3-8 浆砌片石截水沟断面

3.3.4.3 截水沟离开路基的距离

（1）截水沟离开挖方路基坡顶的距离，视土质而异，以不影响边坡稳定为原则。对于一般土层，距离 $d \geqslant 5$ m（如图 3-9）。土质不良地段，酌情增大。对于有软弱层地段（如破碎或松散土层、淤泥层等），其距离因挖方边坡高度 H 而异，一般为 $d \geqslant H+5\ m$，但不应小于 10 m。截水沟挖出的土，可在截水沟下侧做成土台，台顶应筑成 2% 倾向截水沟的横坡。土台坡脚离路基边坡顶应有适当距离。

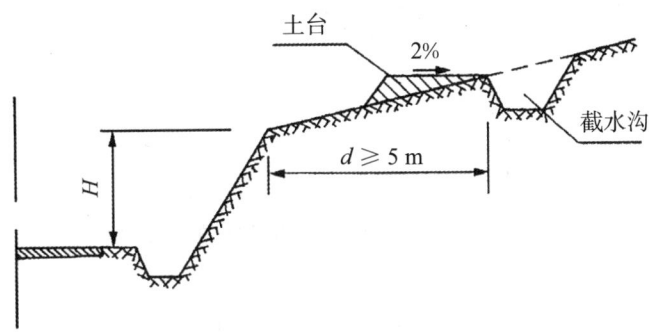

图 3-9　挖方路段上的截水沟

（2）路基上方有弃土堆时，截水沟应离开弃土堆坡脚 1～5 m（如图 3-10）。弃土堆坡脚离开路基挖方坡顶不应小于 10 m。

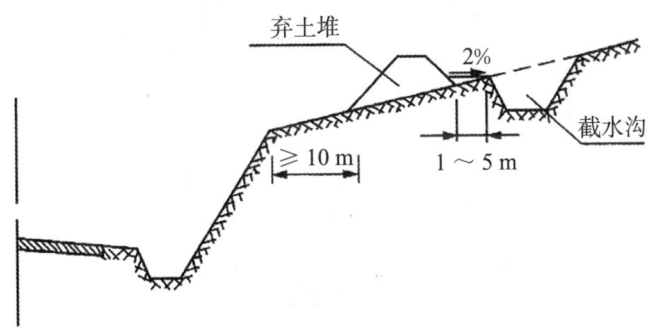

图 3-10　挖方路段截水沟与弃土堆的关系

（3）当挖方路段土质边坡高度较大，降雨量也较大时，如边坡上设平台，则可考虑在平台上加设截水沟，拦截由坡顶流下的水流（如图 3-11）。此时，应特别注意截水沟的加固，防止水流渗漏而影响边坡稳定。

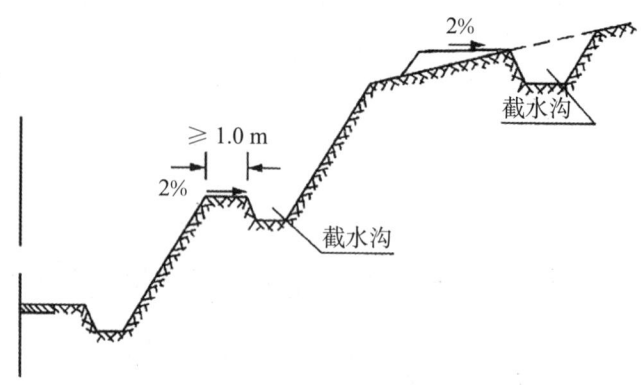

图 3-11　挖方路段土质边坡较高时的坡上截水沟

（4）山坡路堤上方的截水沟，离开路堤坡脚至少 2 m，并用开挖截水沟的土在路堤与截水沟之间，修成向沟倾斜 2% 的土台（如图 3-12）。

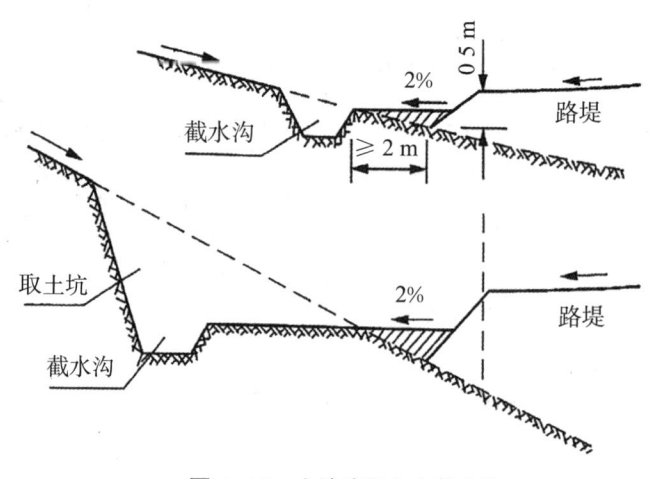

图 3-12　山坡路堤上方截水沟

3.3.4.4　截水沟的道数

对于挖方路基边坡顶至分水岭的距离不长、土质好、坡度缓、植被茂密的路段，可不设截水沟。反之，根据当地具体情况可设一道，甚至几道平行的截水沟，分段拦截地面径流（如图 3-13）。

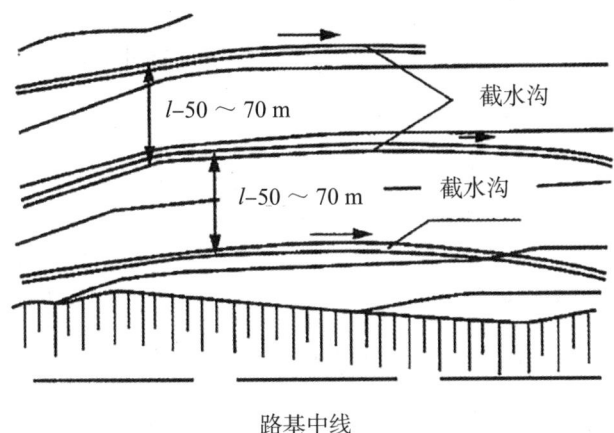

图 3-13　多道截水沟的平面布置

3.3.4.5　截水沟的出水口

（1）截水沟内的水流一般应避免排入边沟。

（2）通常应尽量利用地形，将截水沟中的水流排入截水沟所在山坡一侧的自然沟中，或直接引到桥涵进口处，以免在山坡上任其自流，造成冲刷。

（3）截水沟的出水口，应与其他排水设备平顺地衔接，必要时宜设跌水或急流槽。

（4）截水沟长度一般不宜超过 500 m。

3.3.4.6　截水沟的沟槽加固

截水沟的加固必须引起足够重视，对于地质条件不良地段，尤应慎重，以免积水成害。例如在土质松软、透水性较大的地段，或裂隙较多的岩石地段，为防止水流下渗，影响边坡稳定，沟槽应予加固。沟底纵坡较大的土质截水沟，为防止冲刷，沟槽也应加固。

3.3.5 排水沟设计

3.3.5.1 排水沟断面形式

（1）边沟、截水沟、取土坑或路基附近的积水，均可用排水沟排至桥涵或路基以外的洼地或天然河流。

（2）排水沟一般为梯形断面，其大小应根据流量确定，深度与底宽均不应小于 0.5 m。

（3）排水沟边坡坡率视土质而异，一般土层可用 1∶1～1∶1.5。

（4）排水沟沟底纵坡应不小于 0.5%，在特殊情况下容许减至 0.2%。

3.3.5.2 排水沟的平面线型

排水沟应尽量采用直线，如必须转弯时，其半径不宜小于 10～20 m；排水沟的长度根据实际需要而定，通常宜在 500 m 以内。

3.3.5.3 排水沟与水道的连接

当排水沟中的水流流入河道或沟渠时，应使原水道不产生冲刷或淤积。一般应使排水沟与原水道两者的水流流向成锐角相交，并力求小于 45°，保证汇流处水流顺畅。如限于地形，锐角连接有困难时，可用半径 $R=10b$ 的圆弧（弧长等于 1/4 圆周，b 为排水沟顶宽），如图 3-14。

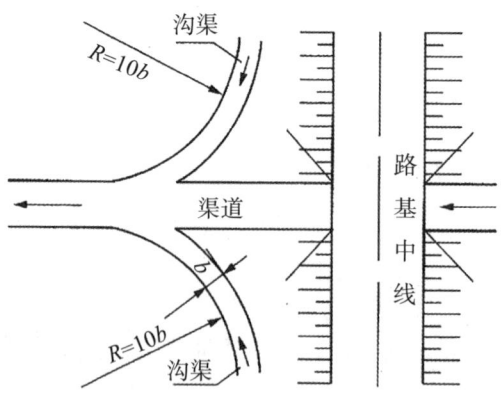

图 3-14 排水沟与河道或渠道路的衔接示意图

3.4 跌水与急流槽

3.4.1 设计要点

（1）设置跌水和急流槽应在满足排水需要和保证工程质量的前提下，力求构造简单，经济实用。

（2）确定跌水和急流槽的位置、类型和尺寸，要因地制宜，结合地形、地质、当地材料和施工条件，进行综合考虑。必要时可考虑改移路线或涵洞位置，以简化或不设此类构造物。

（3）路基边坡的跌水和简易急流槽，可以不必进行水力计算，按一般常用的构造形式设置。

（4）傍山路线遇有岩石山沟，有的相当于天然急流槽，应予利用。必要时适当加工修整，将水流沿该山沟引入指定地点。

（5）设计跌水和急流槽，可考虑采取增加槽底粗糙度的措施，使水流消能和减缓流速。

（6）跌水和急流槽同下游水面的连接形式，宜采用淹没式，以减少加固工程。

3.4.2 跌水的一般构造

（1）跌水的构造可分为进口、台阶和出口三个部分，路基边沟水进入涵洞前，可设置单级跌水的窨井，然后经由涵洞排出。土质边沟的纵坡较大时，可设置多级跌水，以减缓沟底纵坡，降低流速，减小冲刷（如图3-15）。

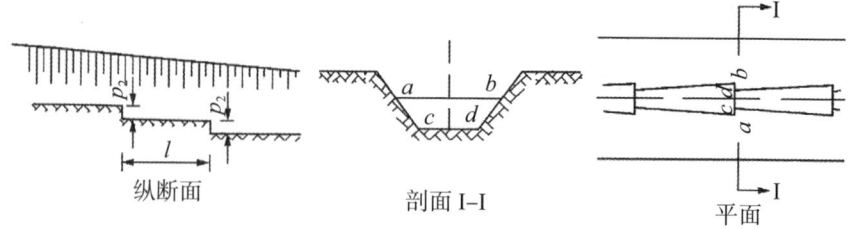

图 3-15 梯形沟槽的多级跌水示意图

（2）跌水台阶的高度，可根据地形、地质等条件而定，一般不应大于 0.5～0.6 m，通常是 0.3～0.4 m。多级台阶的各级高度，可以相同，也可以不同。其高度与长度之比，应与原地面坡度相适应。

（3）跌水可用砖或片（块）石浆砌，必要时可用水泥混凝土浇筑。沟槽槽壁及消力池的边墙厚度根据所用材料选定：浆砌片石为 0.25～0.40 m，混凝土为 0.2 m，高度应高出计算水位最少 0.2 m；槽底厚度为 0.25～0.40 m；出口部分设置隔水墙。

（4）设有消力坎时，坎的顶宽不小于 0.4 m，并设有尺寸为 5 cm×5 cm～10 cm×10 cm 的泄水孔，以便排除消力池内的积水。

（5）跌水槽身一般砌成矩形。如跌水高度不大，槽底纵坡较缓，亦可采用梯形。梯形跌水槽身，应在台阶前 0.5～1.0 m 和台阶后 1.0～1.5 m 范围内，进行加固。

3.4.3 急流槽的一般构造

（1）急流槽可分进口、槽身和出口三个部分。

（2）急流槽的纵坡，一般不宜超过 1:2，可用片（块）石浆砌或水泥混凝土浇筑。临时工程急需，如有条件可用木槽。

（3）急流槽槽壁厚度，石砌时一般为 0.4 m，水泥混凝土为 0.3 m。槽壁应高出计算水深至少 0.2 m。

（4）急流槽的基础要稳固，基底可每隔1.5～2.5 m设一平台，以防滑动。

（5）进水槽和出水槽底部须用片石铺砌，长度一般不短于10 m，个别情况下，应在下游设厚0.2～0.5 m、长2.5 m的防冲铺砌。

（6）急流槽很长时，应分段砌筑，每段长度一般为5～10 m，接头处用防水材料填缝。

（7）急流槽底宜砌成粗糙面，或嵌入约10 cm×10 cm的坚硬小石块，用以消能和减小流速。

（8）长草困难的土质高路堤，为防止雨水漫流，冲刷边坡，常在路肩外缘设拦水带，将路面和路肩上的雨水分段集中，通过路堤边坡上设置的急流槽（俗称水簸箕），排除于路基范围以外。

在高路堤道路纵坡不大的地段，急流槽进水口在路肩上可做成簸箕式，导引水流流入急流槽。在纵坡较大地段，可于路肩上增设拦水带，拦截上游来水，使其进入急流槽。

拦水带一般可用浆砌片石或用水泥混凝土筑成，高为40～50 cm，其中高出路肩15～20 cm，埋入路肩下的深度为25～30 cm。拦水带的顶宽，浆砌片石一般为15～20 cm；如采用水泥混凝土预制板，顶宽8～12 cm，埋设位置与护柱相同。

3.5 地下排水工程

地下排水设备，按作用与使用条件的不同，主要可分为三种类型：暗沟、渗井与渗沟。

3.5.1 暗沟

3.5.1.1 作用

暗沟是设在地面以下引导水流的沟渠，无渗水和汇水作用。

3.5.1.2 使用条件与使用说明

（1）当路基范围内遇有个别泉眼，泉水外涌，路线不能绕避时，为将泉水引至填方坡脚以外或挖方边沟，加以排除，可在泉眼与出口之间开挖沟槽，修建暗沟（如图3-16）。

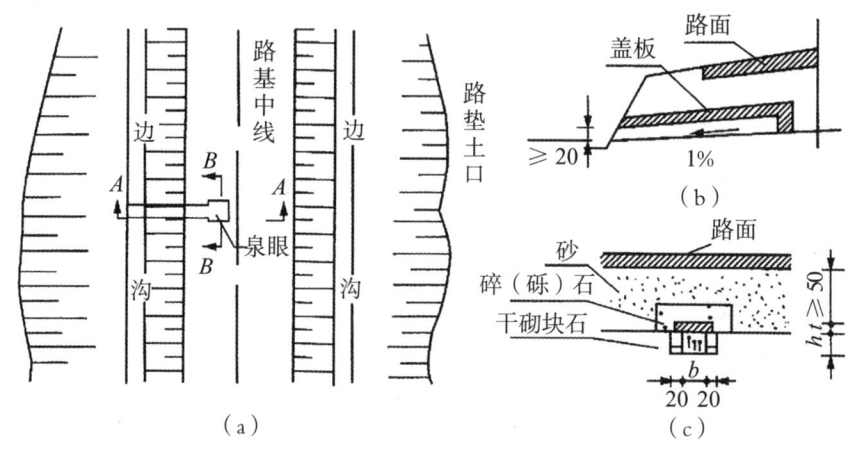

（a）平面；（b）剖面A-A；（c）剖面B-B。

图3-16 疏导路基泉水的暗沟构造图（尺寸单位：cm）

（2）市区街道污水管或雨水管，以及公路有中央分隔带时弯道处的排水设计也可以采用暗沟或暗管排除积水。

（3）暗沟造价一般高于明沟，同时，一旦发生淤塞，疏通费事，甚至需开挖重建。因此，设计时必须与修建明沟方案进行经济比较，择优选用。

3.5.1.3 构造

（1）暗沟的构造一般比较简单，在路基填土之前，或挖出泉眼之后，按照泉眼范围大小，剥除泉眼上层浮土，挖出泉井，砌筑井壁与沟壁，上盖混凝土（或石）盖板。井深应保证盖板顶面的填土厚度不小于50 cm，井宽按泉眼的范围大小决定。高 h 约为20 cm，暗沟宽20～30 cm。如沟身两侧为石质，盖板可直接放在两侧石壁上。

（2）过水暗沟，例如两雨水井之间的水道连接，也可采用混凝土水管，因其构造简单，施工方便，造价低廉。

3.5.1.4 纵坡和出口

（1）暗沟沟底纵坡建议不小于1%。如出口处为边沟，暗沟底应高出边沟最高水位20 cm以上，不允许出现倒灌现象。

（2）采用暗管排水时，管底纵坡建议不小于0.5%，出口条件同上。

3.5.1.5 注意事项

（1）应防止泥土或砂粒落入沟槽或泉眼造成堵塞，暗沟顶可铺筑碎（卵）石一层，上填砂砾。

（2）暗沟流量一般不予计算。

3.5.2 渗井

渗井按其渗水方向不同，可分为排水渗井与集水渗井两类。

3.5.2.1 作用

渗井的作用是将地面水通过竖井，渗入地下排除。

3.5.2.2 使用条件与使用说明

（1）路线穿过雨量稀少地区的村落或集市，路线高度与原地面相仿，因结构物障碍不能贯通边沟，而距地面不深处有渗透性土层，且地下水流向背离路基，地面水流量不大，此时可以修筑渗水井将边沟水流分散到地面1.5 m以下的透水层中，使之不致影响路基稳定。

（2）高速公路或城市道路立交桥下的通道，路线为凹形竖曲线时，如通道路基下层有良好的渗水性土层，则可于凹形的最低部位设置渗井，井口宽可取41.5 cm，与一般雨水井等同，上盖铁质盖板，总宽与通道宽相等，使低洼处积水由渗井排走。这种构造远较采用涵管排除或水泵排除经济、简单。

（3）施工时，在不透水部分，建议用铁管或铁皮作围圈插入井内，分内外两层，外层填较细集料以保证质量。

3.5.2.3 构造

上部构造为集水结构，下部为排水结构。

（1）上部构造渗水井面积的大小，取决于路基表面的流量，一般可采用直径为0.7 m的圆井，或0.6 m×0.6 m～1.0 m×1.0 m的方井。渗水井的顶部四周（进口部分除外）用黏土筑堤围护。顶上也可加筑混凝土盖，严防渗井淤塞（如图3-17）。

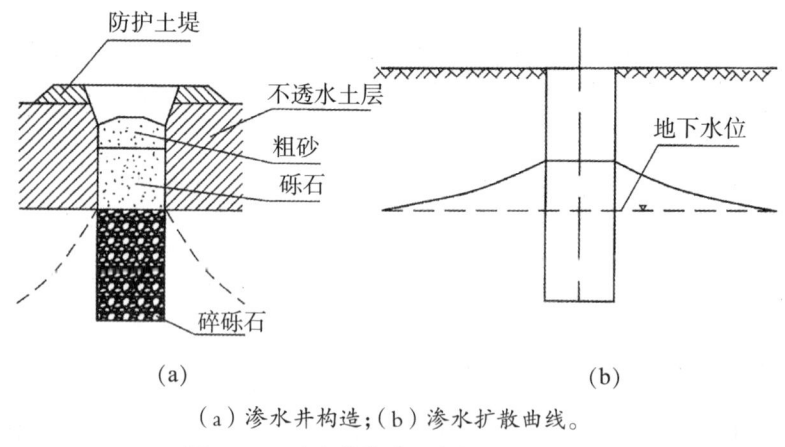

（a）渗水井构造；（b）渗水扩散曲线。

图 3-17 渗水井构造及渗水扩散曲线图

（2）下部构造渗水井的下部，必须穿过不透水层而深达渗透层。井内填充材料用碎石或卵石，上部不透水土层内填充砂和砾石。透水性土层离地面较深时，可用钻井机钻孔，但钻井的直径不应小于15 cm，有时可达50～60 cm。

（3）立交桥下通道采用渗井时，雨水口的铁链盖板及其两侧墙身即为上部集水构造，墙身应深达透水层。墙身可用砖或片（块）石砌筑。墙内不透水性的土应挖除，而以碎（卵）石与砂、砾石回填，作为下部构造，疏散雨水。

3.5.2.4 注意事项

渗井易于淤塞，当地面排水可以采取其他措施时不宜采用。

在上述路线经过村落或集市，由于建筑物障碍，边沟不能贯通而以渗井排水，一般限于低等级道路或临时性措施。有可能贯通边沟时，仍以挖通边沟为宜。

3.5.3 渗沟

3.5.3.1 作用

在地面以下汇集流向路基的地下水，排到路基范围以外，使路基上保持干燥，不致因地下水成害。例如，路线所经地段遇有潜水、层间水、路堑顶部出现地下水，或地下水位较高，影响路基或路堑边坡稳定，则需修建渗沟将水排除（如图3-18、图3-19、图3-20）。

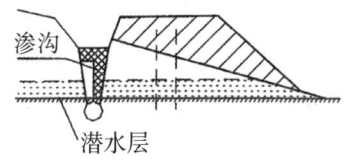

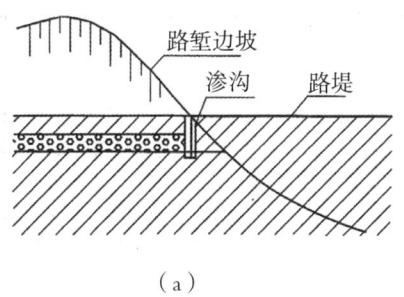

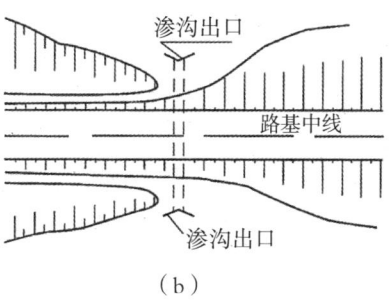

图3-18 拦截潜水流向路堤的渗沟　　图3-19 降低地下水位的渗沟

（a）　　　　　　　　　　　　　（b）

（a）剖面；（b）平面。

图3-20 截断路堑层间水的渗沟

3.5.3.2 分类

按构造的不同,渗沟大致有三种形式。填石渗沟(也称盲沟)、管式渗沟、洞式渗沟;下部设排水管的渗沟;下部设石砌排水孔洞的渗沟。三种形式均由排水层(石缝或管、洞)、反滤层和封闭层所组成。

3.5.3.3 使用条件与使用说明

(1)填石渗沟(盲沟)。一般用于流量不大、渗沟不长的地段,是目前公路上常用的一种渗沟。设计时应考虑淤塞失效问题。由于排水层阻力较大,其纵坡不应小于1%,一般可采用5%。

(2)管式渗沟。设于地下引水较长的地段、但渗沟过长时,应加设横向泄水管,将纵向渗沟内的水流迅速分段排除。沟底纵坡取决于设计流速,最大流速应考虑到水管的构造及其使用寿命,且不致冲毁管下垫枕材料,一般以不大于 1.0 m/s 为宜,亦不应低于最小流速。最小纵坡为 0.5%,以免淤积。

(3)洞式渗沟。当地下水流量较大,或缺乏水管时,可采用石砌涵洞,洞口大小依设计流量而定。沟底纵坡同管式渗沟所述,最小为0.5%,有条件时适当采用较大纵坡,以利排水。

(4)平面布置。渗沟尽可能与地下水流向相互垂直,使之能拦截更多的地下水。

(5)类型选择。设计时应首先考虑是否可以使用明槽式,以便随时检查排水情况,并根据土层含水量、地理位置和各种类型结构的排水能力,从经济效益上作比较,择优选用。

3.5.3.4 构造

(1)渗沟的槽宽(人工开挖)视沟深而定,一般深度在 2 m 时,宽度为 0.6～0.8 m；深度在 3～4 m 时，宽度不小于 1.0 m。沟内用作排水和渗水的砂石填料，应经过筛选和清洗。

（2）渗沟的出水口（如图 3-21）。

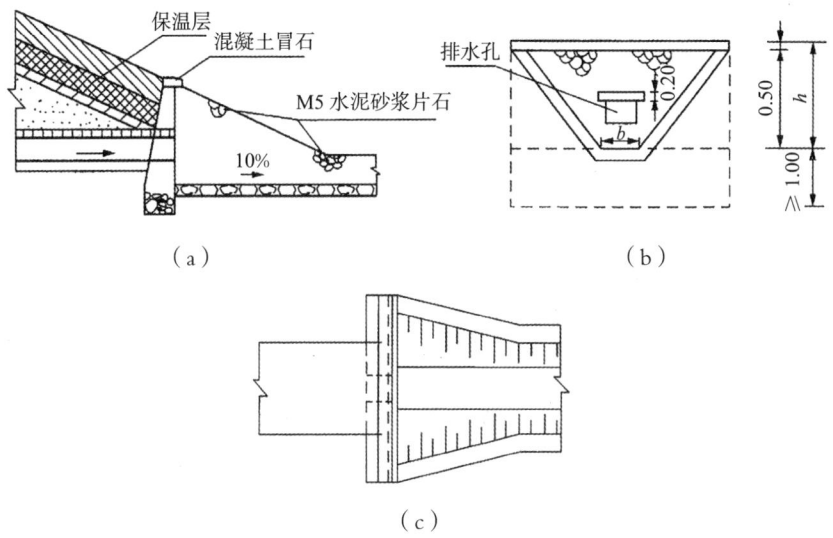

图 3-21　端墙式出水口示意图（尺寸单位：m）

（3）封闭层是为了防止土粒落进填充石料的孔隙，以免造成渗沟堵塞而设置的，同时也能起到防止地面水渗入沟内的作用。前面所述三种渗沟均用浆砌片石封顶。

（4）反滤层是为了汇集水流，并用以防止含水层中土粒堵塞排水层而设置的。反滤层应尽可能选用颗粒大小均匀的砂石材料，分层填埋，相邻两层颗粒直径之比不小于 1∶4。设计时可参考《公路设计手册路基》。填料的颗粒应为含水层土的最大粒径的 8～10 倍。

（5）渗沟的基底一般埋入不透水层，故渗沟沟壁一侧设反滤层汇集水流，而另一侧用黏土夯实或 M5 水泥砂浆砌片石，拦截水流。如含水层较厚，沟底不能埋入不透水层，沟壁两侧均应设置反滤层。

（6）填石渗沟的排水层，可采用石质坚硬的较大颗粒填充，以保证具有足够的孔隙度排除设计流量。填充的高度不小于 0.3 m，并应高出原地下水位。

（7）管式渗沟的泄水管，可用陶土、混凝土、石棉或聚氯乙烯带孔塑料管等材料制成，在林区有时也可用竹木等当地材料。管径视设计流量而定，一般为 10～20 cm。在冬季管内水流结冰的地段，为防止堵塞可采用较大直径的水管，并加设保温层。管式渗沟的高度，应使填料顶面高出原地下水位，而且不低于沟底至管顶之间高度的 2～4 倍。沟底一般用干砌片石，如果深入不透水层，则用浆砌片石或混凝土。

（8）洞式渗沟的底部孔洞，其作用与水管相仿，可排较大流量，用浆砌片石筑成，上加混凝土盖板。洞式渗沟的高度，与管式渗沟相仿。

（9）挖方路基有时在路床（路基顶面以下）内时，由于地下水的作用，出现土质湿软、弹簧、冒浆、强度降低等现象，导致路面破坏。一般除掺灰处理外，采用带孔的聚氯乙烯塑料管与土工布组成的渗沟埋设在边沟附近，可取得满意的效果。如图 3-22，土工布的规格为 120～150 g/m^2。带孔塑料管孔的直径为 0.5 cm，错位排列；碎石（砾石）粒径，靠近塑料管的可大些，为 3～5 cm，靠近土工布粒径最小，为 1～2 cm。渗沟埋深一般在边沟下 60 cm，条件复杂时予以加深。

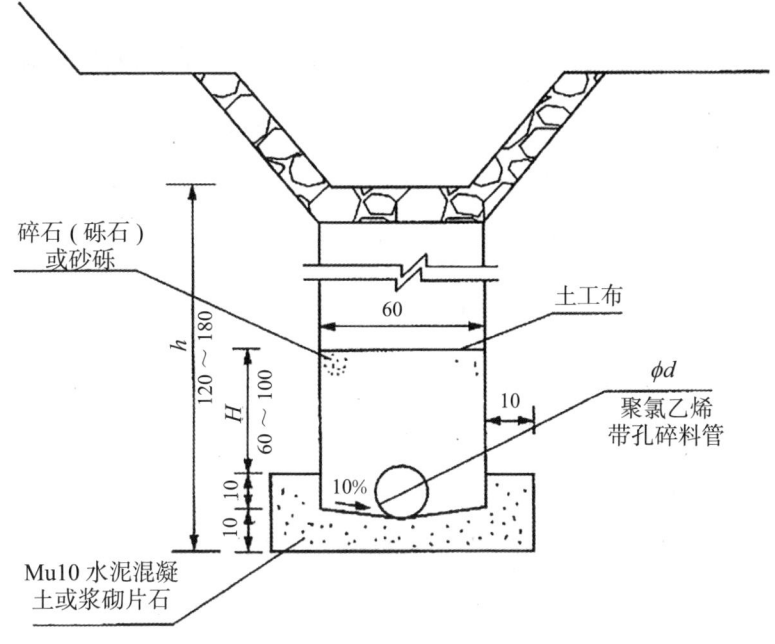

注：1. 本图尺寸以 cm 计；2. 图中代号尺寸；ϕd =10、15 或 20 cm。

图 3-22　塑料管渗沟构造图

3.6　排水设施的施工技术要点

3.6.1　有效处理施工过程中发现的地下水，切断地下水补给源

由于地下水埋藏隐蔽，在设计时不可能全面了解和掌握。在施工过程中，若发现地下水富集带或泉眼等，必须认真对待，会同设计部门查明其类型、补给来源，以及流量、流向等情况，采用切实有效的措施加以处理。对道路毗邻地带尤其是山坡、高地，须经常进行巡察，发现岩土裂缝及时予以填塞。土质地面的裂缝用黏土填塞捣实，岩石裂缝用水泥砂浆填封；路堑边坡上方的洼地和水塘予以填平；土质疏松地段铺植草皮和种植树木，以切断和减少地下水的补给源。

3.6.2 防止渗沟淤塞

渗沟排除地下水是靠反滤层集水，通过碎石、卵石排水体和沟管槽排出路基范围。若反滤层中渗入细颗粒泥沙，日积月累将导致反滤层失去渗水功能，使渗沟失效。要保证渗沟的正常工作，必须从内外两方面防止泥沙的渗入。首先要保证渗沟顶部封闭层和防水层的施工质量，防止土颗粒渗入；其次，应严格选择填充料及各层反滤层材料，并筛选干净，按照先粗后细的程序铺筑，同层中粒径均匀一致，防止滤层材料本身夹带泥沙或疏密不均匀导致堵塞。

3.6.3 接缝防渗漏

沉降和伸缩缝防渗漏对地下沟槽十分重要，尤其是暗沟埋设较浅、土质较软的透水路段，应用沥青麻絮、沥青木板或土工合成材料弹塑体封堵沉降和伸缩缝，防止漏水。

3.6.4 沟槽防冻

地下排水沟槽的出水口是地下排水系统安全引排路基范围水至适当水体、水道的关键部位，除了应予以冲刷防护之外，寒冷地区还应防止水流冻结堵塞通道，致使路基内水量聚集产生冻胀翻浆破坏。在沟槽出水口处，加大末端沟槽纵坡至10%以上或采取保温措施，同时保证出口沟底比外部沟底高0.5 m以上，以防止水流冻结。对于因地形限制地下渗沟无法埋设于冻深线以下时，须在上层填筑炉渣、泥炭等予以保温，防止地下水渗沟管槽冻裂。

第4章 边坡挡土墙工程技术

挡土墙是用来支承路基填土或山坡土体，防止填土或土体变形失稳的一种构造物。在路基工程中，挡土墙可用以稳定路堤和路堑边坡，减少土石工程量和占地面积，防止水流冲刷路基，并经常用于整治塌方、滑坡等路基病害。在山区公路中，挡土墙的应用更为广泛。

路基在遇到下列情况时，可考虑修建挡土墙：

（1）陡坡地段；

（2）岩石风化的路堑边坡地段；

（3）为避免大量挖方及降低边坡高度的路堑地段；

（4）可能产生塌方、滑坡的不良地质地段；

（5）高填方地段；

（6）水流冲刷严重或长期受水浸泡的沿河路基地段；

（7）为节约用地、减少拆迁或少占农田的地段；

（8）为保护重要建筑物、生态环境或其他特殊需要的地段。

墙身靠填土（或山体）一侧称为墙背，大部分外露的一侧称为墙面（或墙胸），墙的顶面部分称为墙顶，墙的底面部分则称为墙底，墙背与墙底的交线称为墙踵,墙面与墙底的交线称为墙趾。墙背与竖直面的夹角称为墙背倾角,一般用 α 表示,工程中常用单位墙高与其水平长度之比来表示,即可表示为 1∶n,墙踵到墙顶的垂直距离称为墙高,用 H 表示。

4.1 挡土墙的类型、构造及布置

4.1.1 挡土墙的类型

在公路工程中,可用以支撑路堤或路堑边坡、隧道洞口、防止水流冲刷路基,同时也常被用于处理路基边坡滑坡崩坍等路基病害。尤其在山区公路中,挡土墙的运用更为广泛。

公路上常用的挡土墙按其设置位置可分为路肩墙、路堤墙、路堑墙和山坡墙等类型(如图 4-1)。

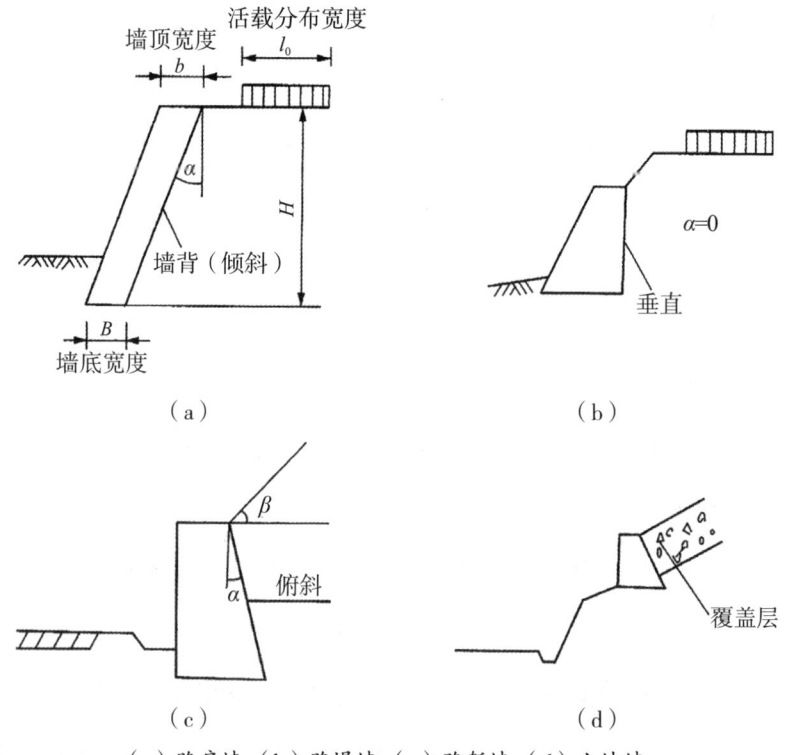

(a)路肩墙;(b)路堤墙;(c)路堑墙;(d)山坡墙。

图 4-1 设置挡土墙的位置

路肩墙或路堤墙设在高填路堤或陡坡路堤的下方,可以收缩路堤坡脚,减少填方数量,减少拆迁和占地面积,防止路基边坡或基底滑动,保证路堤稳定。

路堑墙设置在堑坡底部,主要用于支撑开挖后不能自行稳定的边坡,可降低挖方边坡的高度,减少挖方数量、防止陡坡路堤下滑,避免山体坍滑。

山坡挡土墙设在堑坡上部,用于支挡山坡上可能坍滑的覆盖层或破碎岩层,有的兼有拦石作用。

选择挡土墙设计方案时,应与其他方案进行技术经济比较。通过移动路线位置、放缓边坡增大路基土石方工程、拆迁妨碍路基的建筑物等比较,以求达到工程经济合理、安全、稳定的目的。

4.1.2 挡土墙的构造

公路上常用的挡土墙,一般由墙身、基础、排水设施、沉降缝与伸缩缝等几部分构成。

4.1.2.1 墙身

墙身包括墙背、墙面、墙顶和护栏四部分。石砌挡土墙的墙背,常见的有仰斜、垂直、俯斜、凸形折线和重力式等形式(如图4-2)。墙面一般为平面,其坡度与墙背坡度相配合。同时,还应结合墙趾处的地面横坡合理选择,宜采用垂直面或仰斜 $1:0.05 \sim 1:0.20$,但一般不少于 $1:0.30$,以免过多增加墙高。墙顶的最小宽度,浆砌挡墙不小于 50 cm,干砌不少于 60 cm。护栏是为保证交通安全,在地形险峻地段或过高过长的路肩墙墙顶设置(一般墙顶高出地面 6 m 以上,或连续长度大于 20 m 的路肩挡土墙)。

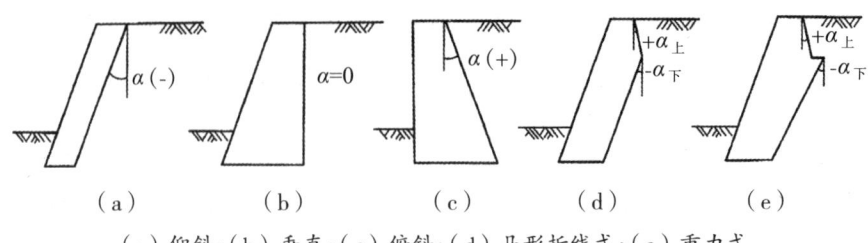

(a)仰斜；(b)垂直；(c)俯斜；(d)凸形折线式；(e)重力式。

图4-2 石砌挡土墙的断面形式

4.1.2.2 基础

挡土墙基础是挡土墙质量的关键。实践证明：挡土墙的破坏，大多是由基础处理不当而引起的。

绝大部分挡土墙，都是直接修筑在天然地基上。当地基承载力不足且墙趾处地形平坦，为减少基底压力，并增加基础的抗倾覆稳定性，通常采用扩大基础，如图4-3（a）。墙趾处伸出不少于20 cm宽的台阶，台阶的高宽比可采用3∶2或2∶1。如果地基承载力不足，为避免台阶太大和过厚，可采用钢筋混凝土基座，如图4-3（b）。地基为软弱土层（如淤泥、软黏土等）时，可采用砾石、碎石、矿渣或灰土等质量较好的材料换填，以扩散基底压力。当地面陡峻而地基为完整坚实的岩石时，基础可做成台阶，以减少基坑开挖和节省工，如图4-3（c）。台阶的尺寸，按具体的地形地质条件确定，台宽不宜少于0.5 m，台阶的高宽比一般不应大于2∶1。如局部地段地基软弱，挖基困难或需跨越沟涧时，可采用拱形基础，如图4-3（d）。但应注意土压力不宜过大，以免横向推力导致拱圈开裂。设计时，对拱圈应作验算。

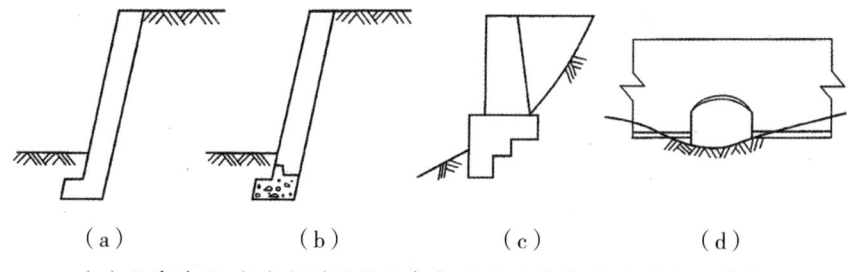

（a）加宽墙趾；（b）钢筋混凝土基座；（c）台阶基础；（d）拱形基础。

图 4-3　挡土墙的基础形式

挡土墙的基础埋设深度应按地基的性质、承载力的要求、冻胀的影响、地形和水文地质等条件确定。设置在土质地基上的挡土墙，基底应埋在天然地面以下至少 1.0 m，受水冲刷时应在冲刷线以下至少 1.0 m。受冻胀影响时，应在冻胀线以下至少 0.25 m。碎石、砾石、砂类基础，不考虑冻胀影响，基础埋置深度不宜少于 0.5（击实时）～1.0 m（疏松时）。岩石地基应清除表面松散的风化层，基础嵌入基岩深度不少于 0.15～0.60 m（按岩层的坚硬程度和抗风化能力选定）。

4.1.2.3　排水设施

挡土墙应设置排水设备，以疏干墙后填料中的水分，防止墙后积水致使墙身承受额外的静水压力等。挡土墙后的排水是十分重要的，要求在墙身的适当高度处，设置一排或数排泄水孔。泄水孔尺寸视泄水量的大小而定。一般为截面尺寸为 5 cm×10 cm、10 cm×10 cm、15 cm×20 cm 的方孔或直径为 5～10 cm 的圆孔。泄水孔间距一般为 2～3 m，上下排水孔交错布置。为保证顺利泄水和避免墙外水流倒灌，泄水孔应向外倾斜，最下一排泄水孔的出水口应高出地面或排水沟及积水地区常水位以上 0.3 m。下排泄水孔进水口的底部，应铺设 30 cm 厚的黏土隔水层，以防水分渗入基础。进水口周围还应用具有反滤作用的粗颗粒材料覆盖，以免孔道淤塞。干砌挡土墙可不设泄水孔。有关排水设施的设置（如图 4-4）。

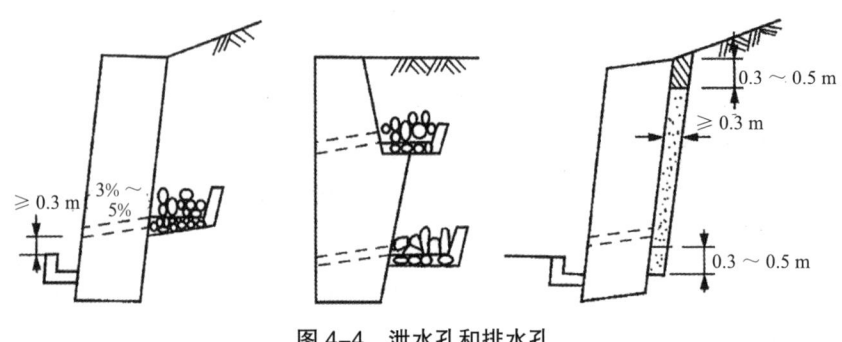

图 4-4 泄水孔和排水孔

4.1.2.4 沉降缝与伸缩缝

为了防止地基不均匀沉陷而引起墙身开裂，需设置沉降缝；为了减少圬工砌体因收缩硬化和温度变化作用而产生裂缝，需设置伸缩缝。沉降缝和伸缩缝是设在一起的。一般每隔 10~15 m 设置一道，缝宽 2~3 cm。自墙顶做到基底，缝内可用胶泥填塞，也可采用沥青麻筋或涂以沥青的木板等具有弹性的材料。沿墙的内、外、顶三侧填塞，填塞的深度均为 15 cm。干砌挡土墙可不设沉降缝与伸缩缝。

4.1.3 挡土墙的布置

挡土墙的布置，应根据路基横断面图、纵断面图及墙趾纵断面图，并考虑地形、地质与水文地质情况、材料供应及施工技术水平等条件，选择和确定挡土墙类型、位置和长度。

4.1.3.1 挡土墙的位置

路堑挡土墙大多数设在边沟旁，山坡挡土墙应考虑设在基础可靠处；路肩墙应保证路基宽度布设；路堤墙应与路肩墙进行技术经济比较，以确定墙的合理位置；沿河挡土墙要结合河流的水文地质情况及河道工程来布置，注意设墙后仍能保持水流顺畅。

4.1.3.2 纵向布置

挡土墙纵向布置应在墙趾纵断面图上进行，布置并绘制挡土墙正面图（如图 4-5），布置的内容为：

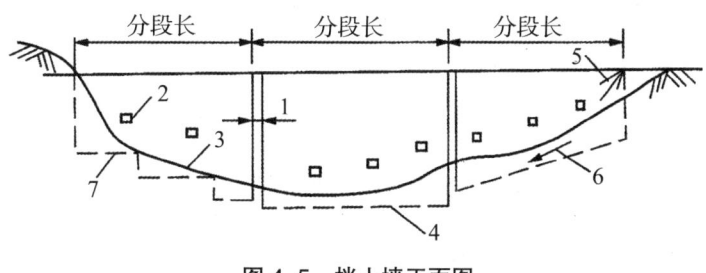

图 4-5 挡土墙正面图

（1）确定挡土墙的起点桩号和墙长，选择挡土墙与路基或其他结构物的连接方式；

（2）按地基和地形情况进行分段，确定沉降缝和伸缩缝的位置；

（3）布置好各段挡土墙的基础。挡土墙的基础底宜做成不大于5%的纵坡；若大于时，应做成台阶状。但地基为岸石时，纵坡不大于5%，为减少开挖，也可在纵向做成台阶，台阶的尺寸随地形变动，但其高宽比不宜大于1：2；

（4）确定泄水孔的位置，包括数量、间隔和尺寸等。

4.1.3.3 横向布置

绘制起点、墙高最大处、墙身断面和基础形式变异处以及其他有关桩号的挡土墙横断面图。图上应按计算结果布置墙身断面，确定基础形式和埋置深度，布置排水设备等。

4.1.3.4 平面布置

在平面图上，应标示出挡土墙与路线的平面位置、地貌和地物（特别是对挡土墙有干扰的建筑物）等情况。此外，还应附有说明：

（1）采用标准图的编号；

（2）选用挡土墙设计参数的依据；

（3）所需的工程材料数量；

（4）其他有关材料及施工的要求和注意事项等。

4.2 挡土墙的压力计算

4.2.1 土压力的种类

挡土墙是支挡土体的结构物，它的断面尺寸与温度要求主要取决于土压力。作用于墙身的土压力有主动土压力、被动土压力和静止土压力三种。

4.2.1.1 主动土压力

当墙身受土体侧压力作用，逐渐向外滑动或倾覆，墙后土体沿破裂面下滑而处于极限平衡状态时，作用于墙背之侧的土压力达最小值，称此压力为主动土压力，如图4-6（a），以符号E_A表示。

4.2.1.2 被动土压力

当墙身受外力作用，墙向土体挤压移动，土压力随之增大，墙后土体被推破达到向上滑动的极限平衡状态时，土压力达最大值，此时土体对于墙背的抗力，称为被动土压力，如图4-6（b），以符号E_p表示。

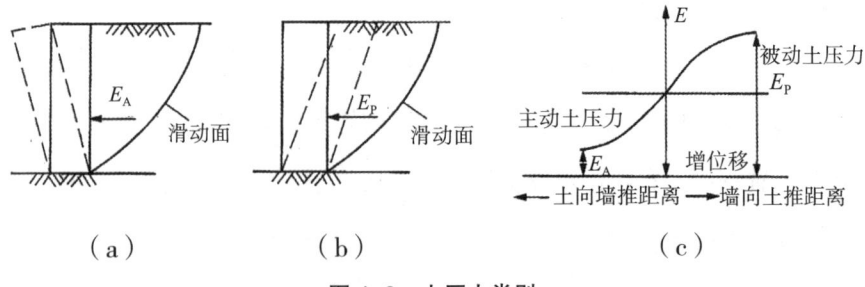

图4-6 土压力类别

4.2.1.3 静止土压力

墙处在原来位置不动时,作用于墙背的侧压力介于上述两者之间,即称为静止土压力。三种土压力的力学概念,如图4-6(c)。通常主动土压力小于被动土压力,而静止土压力介于两者之间。路基挡土墙一般均可能有侧向位移或倾覆,墙身受到主动或被动土压力。设计中,对墙趾前土体的被动土压力往往忽略不计(偏于安全),主要考虑的是墙背所受到的主动土压力。

4.2.2 土压力的计算

4.2.2.1 库仑理论假定

(1)假设墙背填料为均质散粒体,仅有内摩擦力,而无黏聚力。

(2)当墙身向外移动或绕墙趾外倾时,墙背填料内出现一个通过墙踵的破裂面,假定此破裂面为一平面。

(3)破裂面上的土楔体视作刚性体,在外力作用下无压缩或伸张的变形。

4.2.2.2 主动土压力计算公式

如图4-7,根据静力平衡条件,确定此土楔体处于极限平衡状态时给予墙背的主动土压力,按式4-1计算。

$$E = W \cdot \frac{\sin(90° - \theta - \varphi)}{\sin(\theta + \omega)} \quad (4-1)$$

式中:E——主动土压力,kN;

W——ABC 楔体自重,土楔体上有荷载时,包括荷载重,kN;

θ——破裂面与垂线的夹角,称为破裂角;

ω——$\omega = \alpha + \delta + \varphi$;

α——墙背倾角,仰斜时 α 取负值,俯斜时 α 取正值;

δ——墙背与填料间的摩擦角。

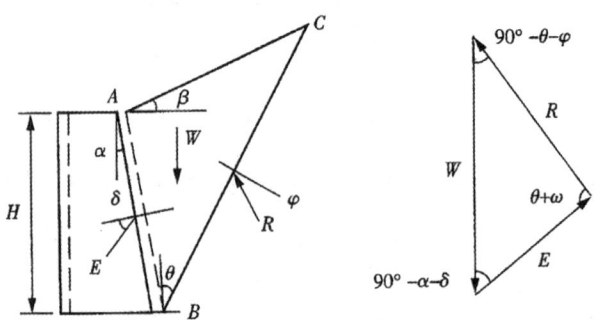

图 4-7 库仑主动土压力的计算图

由于滑动面 BC 是任意选择的，要求算出主动土压力值达到最大的那个破裂面即为最危险的破裂面。所以，要求 E 为极大值时的破裂角 θ_a，取 $dE/d\theta=0$，从而解得极限状态时的破裂角 θ_a，将 θ_a 代入上式，求得破裂面上土楔体对墙背的主动土压力，即式 4-2。

$$E_a = 0.5\gamma H^2 K_a \qquad (4\text{-}2)$$

式中：H——墙高，m；

γ——墙背填料的容重，kN/m²；

K_a——主动土压力系数，一般有表可查。

以库仑理论为基础，按墙后填土表面的形式和车辆荷载分布情况的不同，推导出各种情况下的主动土压力计算公式，有关公式和计算图式见《路基公路设计手册（第二版）》。

4.2.2.3 黏性土的土压力计算

库仑土压力理论，假定墙后填料只有内摩擦力而无黏结力，显然与实际情况不符，填料中黏结力的存在，对主动土压力的大小影响很大。墙后填料为黏性土时，应考虑黏聚力的影响。

(1)换算内摩擦角。

目前,由于黏聚力的数值难以确定,通常都采用换算内摩擦角法来计算黏性土的主动土压力。通常把黏性土的内摩擦角增大5°～10°,作为换算内摩擦角。或取换算内摩擦角值为φ_D=30°～50°,此法虽然简单,但只与某一特定的墙高相适应,而一般对于矮墙(H<6 m)是偏于安全的,对于高墙则偏于危险。

(2)根据土压力相等原理,求出φ_D,然后代入无黏性土的库仑公式,计算土压力,φ_D由式4-3计算:

$$\tan(45°-\frac{\varphi_D}{2})=\tan(45°-\frac{\varphi}{2})-\frac{2c}{\gamma H} \quad (4-3)$$

式中符号意义同式4-2。

4.2.2.4 考虑黏结力的存在,使土压力减小,减小后的土压力可由式4-4计算

$$E_c=E_a-E_c^1=W\cdot\frac{\cos(\theta+\varphi)}{\sin(\theta+\omega)}-\frac{cL\cos\varphi}{\sin(\varphi+\omega)} \quad (4-4)$$

式中:E_a——不计黏结力的主动土压力;

E_c^1——因黏结力的作用而减少的土压力;

L——为破裂面的长度减去黏性土由于侧向收缩产生的裂缝深度h_c,裂缝深度h_c可由下式计算:$h_c=2c/\gamma\cdot\tan(45°+\varphi/2)$。

4.2.3 车辆载荷换算

作用于墙后破裂棱体上的车辆荷载,使土体中产生附加的竖向应力,从而产生附加的侧向压力。考虑到这种影响,可将车辆荷载近似地按均布荷载考虑,换算容重与墙后填料相同的均布土层。换算的方法,可参照《公路桥涵设计通用规范》中的有关规定进行。

4.3 重力式挡土墙设计要求与稳定性验算

4.3.1 挡土墙设计的要求

重力式挡土墙本身必须有足够的整体稳定性，墙身截面应具有足够的强度以承受土体测压力。重力式挡土墙可能产生的破坏有滑移、倾覆、不均匀沉降和墙身断裂等。在设计时需要验算挡土墙在组合力系作用下沿基底滑动稳定性，绕基础趾部转动的倾覆稳定性，基体应力及偏心距，以及墙身断面强度。为此，重力式挡土墙设计需满足表4-1中所列的各项要求。

表 4-1 重力式挡土墙计算的要求

要求	指标
不产生墙身沿基底的滑移破坏	滑动稳定系数 $K_c \geq 1.3$
不产生墙身绕墙趾倾覆	倾覆稳定系数 $K_c \geq 1.5$
不出现因基底过度的不均匀沉陷而引起的墙身倾斜	作用于基底的合力的偏心距 $e \leq 1/6\ B$（土质地基）或 $e \leq 1/5\ B$（岩质地基）
地基不出现过大的下沉	基底的最大应力，σ 小于地基的容许承载力 $\sigma \leq [\sigma]$
墙身截面不产生开裂、破坏	墙身截面上的压应力 σ_{max} 及剪应力 τ_1，拉力 σ_{min} 应小于材料的容许应力 $\sigma_{max} \leq [\sigma_a]$，$\tau_1 \leq [\sigma_j]$，$\sigma_{min} \leq [\sigma_{ml}]$ 作用于截面上的合力偏心距 $e_1 \leq 0.25\ B_t$

注：1.荷载组合 Ⅲ 时，K_c 和 K_0 均为 1.3；作用于截面上的合力偏心距 $e_1 \leq 0.3\ B_t$；2.坚硬岩质地基上的心距 e，可考虑放宽至 $e \leq 0.25\ B$；3.B 和 B_1 为基底和截面的宽度。

4.3.2 挡土墙稳定性验算

4.3.2.1 抗滑稳定性验算

在主动土压力的水平分力 E_x 的作用下，挡土墙向外滑动，阻止滑动的基础底面与地基之间的摩擦力即为抗滑力。抗滑力与滑动力的比值，称之为滑动稳定系数K_c，见式4-5。

$$K_c = \frac{T}{E_x} = \frac{(W+E_y)f}{E_x} \qquad (4-5)$$

式中：T——抗滑力，kN；

E_x——主动土压力的水平分力，kN；

E_y——主动土压力的垂直分力，kN；

W——挡土墙自重；

f——基底摩擦系数，可通过现场试验确定。无试验资料，可参考表4-2的经验数据。

当$K_c \leqslant [K_c]$时，表示抗滑稳定性不足。此时，应增加抗滑稳定性的措施：倾斜基底；凹榫基础；改善基础，如更换基底土层；改变墙身断面形式等。

表4-2 基底摩擦系数f的参考值

基底类别		摩擦系数
黏性土	软塑状态（$0.5 \leqslant I_L < 1$）	0.25
	硬塑状态（$0 \leqslant I_L < 0.5$）	0.25～0.30
	半坚硬状态（$I_L < 0$）	0.30～0.40
砂		0.40
砾（卵）石类土		0.40～0.5
软质岩石		0.40～0.6
表面粗糙的硬质岩石		0.60～0.70

4.3.2.2 抗倾覆稳定性验算

如图4-8，抗倾覆稳定系数K_0，即对于墙趾总的稳定力矩$\sum M_y$与

总的倾覆力矩 $\sum M_0$ 之比，见式 4-6。

$$K_0 = \frac{\sum M_y}{\sum M_0} = \frac{W \cdot Z_w + E_y \cdot Z_y}{E_x \cdot Z_x} \geq [K_0] \quad (4-6)$$

式中：Z_x、Z_y——分别为 E_x、E_y 对墙趾的力臂，m；

Z_w——墙重 Z_w 对墙趾的力臂，m。

当 $K_0 \leq [K_0]$ 时，抗倾覆稳定性不足，可采取以下措施：展宽墙趾，改变墙面或墙背的坡度，以减小土压力或增大力臂；改变墙身形式，如改用衡重式等。

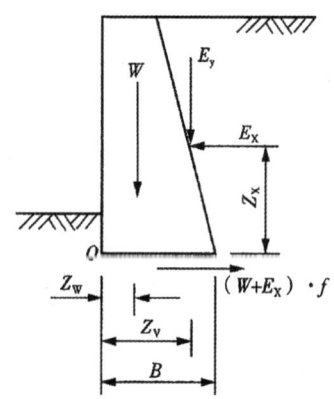

图 4-8 挡土墙的滑动与倾覆稳定

4.3.3 基底应力及合力偏心距验算

如图 4-9，作用于基底的合力偏心距 e 见式 4-7 计算。

$$e = \frac{B}{2} - Z_N = \frac{B}{2} - \frac{W \cdot Z_w + E_y \cdot Z_y - E_x \cdot Z_x}{W + E_y} \quad (4-7)$$

基底应力的计算如下见式 4-8。

$$\sigma_{1,2} = \frac{N}{A} \pm \frac{\sum M}{W} = \frac{W + E_y}{B}\left(1 \pm \frac{6e}{B}\right) \leq [\sigma] \quad (4-8)$$

式中：$\sigma_{1,2}$——分别为基底面墙趾和墙踵处的最大和最小压应力，kPa；

$\sum M$——挡土墙上的水平力和竖向力对基底的弯矩，kN·m；

A——基底垂直力总和对O点的力臂，m；

A——基底底面面积，m^2；

W——基底面的截面抵抗矩，kN·m；

$[\sigma]$——基底容许应力，kPa；

B——基底宽度，m；

e——合力的偏心距，m。

当$e > B/6$时，基底出现拉应力，一般均不考虑地基能受此应力，则基底应力重新分布（如图4-10）。最大压应力见式4-9。

$$\sigma_{\max} = \frac{2N}{3Z_N} = \frac{2(W+E_y)}{3(B/2-e)} \leq [\sigma] \quad (4-9)$$

为此，应控制偏心距，根据地基土质情况，规定：土质地基$e \leq B/6$，石质较差的软石地基$e \leq B/5$，紧密岩石地基$e \leq B/4$。

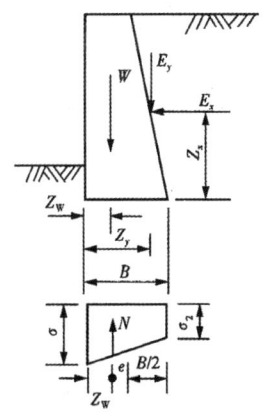
图4-9 基底应力分布

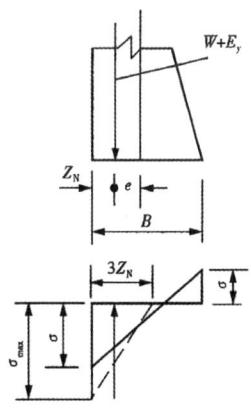
图4-10 偏心距过大的基底应力分布

4.3.4 墙后断面强度的验算

重力式挡土墙一般属于偏心受压，为了保证墙身具有足够的强度，应选取一、两个墙身截面进行强度验算。如基底、基础顶面，1/2墙高处，上下墙交界处等截面。

4.3.4.1 法向应力验算

如图 4-11，取墙身截面 I-I，则断面的最大与最小法向应力见式 4-10 计算。

$$\sigma_{\max}, \sigma_{\min} = \frac{W_1 + E_{y1}}{B_1}(1 + \frac{b \cdot e_1}{B_1}) \leq [\sigma_a] \quad (4\text{-}10)$$

式中：$\sigma_{\max}, \sigma_{\min}$——分别为验算断面的最大与最小法向应力，kPa；

W_1, E_{y1}——分别为断面 I-I 的墙重、土压力的垂直分力，kN；

B_1, e_1——分别为断面 I-I 处墙底宽及偏心距，m；

$[\sigma_a]$——污工砌体的容许压应力，kPa。

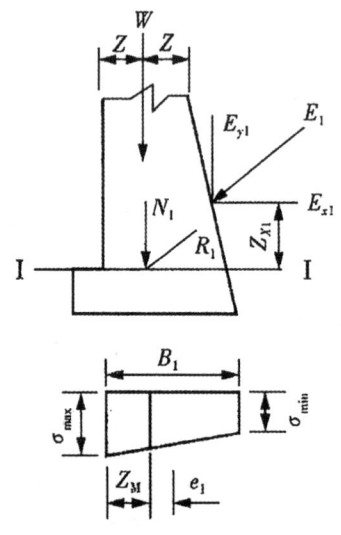

图 4-11 墙身法向应力

4.3.4.2 剪应力验算

对于一般梯形断面的重力式挡土墙，只进行墙身水平截面的水平剪验算。对于衡重式挡土墙的衡重台与上墙连接处，除应进行水平剪验算外，还要对倾斜截面进行斜剪验算。如图 4-11，水平截面上的剪应力见式 4-11。

$$\tau_1 = \frac{Q}{F_1} = \frac{(E_{x1} - W_1 + E_{y1})f_1}{B_1} \leq [\tau] \qquad (4-11)$$

式中：F_1——验算断面的切向力，kN；

F_1——受剪断面面积，$F_1 = B_1 \times 1$，m²；

τ_1——水平断面 I–I 的剪应力，kPa；

f_1——圬工之间的摩擦系数，主要荷载 f_1 =0.4，附加荷载 f_1 =0.25；

$[\tau]$——墙身材料的容许应力，对于验算荷载，$[\tau]$ 可提高 25%。

按上式算得的剪应力均很小。为了安全，可将验算断面的摩擦力 $(W_1 + E_{y1})f_1$，一项略去不计。当墙身截面出现拉应力时，应考虑裂缝对受剪面积的折减。

4.4 其他常用的挡土墙

4.4.1 锚杆（索）式挡土墙

锚杆（索）式挡土墙通常有板壁式和肋板式两种。

板壁式挡土墙是一种轻型挡土墙（如图 4-12），由就地灌注的整体板壁和多排小锚杆组成。锚孔直径 35～50 mm，深度 3～5 m。可采用普通风钻成孔，这种结构形式施工较简单，但承担土压力的能力较小。

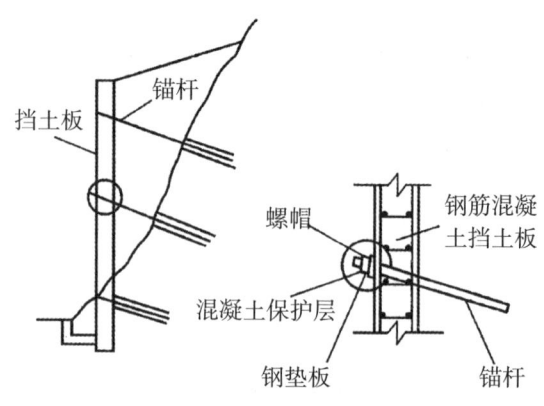

图 4-12 板壁式锚杆挡土墙

肋板式挡土墙的结构形式与板壁式挡土墙基本相同（如图 4-13），墙面由肋柱和挡土板组成，肋柱间距按吊装设备和锚杆的抗拔能力等因素确定，一般选用 2.5～3.5 m。每根肋柱按其高度布置 2～3 根锚杆，锚杆为一根或数根钢筋组成。采用钻机钻孔，锚孔直径在 100 mm 以上，必要时可将钻孔端部扩大，以增加锚杆的抗拔力。这种挡土墙能承受较大的土压力。

锚杆一般沿水平方向向下倾斜 10°～45°，倾角的大小视稳定岩层、施工机具的情况和肋柱的受力条件，并使锚杆长度尽可能最短等来保证。杆在岩层中的有效锚固长度，一般不小于 4 m，锚孔内灌以膨胀水泥砂浆。为保证孔内锚固周围有足够的砂浆保护层，沿锚杆长每隔 2～3 m 应焊设支架。锚孔孔口至墙面间的一段锚杆，采用沥青麻丝包扎防锈。锚杆与墙面的连接，可采用把锚杆钢筋弯入肋柱内（就地灌注时），或采用螺丝端杆、焊头联结等方式。

当挡土墙较高（大于 6 m），地质较差时，应将挡土墙分两级以上布置（如图 4-14），两级之间可留 1～2 m 的平台，以利施工操作和安全。

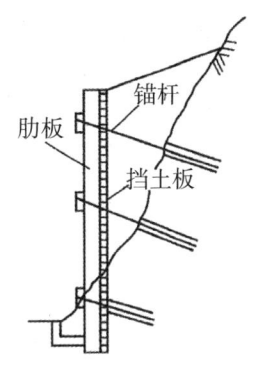
图 4-13　肋板式锚杆挡土墙

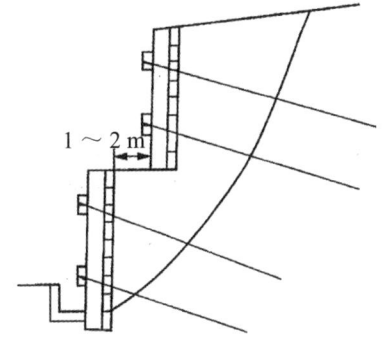
图 4-14　多级锚杆挡土墙

4.4.2　悬臂式挡土墙和扶壁式挡土墙

悬臂式挡土墙的墙身由立臂、墙趾板和墙踵板三部分组成（如图 4-15），具体尺寸应通过验算确定。立臂顶部的最小宽度为 15 cm，路肩墙不宜小于 20 cm。立臂的坡面通常采用 1∶0.02～1∶0.05，背坡则需直立。趾板和踵板端部厚度不少于 30 cm。各截面所需的钢筋面积，通过计算确定，钢筋的最小直径和最大间距、保护层的净距等，均按照《公路钢筋混凝土及预应力混凝土桥涵设计规范》处理。

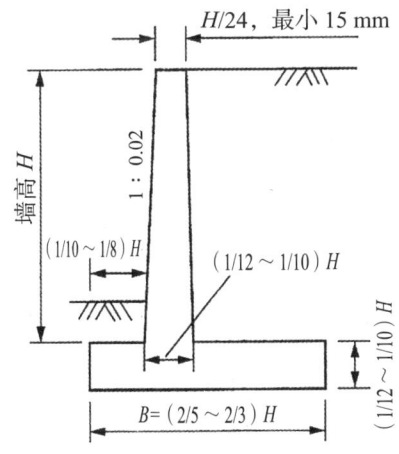
图 4-15　悬臂式挡土墙墙身断面大致比较

当墙高超过 6 m 时，宜采用扶壁式挡土墙（如图 4-16）。其墙身断面的比例，与悬臂式相仿。扶壁的间距通常在墙高的 1/3 ～ 1/2 范围内变动，扶壁的厚度约为扶壁间净距的 1/8 ～ 1/6，但不小于 30 cm。

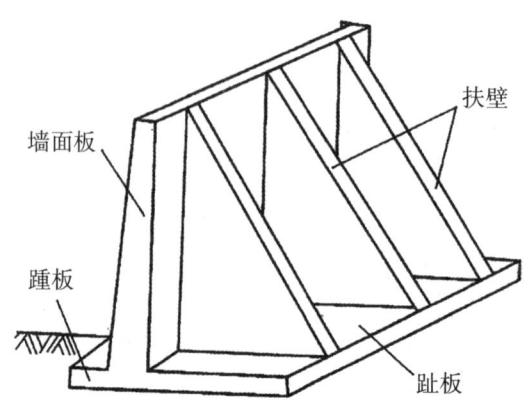

图 4-16　扶壁式挡土墙

它们的特点是：墙身断面较小，结构的稳定性不是依靠本身的质量，而主要依靠踵板上的填土质量来保证。它们的自重轻，圬工省，适用于墙高较大的情况，但需使用一定数量的钢材，经济效果较好。

4.4.3　加筋土挡土墙

加筋土是由填土、拉筋、面板三部分组成（如图 4-17）。土与拉筋之间的摩擦改善了土的物理力学性质，使土与拉筋结合成一个整体。在垂直于墙面的方向，按一定间隔和高度水平地放置拉筋材料，然后填土压实，通过填土与拉筋间的摩擦作用，把土的侧压力传给拉筋，从而稳定土体。拉筋材料通常采用镀锌薄钢带、铝合金、增强材料及合成纤维等，墙面一般是用混凝土预制，也可采用半圆形铝板。

第一部分 公路滑坡边坡处置技术

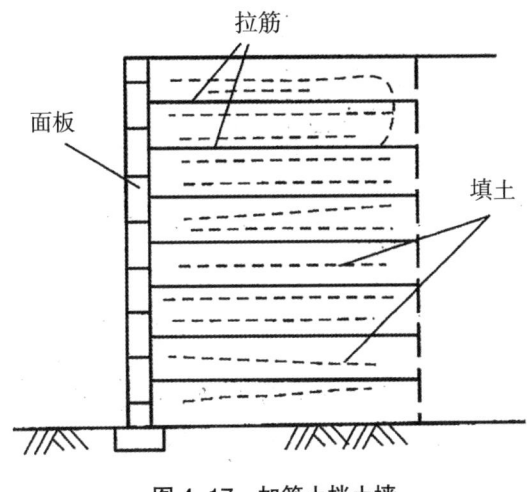

图 4-17 加筋土挡土墙

加筋土挡土墙属柔性结构，可以做成很高的垂直填土，从而可以减少占地面积；可以在工厂定型制造面板、加筋条，在现场用机械分层填筑；能够适应地基轻微的变形，因而可用于较软地基上；具有抗地震和造价低廉等特点。

加筋土挡土墙设计步骤：

（1）根据用途、填料、地基、施工方法、筋带的种类以及工点断面图，初步拟定加筋土挡土墙的平面、纵断面以及横断面的形式。

（2）确定有关设计参数。

①确定填料的容重γ_1，计算摩擦角φ_1，筋带的容许应力$[\sigma_t]$，以及土与筋带之间的摩擦系数f^*；

②根据地基上的性质和状态，确定地基土的天然容重γ_3、内摩擦角φ_3及黏聚力c_3；

③确定加筋土与地基间的摩擦系数f_1和黏聚力c。

（3）根据筋带种类、布筋的特点以及施工条件选择内部稳定性计算方法。

(4)加筋土挡土墙内部稳定性计算。

验算筋带的抗拉强度,拟定筋带长度、宽度,验算筋带的抗拔稳定性。

(5)加筋土挡土墙外部稳定性计算。

一般应对加筋体沿底面的滑移、倾覆稳定性、基础底面地基的承载力进行验算。必要时还进行沉降和整体滑动计算。

(6)进行技术经济比较,确定采用的方案。

第5章 坡面工程防护技术

20世纪80年代以来，在边坡防治中开始大量采用锚杆（索）技术。锚索系用高强度钢丝束锚固于滑体以下的滑床中，抗拉力大，而预应力锚索则变一般支挡结构物的被动受力为主动受力，对滑体扰动小，又是机械化施工，所以应用前景更加广阔。

5.1 锚杆

5.1.1 锚固原理

锚杆和锚索在加固技术和作用方面存在以下不同：

（1）锚杆材料通常由螺纹钢等杆状硬性材料组成，是一种主动的硬性支护方式，锚索则通常由钢绞线等索状柔性材料组成，是一种主动的柔性支护方式。锚索允许被加固体有较大变形和位移，而锚杆则在被加固体发生较大变形和位移情况下发生破坏。

（2）锚杆的加固深度一般在数米到十余米，而锚索的加固深度一般在数十米，甚至百余米。

（3）锚杆所能提供的加固力较小，通常为数十吨，而锚索则能提供数百吨的加固力。

（4）以硬性材料为主的锚杆加固技术，经不断发展已形成不同于锚索的独特体系。因此，以硬性材料为主的锚杆与锚索实际上已发展成为差异越来越大的两个不同锚固体系。

对于风化严重，节理裂隙发育、岩体破碎的边坡，锚杆护坡的最大优点是锚杆主要起支撑混凝土骨架的作用，用锚杆加固后可使锚杆骨架梁与边坡岩体成为一整体。另外，用天沟截水的方法可使大气降水沿着骨架的沟槽引出坡面，防止降水对坡面的冲刷，保护坡面的完好性。

锚杆加固边坡的效果归纳为以下三种。

（1）锚固效果：边坡稳定性的改善靠伸入滑面以下的锚固段起作用，滑体滑动时锚杆受拉，对滑面增加摩擦阻力。

（2）抗剪效果：当边坡发生滑动破坏时，锚杆在滑面位置受剪，起到抗剪作用。

（3）虚拟重力挡墙效果：当锚杆不够长，达不到滑动面时，加锚的岩体如同一虚拟重力挡墙起到支撑作用，主要作用还是增加滑动面的抗滑摩擦阻力。

5.1.2 锚杆设计计算

5.1.2.1 边坡有限元分析

某工程边坡分三级放坡，主要为两层岩土材料，其物理力学参数分别为：上层 $\gamma=21$ kN/m³，$E=10^2$ MPa，$c=30$ kPa，$\varphi=20°$；下层 $\gamma=22.3$ kN/m³，$E=5.4\times10^3$ MPa，$c=40$ kPa，$\varphi=22°$。锚杆拟设计参数：钻孔孔径 $\phi100$ mm，钢筋 $\phi28$ mm，水平布置间距 3 m，竖向间距 3 m。

边坡的几何参数模型（如图 5-1），以有限元理论为基础，求出边坡的应力应变分布情况，初步判断边坡的稳定问题。通过有限元强度折减，得出当最小安全系数为 1.06 时，坡体应力应变分布情况（如图 5-2～图 5-5）。

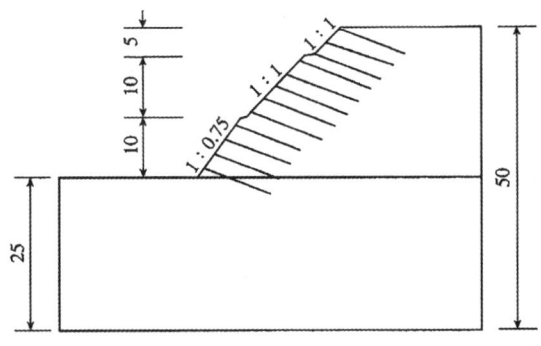

图 5-1　设计几何参数图（尺寸单位：m）

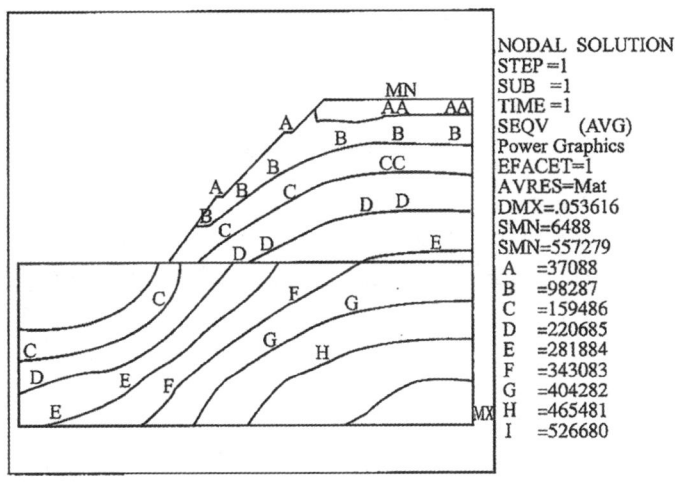

图 5-2　等效应力场

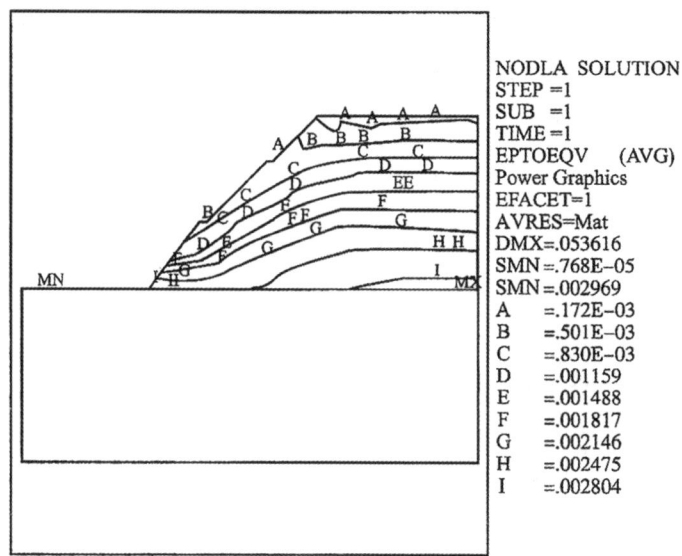

图 5-3 等效应变场

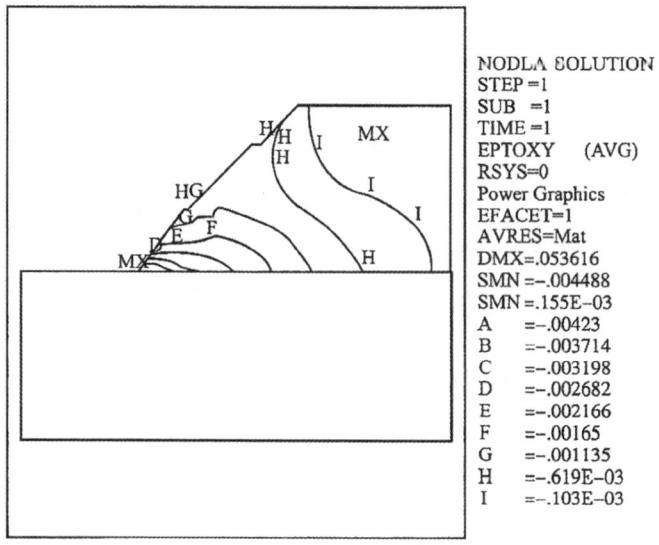

图 5-4 剪应力场

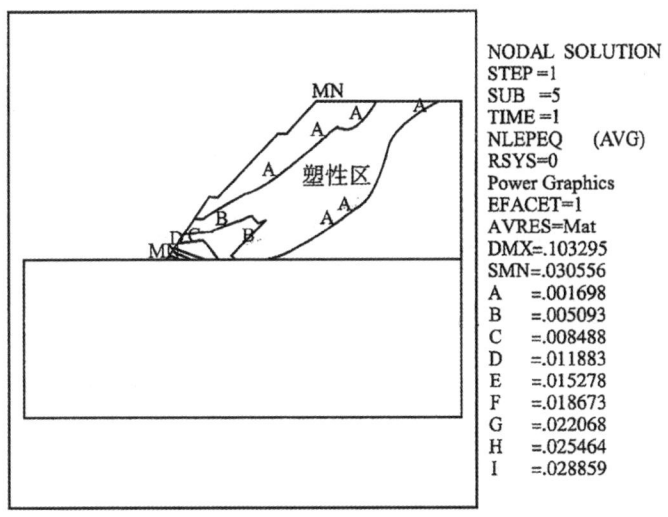

图 5-5 塑性区分布图

从应力场和应变场来看,在坡脚处出现应力集中现象,而且应变线变化明显,说明坡脚是整个边坡最不利位置。从塑性区分布图来看,坡体的滑动面并不是纯圆弧形,而是沿曲线剪切破坏。

该工程边坡加固前安全系数接近 1,处于极限平衡状态,必须采用其他护坡形式加固,才能保证方案的安全性。现采用锚杆骨架梁加固护坡方案,根据设计参数条件,分别取锚杆设计长度(黏结长度)为 3 m、6 m、9 m、12 m、15 m 进行计算,分析边坡的稳定性,以此为依据确定加固锚杆的长度。根据计算模型,采用弹塑性有限元计算,得出边坡在安全系数 k 情况下,处于平衡状态时塑性区分布图(如图 5-6 ~图 5-10)。

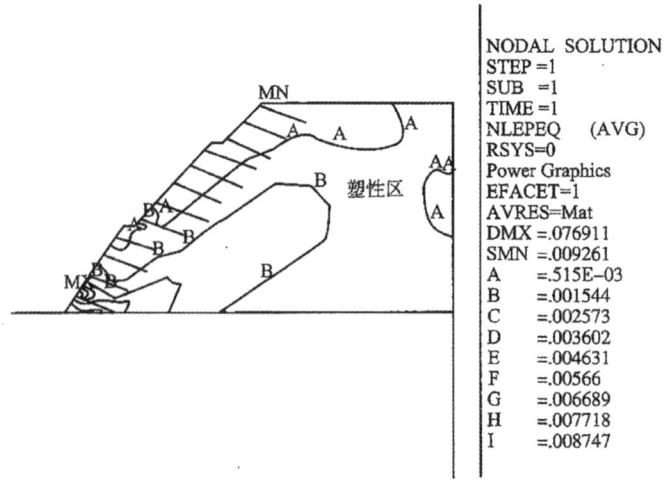

图 5-6　$L=3$ m，$k=1.10$ 的塑性区分布图

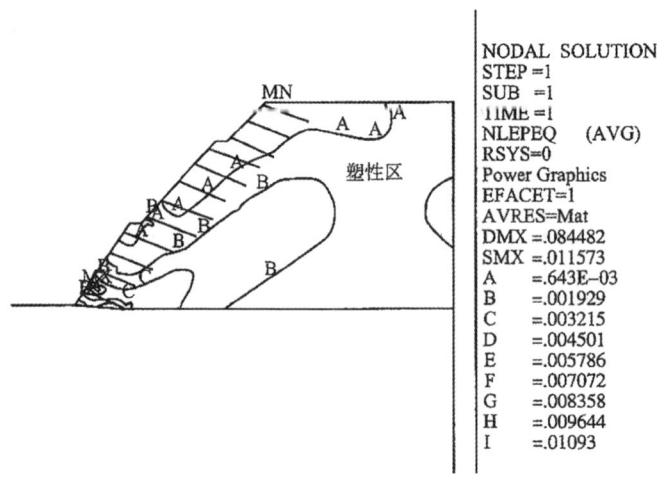

图 5-7　$L=6$ m，$k=1.14$ 的塑性区分布图

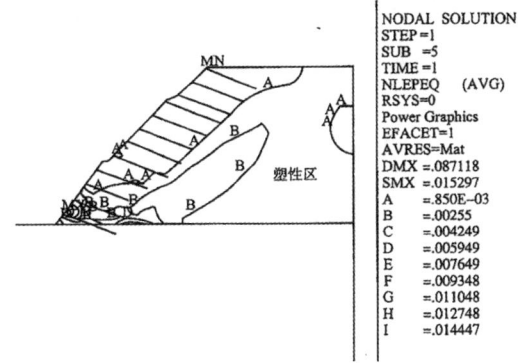

图 5-8　$L=9\,\mathrm{m}$，$k=1.26$ 的塑性区分布图

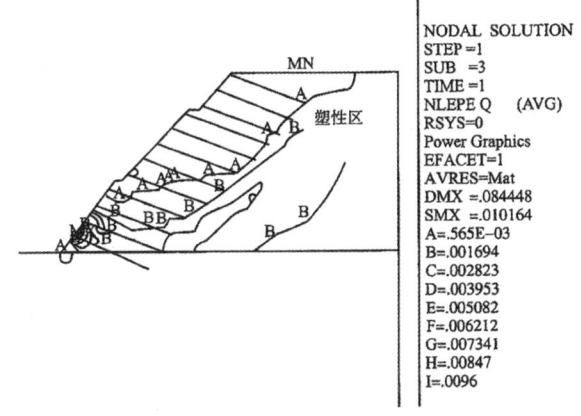

图 5-9　$L=12\,\mathrm{m}$，$k=1.34$ 的塑性区分布图

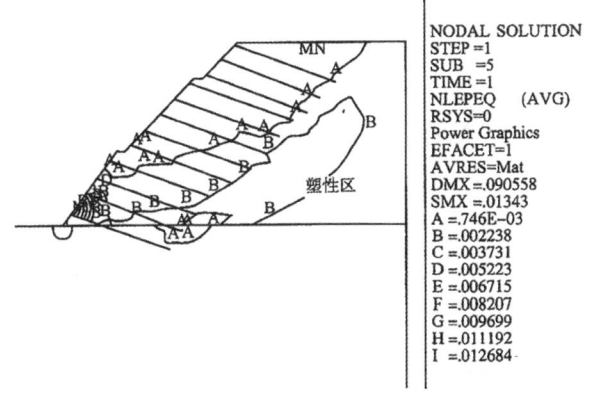

图 5-10　$L=15\,\mathrm{m}$，$k=1.46$ 的塑性区分布图

采用极限平衡法对设计方案进行对比计算，各种计算方法得出的稳定安全系数统计（见表 5-1）。

表 5-1 安全系数对照表

锚杆长度（m）		0	3	6	9	12	15
计算方法	有限元	1.06	1.10	1.14	1.26	1.34	1.46
	Bishop	0.94	0.97	1.15	1.30	1.33	1.51
	Janbu	0.91	0.91	1.04	1.14	1.16	1.32
	Spencer	0.94	0.96	1.16	1.32	1.33	1.51

可见，采用 9 m 长锚杆骨架梁加固后，边坡稳定性的稳定安全系数提高 18.9%。锚杆骨架梁法可显著改善边坡稳定性。

5.1.2.2 参数影响分析

（1）垂直变形。

根据计算模型得出加固前后的垂直变形，计算结果见表 5-2。

表 5-2 垂直变形计算结果

锚杆长度（m）	0	6	9	12	15
坡顶垂直变形（mm）	−46.8	−49.2	−45.5	−45.5	−44.9
坡脚垂直变形（mm）	−1.29	−1.3	−1.29	−1.29	−1.28

不同的加固锚杆长度虽然得到的计算沉降量不同，但是相差甚小，锚杆加固对控制垂直变形影响较小。

（2）坡脚应变。

从计算分析知，坡脚是应力集中处，边坡的潜在破裂面均通过坡脚。分析不同锚固长度对坡脚的影响，根据计算模型得出加固前后的坡脚应变，计算结果见表 5-3。

表 5-3 坡脚应变计算结果列表

锚杆长度（m）	0	6	9	12	15
坡脚应变（×10^{-3}）	1.88	1.85	1.09	1.06	0.03

可见，随着锚杆设计长度的增加，坡脚应变不断降低而趋于 0。由此可知，当锚杆的设计长度超过一定值后，加固长度对稳固坡脚、提高边坡稳定性的影响很小。

（3）锚杆受力图。

设计长度为 9 m 的锚杆骨架梁的锚杆受力（如图 5-11）。

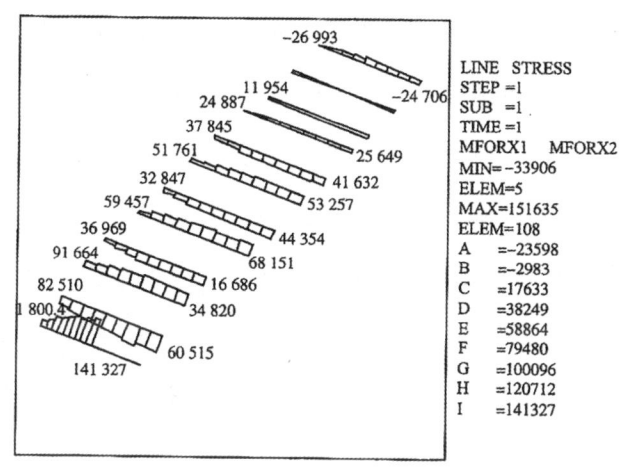

图 5-11 锚杆受力图（单位：N）

5.1.3 锚杆施工

锚杆施工质量的好坏将直接影响锚杆的承载能力和边坡稳定安全，一般在施工前应根据工程施工条件和地质条件选择适宜的施工方法，认真组织施工。在施工过程中如遇与设计不符的地层，应及时报告设计人员，以作变更处理。锚杆施工包括施工准备、造孔、锚杆制作与安装、注浆、锚杆锁定与张拉五个环节。

5.1.3.1 施工准备

施工前的准备工作包括施工前的调查和施工组织设计两部分。施工前的调查是为施工组织设计提供必要资料，其内容有：

（1）锚固工程计划、设计图、边坡岩土性状等资料是否齐全；

（2）施工场地调查，施工对交通的影响情况，对于新建中的公路可不考虑；

（3）施工用水、用电条件调查；

（4）边坡工程周边可能对施工造成影响的各种状态调查；

（5）对于城区公路边坡，考虑施工噪声、排污的影响；

（6）掌握作业限制、环保法规或地方法令对施工造成的影响；

（7）其他条件的调查，如施工用便道、气象、安全等条件。

在对上述内容进行调查并掌握详细资料后，应制订施工组织设计书，确定施工方法、施工程序、使用机械、工程进度、质量管理和安全管理等事项。施工组织设计书包括工程目的、工程概要、设计锚杆规格和锚固力要求、工程进度、组织编制表、使用机械、临时设施、使用材料、作业程序及人员配备、施工管理与质量控件计划、安全管理计划、应交付工程验收的各种技术资料、施工管理程序图表（如图5-12）13个方面的内容。

5.1.3.2 钻孔

锚杆（索）施工的第一步就是按照施工图的要求钻孔，钻孔是锚固工程费用最高、控制工期的作业，因而是影响锚固工程经济效益的主要因素。锚杆钻孔应满足设计要求的孔径、长度和倾角，采用适宜的钻孔方法确保精度，要使后续的杆体插入和注浆作业能顺利进行。钻孔一般要求如下。

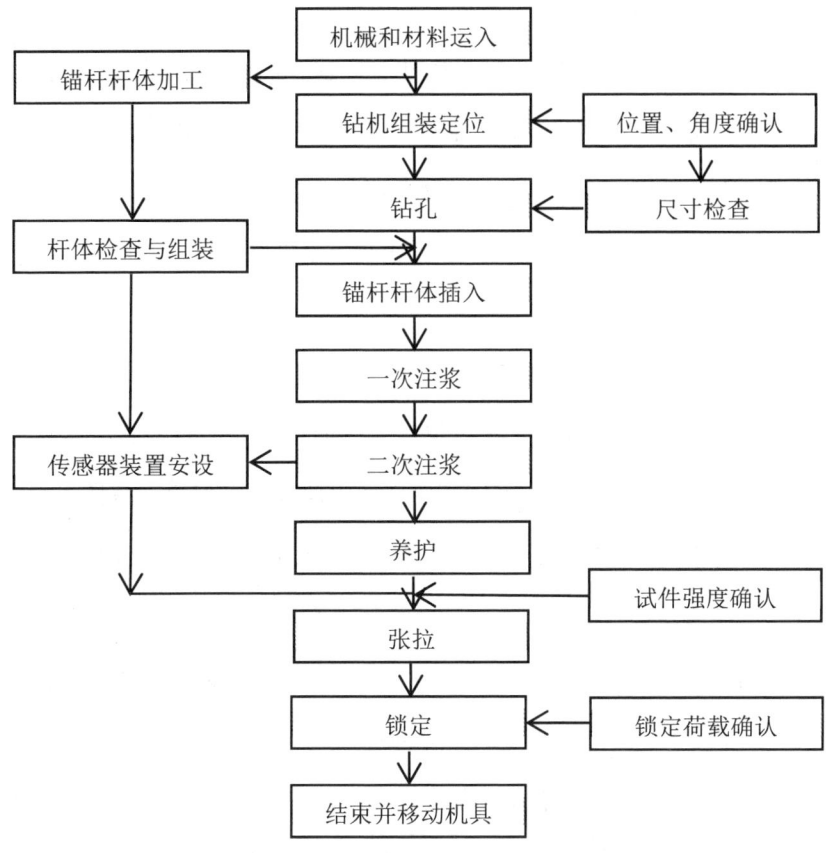

图 5-12 锚杆施工管理程序示意图

(1)在钻机安放前,按照施工设计图采用经纬仪进行测量放线确定孔位以及锚孔方位角,并作出标记。一般要求锚孔入口点水平方向误差不应大于 50 mm,垂直方向误差不应大于 100 mm。

(2)确定孔位后根据实际地层及钻孔方向选取适当的钻孔机具并确定机座水平定位和立轴倾角(锚孔倾角),钻机立轴的倾角与钻孔的倾角应尽量相吻合,其允许的误差只能是岩心管倾角略大于立轴倾角,不允许有反向的偏差出现。开孔后,尽量保持良好地钻进导向。在钻进过程中根据实际地层变化情况,随时调整钻进参数,以防止造成孔斜偏差。

（3）在边坡锚固的钻孔过程中，应注意岩芯的拾取，并尽量提高岩芯采取率，以求不断地、准确地划分地层，确定不稳定岩土体厚度，判断断裂碎带、滑移面、软弱结构面的位置和厚度，从而验证设计所依据的地勘资料，必要时修改设计。锚孔深度应超过设计长度 0.5～1.0 mm，同时锚孔固段必须进入中风化或更坚硬的岩层，深度一般不得小于 5 m。

5.1.3.3 锚杆制作与安装

在锚杆制作上，棒式锚杆的制作十分简单，一般首先按要求的长度切割钢筋，并在外露端加工成螺纹以便安放螺母，然后在杆体上每隔 2～3 m 安放隔离件以使杆体在孔中居中，最后对杆体按要求进行防腐处理，这样棒式锚杆的制作便完成。而对于多股钢绞线的锚杆制作较复杂，其锚固段的钢绞线呈波浪形，自由段的钢绞线必须进行严格的防护处理。对于各种形式的锚杆总的要求如下。

（1）严格按照设计进行钢筋（或钢绞线）选材。新进场的钢筋或钢绞线必须验明其产地、生产日期、出厂日期、型号，并核实生产厂家的资质证书及其各项力学性能指标；同时，须进行抽样检验，以确保其各项参数达到锚固施工要求。对于预应力锚固结构，优先选用高应力、低松弛的钢绞线，保证其与混凝土有足够的黏结力（握裹力），同时应保证预应力损失后仍能建立较高的预应力值。

（2）严格按照设计长度进行下料。对进场钢筋经检验达到上述技术要求后，即可进行校直、除锈处理，然后，按照施工设计长度进行断料，其长度误差不应大于 50 mm。一般实际长度应大于计算长度的 0.3～0.5 mm，但不可下得过短，以致无法锁定或者给后续施工带来不便。

（3）锚杆组装可在严格管理下由熟练人员在工地制作。对于HPB235、HRB335级钢筋连接时，宜采用对接焊或双面搭接焊，焊接长度不应小于8倍钢筋直径，精轧螺纹钢筋定型套筒连接。锚杆自由段必须按照设计作防腐处理和定位处理。

（4）锚束放入钻孔之前，应检查孔道是否阻塞，查看孔道是否清理干净，并检查锚索体的质量，确保锚束组装满足设计要求。安放锚束时，应防止锚束扭压、弯曲，注浆管宜随锚体一同放入钻孔，注浆管端部距管底宜为50～100 mm，锚束放入角度应与钻孔角度保持一致。在入孔过程中，注意避免移动对中器，避免自由长度段无黏结护套或防腐体系出现损伤。锚束插入孔内深度不应小于锚束长度的95%。

5.1.3.4 注浆

锚固的注浆是锚杆施工过程中的一个重要环节，注浆质量的好坏将直接影响锚杆的承载能力。锚孔一般采用水泥浆或水泥砂浆灌注，浆液的拌和成分、质量和灌注方式在很大程度上决定了锚杆的黏结强度和防腐效果。因此在锚杆注浆施工中应当严格把握浆材质量，浆液性能、注浆工艺和注浆质量，一般要求如下。

（1）按规定选择水泥浆体材料。选用水泥强度等级应为灌浆浆液的1.5～2倍，且不宜低于42.5级的新鲜普通硅酸盐水泥，对进场水泥应复查力学性能。搅拌浆液所用水中不含有影响水泥正常凝结、硬化的有害物质。选用砂料的含泥量按质量计不得大于3%，砂中有害物质（如云母、轻物质、有机物、硫化物等）含量应低于1%～2%，砂的料径以中砂（平均粒径0.3～0.5 mm）较好，但要求含水率不应大于3%。外加剂的品种与用量由试验确定，一般情况下，加速浆体凝固的水玻璃掺量为0.5%～3%；提高浆液扩散能力和可泵性的表面活性剂（或减少剂），三乙醇胺等，其掺量为水泥用量的 0.02% ～ 0.05%；为提高浆液的均匀性和稳定性，防止固体颗粒离析和沉淀而掺加的膨润土，其掺量不宜大于水泥用量的 5%。

（2）锚束浆液在 28 d 龄期后要求抗压强度达到设计强度；当注浆为水泥砂浆时，一般选用灰砂比为 1∶1 ～ 1∶2，水灰比为 0.38 ～ 0.48，且砂子粒径不得大于 2 mm，而二次高压注浆形成的连续球型锚杆的材料宜选用水灰比为 0.45 ～ 0.50 的纯水泥浆。对于配置好的浆液应具有稳定性好，常温、常压下较长时间存放，不易改变其基本性质，不发生强烈的化学反应等特点；同时，浆液要求注浆设备、管路、橡胶制品无腐蚀性，易清洗，浆液固化时无收缩现象（或收缩性小），固化后有一定的黏结性，能牢固地与岩石、混凝土及砂子等黏结。除此之外，还要求浆体配置操作方便，容易掌握，原料来源丰富，价格便宜，能够大规模使用。

（3）注浆作业应连续紧凑，中途不得中断，使注浆工作在初始注入的浆液仍具塑性的时间内完成；在注浆过程中，边灌边提注浆管，保证注浆管管头插入浆液液面下 50 ～ 80 mm，严禁将导管拔出浆液面，以免出现断杆事故。实际注浆量不得少于设计锚索的理论计算量，即注浆充盈系数不得小于 1.0。

（4）二次高压注浆形成连续球型锚杆的注浆还应注意：一次常压注浆作业应从孔底开始，直至孔口溢出浆液；对锚固体的二次高压注浆应在一次注浆形成的水泥结石体强度达到 5.0 MPa 进行，注浆压力和注浆时间可根据锚固体的体积确定，并分段依次自下至上进行。

5.1.3.5 锚杆张拉与锁定

锚杆的张拉，其目的就是要通过张拉设备使锚杆杆体自由段产生弹性变形，从而对锚结构施加所需求的预应力值。在张拉过程中，应注重张拉设备选择、标定、安装、张拉荷载分级、锁定荷载以及量测精度等方面的质量控制，一般要求如下。

（1）张拉设备要根据锚杆体的材料和锁定力的大小进行选择。选择时应考虑它的通用性能，从而使得它具备除可能张拉配套锚具外，还能张拉尽可能多的其他系列锚具的通用性能，做到一项多用；同时，张拉设备应能使预应力筋的拉力既能从已有荷载上增加或降低，又能在中间荷载下锚固；最后，张拉设备还应能拉锚以确定预应力荷载的大小。

（2）张拉前对张拉设备进行标定。对于1000 kN以下的千斤顶，可用2000 kN的压力机标定，标定的数据与理论误差应小于2%。

（3）安装锚夹具前，要对锚具进行逐个严格检查。锚具安装必须将孔道对中，夹片安装要整齐，裂缝要均匀；理顺注浆管后，依次套入锚垫板、工作锚、限位板，用千斤顶预拉，每根预拉一定荷载后，再套入千斤顶、工具锚、工具夹片等。

（4）张拉前，必须待锚固段、承压台（或梁）等构件的混凝土强度达到设计强度方能进行张拉，同时必须把承压支撑构件的面整平，将台座、锚具安装好，并保证和锚索轴线方向垂直（误差< 5°）。

（5）张拉应按一定程序和设计张拉速度（一般为40 kN/min）进行。正式张拉前进行二次预张拉，张拉力为设计拉力的10%～20%。正式张拉荷载要分级逐步施加，不能一次加至锁定荷载。分级施加荷载和观测变形的时间可按表5-4执行。

表 5-4 锚杆张拉荷载分级及观测时间表

张拉荷载分级	观测时间（min）	
	砂质土	黏性土
$0.10 N_t$	5	5
$0.25 N_t$	5	5
$0.50 N_t$	5	5
$0.75 N_t$	5	5
$1.00 N_t$	5	10
（1.10～1.20）N_t	10	15
锁定荷载	10	10

注：N_t 为锚索设计拉力，即最终锁定荷载。

5.2 预应力锚索

5.2.1 锚索结构

5.2.1.1 锚索类型

锚索按施工方法分注浆型锚固、胀壳型锚固、扩孔型锚固及综合型锚固等；按锚固段结构受力状态分拉力型、压力型及荷载分散型。目前广泛使用的为注浆拉力型及注浆压力分散型两种锚索。注浆型锚索采用水泥或水泥砂浆将锚索锚固段固结在岩土体稳定部分，而胀壳型锚固是利用壳式机械锚头与坚硬岩体挤压，形成锚固力。

拉力型锚索（如图 5-13）主要依靠锚固段提供足够抗力。该类型锚索结构简单，施工方便，造价低，但锚固段受力机制不尽合理。在锚索张拉时，临近张拉段处的界面呈现最大的黏结摩阻力，在锚固段附近岩土体中产生拉应力，且应力集中，使锚固段产生较大的拉应力，浆体容易拉裂，影响抗拔力。

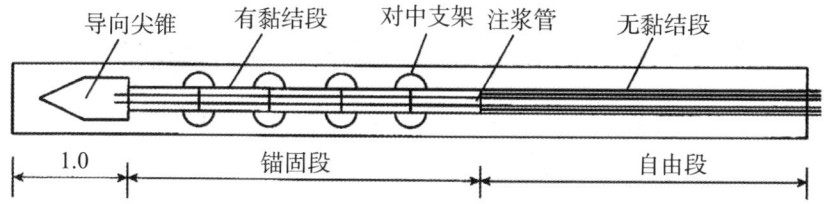

图 5-13 拉力型锚索结构图（尺寸单位：m）

压力分散型锚索（如图 5-14）采用无黏结钢绞线，借助按一定间距分布的承载体（无黏结钢绞线末端套以承载板和挤压套），使较大的总拉力值转化为几个作用于承载体上较小的压缩力，避免了严重黏结摩阻应力集中现象，在整体锚固体长度上黏结摩阻应力分布均匀。

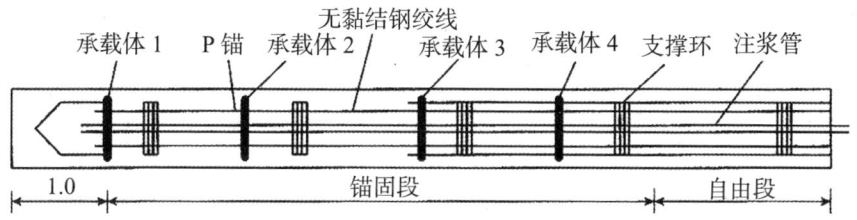

图 5-14 压力分散型锚索结构图（尺寸单位：m）

拉力型锚索与压力分散型锚索比较见表 5-5。由于注浆拉力型锚索结构简单、施工方便、造价低，故成为目前最常用锚索。为了改变锚索受拉时水泥浆体受拉开裂及受剪崩裂这种纯拉变形性状，在锚索制作时，一般将锚固段制作成枣核状（如图 5-15），使钢绞线受拉时对锚固体形成既受拉又部分受压的状态，有效增加钢绞线在锚固体中的黏结力及摩阻力，从而避免水泥浆体纯受拉时开裂形成贯通裂缝。

117

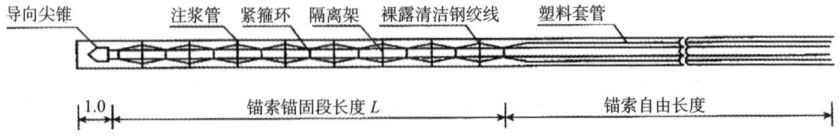

图 5-15 改进的拉力型锚索结构图（尺寸单位：m）

表 5-5 拉力型锚索与压力分散型锚索比较

项目	普通拉力型锚杆	压力分散型锚杆
岩土——水泥浆体的黏结摩阻应力分布状况	沿锚固体长度分布不均匀，应力集中严重，易发生渐进性破坏	沿锚固体长度分布较均匀
岩土——水泥浆体的黏结摩阻应力值	总拉力大，黏结摩阻应力值大	总拉力可分散成几个较小的压力，黏结摩阻应力值显著减小
黏结摩阻强度	注浆体受拉不会引起水泥浆横向扩张而增大黏结摩阻强度	注浆体受压引起水泥浆体横向扩张而增大黏结摩阻强度，对注浆体抗压强度要求相对较高
锚索承载力	锚固长度超过一定值后，承载力增长极其微弱	锚索承载力随锚固长度增长而增加
耐久性	注浆体受拉，易开裂，防腐性较差	注浆体受压，不易开裂，防腐性较好
施工工艺	结构及施工工艺简单，造价较低	施工工艺相对较复杂

5.2.1.2 锚索构造

预应力锚索主要由锚固段、自由段、紧固头三部分构成，紧固头由外锚结构物（垫墩等）、画垫板和锚具组成（如图 5-16）。

第一部分 公路滑坡边坡处置技术

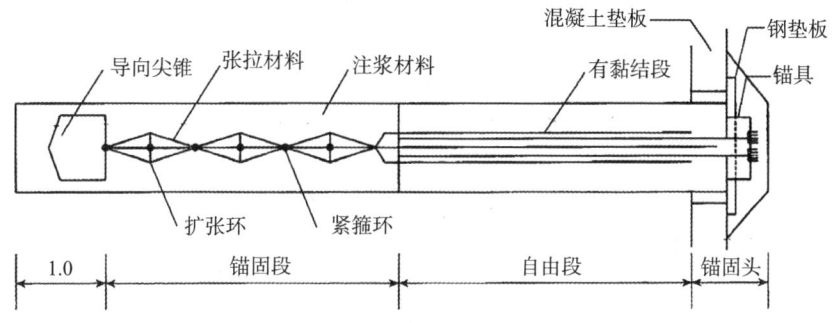

图 5-16 锚索结构示意图（尺寸单位：m）

（1）锚固段。

锚固段为锚索伸入滑动面（潜在滑动面或破裂面）以下稳定岩土体内的段落，是锚索结构固定处，通过锚固段周围地层的抗剪强度承受锚索所传递的拉力。锚固段通过灌浆形成同心状结构：锚索居中，四周为砂浆裹护。通过砂浆、锚索与孔壁形成整体，而使孔周稳固岩土体成为承受预应力的载体。

对于拉力型锚索，锚固段锚体主要承受拉力。受拉锚体的拉伸，将导致水泥浆体开裂。当裂缝扩展并贯通时，锚孔周围的侵蚀物质可通过裂缝侵入腐蚀钢绞线。通常在锚索制作时，锚固段每隔 1 m 将钢绞线用紧箍环（隔离架）固定（如图 5-16），灌注水泥砂浆后形成枣核状，呈现拉伸与压缩作用，从而改善了锚固体砂浆的受力性状和开裂状态。

对永久性锚索，通常在锚索外水泥砂浆体中设置隔离波纹套管，使水泥砂浆体中裂纹不致贯通，而形成防护效果。隔离波纹管可使管内外水泥砂浆体紧密结合，受力时不至于沿管滑动或破坏，同时波纹管具有一定的拉伸变形。

一般情况下，为防止钢绞线腐蚀，要求水泥浆或砂浆保护层厚度不小于 20 mm。为使铺索居中定位，应在锚固段中每隔 1～2 m 设置一圈弹性定位片，以确保水泥砂浆体保护层厚度。

（2）自由段。

自由段是传力部分，为锚索穿过被加固岩土体部分，其下端为锚固段，上端为紧固头。自由段中每根钢绞线均被颜料套管所套护，为无黏结钢绞线，灌浆只使护套与孔壁联结，而钢绞线可在套管中自由伸缩，可将张拉段施加的预应力传递到锚固段，并将锚固段的反力传递到锚固紧固头。

（3）紧固头。

紧固头是将锚索固定于外锚结构物上的锁定部分，也是施加预应力的张拉部件。紧固头由部分钢绞线、承压钢垫板、锚具及夹片组成，其中钢绞线是自由段的延伸部分，为承力、传力、张拉的部件。待锚索最终锁定后，采用混凝土封闭防护（混凝土封头），混凝土覆盖层厚度不小于 25 cm。

5.2.1.3 材料及防腐要求

（1）锚索材料。

①钢绞线：主要有钢绞线和高强钢丝两种，一般采用高强度低松弛钢绞线制作。钢绞线必须符合《预应力混凝土用钢绞线》。制作锚索用的钢绞线尺寸及力学性能应符合表 5-6 和表 5-7 的规定。

表 5-6 钢绞线的尺寸、允许偏差与力学性能

公称直径 (mm)	强度级别 (MPa)	整根钢绞线破裂荷载 (kN)	屈服荷载 kN	伸长率 (%)	1000 h松弛值，不大于 (%)				直径允许偏差 (mm)	公称截面积 (mm²)	每1000 m 的质量 (kg)
					I级松弛		II级松弛				
					70%破断负荷	80%破断负荷	70%破断负荷	80%破断负荷			
9.00	1670	83.89	71.30	3.5	8.00	12.00	2.50	4.50	+0.40	50.34	392.19
9.00	1700	88.79	75.46	3.5	8.00	12.00	2.50	4.50	-0.20	50.34	392.19
12.00	1570	140.24	119.17	3.5	8.00	12.00	2.50	4.50	+0.45	89.45	697.08
12.00	1670	149.06	126.71	3.5	8.00	12.00	2.50	4.50	-0.20	89.45	697.08
15.00	1470	205.8	174.93	3.5	8.00	12.00	2.50	4.50	+0.50	139.98	1091.1
15.00	1570	219.52	186.59	3.5	8.00	12.00	2.50	4.50	-0.20	139.98	1091.1
15.20	1860	259	220	3.5	8.00	12.00	2.50	4.50	+0.40 / -0.20	139	1101

表 5-7 高强度低松弛预应力钢绞线规格

名称	公称直径（mm）	强度级别（MPa）	公称截面积（mm²）	单位质量（kg/m）	极限张拉荷载 P_u（kN）	屈服张拉荷载 P_y（kN）	伸长率（%）	1000 h松弛率（%）		设计荷载作用时（kN）			
								初始负荷		使用状态		预应力施加过程中 $0.9P_y$	预应力传递时 $0.7P_y$
								$0.7P_u$	$0.8P_u$	$0.6P_u$	$0.65P_u$		
由7根钢丝构成Φ12.7 mm	12.7	1860	98.7	0.774	184	156	3.5	<2.5	<4.5	110.4	119.6	140.4	128.8
由7根钢丝构成Φ15.2 mm	15.2	1860	139	1.101	259	220	3.5	<2.5	<4.5	155.4	168.4	198	181.3

②锚具：锚具的选用应符合《预应力筋专用锚具、夹具和连接器应用技术规程》的规定。锚具的形式和规格应根据锚索体材料的类型、锚固力大小、锚索受力条件和锚固使用要求选取。锚具应满足分级张拉、补偿张拉等张拉工艺要求，并具有能放松预应力筋的性能。目前，国内用于钢绞线锚固的锚具主要有 OVM、JM、XM、XYM、QM 等系列产品。表 5-8 列出了 OVM 系列锚具规格尺寸及配套千斤顶。在设计时，常用钢垫板尺寸见表 5-9。

表 5-8 OVM 系列锚具规格尺寸及配套千斤顶表

锚具规格	钢绞线根数	锚固能力（kN）			配套千斤顶
		理论破断力	张拉时	超张拉时	
15-1	1	259	181.3	207.2	YDC240 Q
15-3	3	777	543.9	621.6	YCW100 B
15-4	4	1036	725.2	828.8	YCW100 B
15-5	5	1295	906.5	1036	YCW100 B
15-6	6	1554	1087.8	1243.2	YCW150 B
15-8	8	2072	1450.4	1657.6	YCW250 B
15-10	10	2590	1813	2072	YCW250 B
15-12	12	3108	2175.6	2486.4	YCW250 B
15-16	16	4144	2900.8	3315.2	YCW350 A
15-19	19	4921	3444.7	3936.8	YCW400 B
15-27	27	6993	4895.1	5594.4	YCW650 A
15-31	31	8029	5620.3	6423.2	YCW650 A
15-37	37	9583	6708.1	7666.4	YCW650 A
15-43	43	11137	7795.9	8909.6	YCW900 A

表 5-9 锚具规格与钢垫板尺寸

锚具规格	钢垫板尺寸（mm）		
	边长＞	厚度＞	中孔直径
15-4	200	25	65
15-6	220	30	80
15-8	250	35	92
15-10	280	40	105
15-12	300	45	118
15-16	330	50	150

③注浆材料：目前工程中常用水泥质注浆材料，主要为纯水泥浆或水泥砂浆，水灰比为 0.4～0.5，根据需要掺入部分外加剂，一般注浆体抗压强度不小于 30 MPa，常采用硅酸盐水泥或普通硅酸盐水泥。在腐蚀性地层中宜选用抗硫酸盐水泥。细集料为细砂。外加剂主要有早强剂、缓凝剂、膨胀剂、抗泌剂及减水剂等，对永久性锚索，外加剂中不得含有有害性腐蚀性元素。表 3-10 为常用外加剂类型及掺入量。

表 3-10　注浆体外加剂

类型	名称	最佳掺量（%）	说明
早强剂	三乙醇胺	0.05	加速凝结、硬化提高早期强度
缓凝剂	木质素磺酸钙	0.2～0.5	延缓凝固、增大流动性
膨胀剂	明矾石	10～15	膨胀量达 15%
抗泌剂	纤维素醚	0.2-0.3	防止泌水，相当于拌和用水的 0.5%
减水剂	UNF-5	0.6	增加强度、减小收缩

（2）防护要求。

（1）锚索的腐蚀特点。

岩土锚索所在的特定介质环境和高拉力特点，使未经防腐或防腐不当的锚杆（锚索）发生腐蚀，甚至导致破坏。地层对锚索的腐蚀是从锚索体表面开始的，首先腐蚀金属表面的纯化层，继而腐蚀锚索体本身，腐蚀锚索体的速度取决于注浆体的质量、渗透性、注浆体是否开裂、裂缝宽度、锚索的工作环境和锚索的应力状态。处于高应力状态的锚索和腐蚀性地层中的锚索，都会加速腐蚀。

调查表明，锚索使用期在 2 年内和 2 年以上发生腐蚀断裂的各占一半，锚索破坏原因主要有：①锚固段问题，由于灌浆不足所致。受腐蚀性地下水侵蚀、灌浆施工缺少压水检查和施工不当导致锚固段灌浆不足。②自由段问题，大致分 5 种破坏形式：a. 地层运动造成拉筋超应力，使其产生裂纹；b. 在有氯化物情况下，水泥浆包裹不足或无水泥浆；c. 由于耐久性差异导致沥青包裹层破坏；d. 保护材料选择不当，如化学材料中含有硝酸根离子和吸湿玛蹄脂；e. 所有拉筋在无保护的情况下放了很长时间。③锚头问题，主要是缺乏防腐措施或工作期间保护剂不完全或塌落。

从地层腐蚀性来看，FIP1990 规定在下列地层中不宜设置永久性锚索，当条件限制不能避开时，应对锚固段采取特别防腐措施：

①地下水 pH 值小于 6.5 的地层；

②地下水中 CaO 含量大于 30 mg/L 的地层；

③ CO_2 含量大于 30 mg/L 的地层；

④ NH_4^+ 含量大于 30 mg/L 的地层；

⑤ Mg_2^+ 含量大于 100 mg/L 的地层；

⑥ SO_2^- 含量大于 200 mg/L 的地层。

（2）锚索的防腐。

目前，锚索防腐的主要方法有水泥质注浆体防护、物理隔离防护和改善锚固体结构三种形式。锚固力较低的锚索，当处于非侵蚀性和低渗透水性的地层中时，可仅使用水泥质注浆体进行防护。锚固力较高的永久性锚索，不管什么地层，均要进行物理隔离防护。

①锚固段防护。

a. 水泥质注浆体防护：水泥质注浆体防护是利用钢材在 pH 值为 9～13 的碱性环境中可以防止锈蚀，而水泥体注浆体能提供碱性环境，从而达到保护锚索目的。

b. 物理隔离防护：在锚索体材料上直接覆盖波纹管等隔离材料，从而阻止外部腐蚀性物质与锚索体接触。

c. 改善锚固体结构形式：如将拉力型锚索设计成棱形，使锚固体处于受拉和受压的复杂受力状态，避免纯拉伸开裂，也可使用压力型或压力分散型锚索。

② 自由段防护。

自由段钢绞线一般采用三层防护体系，即防腐剂涂层、塑料套管及水泥砂浆体。为防止浆体压碎后防护失效，必要时还可将锚固段波纹套管延伸至自由段，并于套管内外灌浆。

自由段套管宜选用聚氯乙烯或聚丙烯塑料管，套管内由油脂充填。钢绞线的防腐剂涂层应具备以下特性：对钢绞线有牢固的黏结性，且无有害反应；能与钢绞线同步变形，在高应力状态下不脱壳、不裂；具有良好的化学稳定性，在强碱条件下不降低其耐久性。

③ 锚头防腐。

锚头防护主要是对垫板上下两部分进行处理。垫板下部由于注浆体收缩而形成空洞，防护措施主要是孔口补注浆后对垫板下部注入油脂，要求油脂充满空间。

对于需要补偿张拉的锚索，垫板上部的锚头采用可拆式的防护帽进行防护，防护帽与垫板应有可靠的联结和密封，内部油脂充填。当锚索不需要补偿张拉时，可使用混凝土进行封头处理，混凝土覆盖层厚度不小于 25 cm。

5.2.2 预应力设计计算

预应力锚索可用于土质、岩质地层的边坡加固，其锚固段宜置于稳定岩层内。预应力锚索采用高强度低松弛钢绞线制作，钢绞线必须符合现行国家标准《预应力混凝土用钢绞线》的规定。对有机械损伤、严重锈蚀、电烧伤等造成强度降低的锚索材料，在施工中不得采用。

5.2.2.1 荷载的分类

作用在锚索结构物上的荷载种类有：土压、水压、上覆荷载、滑坡荷载、地震荷载、其他荷载等，进行预应力锚索设计时，一般情况下可只计算主力，在浸水和地震等特殊情况下，尚应计算附加力和特殊力。预应力锚索用于整治滑坡时，其设计荷载及滑坡推力按滑坡荷载计算方法进行。预应力锚索作为承受侧向土压力的支挡结构或用于边坡加固时，其设计荷载应按重力式挡土墙有关规定计算，结构物承受的侧向土压力按主动土压力的 1.05～1.4 倍计算。

5.2.2.2 设计荷载的计算

（1）锚固力设计计算。

预应力锚索设计时，对于滑坡加固，宜采用锚索预应力（抗滑力）的方法计算，通过边坡稳定性分析、计算滑坡的下滑力确定锚固力，计算公式见式 5-1。

$$P_t = F / [\sin(\alpha+\beta)\tan\varphi + \cos(\alpha+\beta)] \quad (5\text{-}1)$$

式中：F——滑坡下滑力，kN；

P_t——设计锚固力，kN；

α——锚索与滑动面相交处滑动面倾角；

β——锚索与水平面的夹角，以下倾为宜，不宜大于 45°，一般为 15°～30°；

φ——滑动面内摩擦角的要求。

表 5–11　锚固钢材容许荷载

项目	永久性锚固	临时性锚固
设计荷载作用时	$P_a \leq 0.6 P_u$ 或 $0.7 P_y$	$P_a \leq 0.65 P_u$ 或 $0.8 P_y$
张拉预应力时	$P_{at} \leq 0.7 P_u$ 或 $0.85 P_y$	$P_{at} \leq 0.7 P_u$ 或 $0.85 P_y$
预应力锁定中	$P_{ai} \leq 0.8 P_u$ 或 $0.9 P_y$	$P_{ai} \leq 08 P_u$ 或 $0.9 P_y$

注：P_u 为极限张拉荷载（kN），P_y 为屈服荷载（kN）。

根据每孔锚索设计锚固力 P_t，和所选用的钢绞线强度，可按式 5–2 计算每孔锚索钢绞线的根数 n。

$$n = \frac{K_{s1} \cdot P_t}{P_u} \quad (5-2)$$

式中：K_{s1}——安全系数，取 1.7～2.0，高腐蚀地层中取大值；

　　　P_u——锚固钢材极限张拉荷载。

对于永久性锚固结构，设计中应考虑预应力钢材的松弛损失及锚固岩（土）体蠕变的影响，决定锚索的补充张拉力。

锚索间距应以所设计的锚固力能对地基提供最大的张拉力为标准。锚索间距宜为 3～6 m，最小不应小于 1.5 m。

（2）锚固体设计计算。

锚固体设计计算主要是确定锚索的束数、锚固段长度、孔径、锚固类型。

①安全系数。

在进行锚固设计中，由于存在许多不确定因素，如地质条件、锚固材料、施工方法等均会对锚固的承载力产生较大影响。表 5–12 给出了不同情况下的安全系数。

当锚索孔为仰孔时，因注浆难度大，不易灌注饱满密实，安全系数应相应提高。

表 5-12 锚固设计安全系数

类型	钢绞线 K_{s1}		注浆体与锚孔壁界面 K_{s2}		注浆体与钢绞线 K_{s3}	
	普通地层	高腐蚀地层	普通地层	高腐蚀地层	普通地层	高腐蚀地层
临时锚固	1.5	1.7	1.5	2.0	1.5	2.0
永久锚固	1.7	2.0	2.5	3.0	2.5	3.0

②锚索的束数。

若一束锚索由几根钢绞线组成，单根钢绞线的极限荷载或破断荷载为 P_u，根据极限荷载设计法，采用一个适当的避免钢绞线产生极限破断的荷载安全系数去除极限荷载来确定其容许荷载，则钢绞线的设计承载力见式 5-3。

$$P_0 = \frac{nP_u}{K_{s1}} \quad (5\text{-}3)$$

式中：P_0——锚索钢绞线的设计承载力（或设计容许荷载），kN；

n——一束锚索中钢绞线的根数；

P_u——单根钢绞线的极限破断荷载；

K_{s1}——钢绞线避免产生极限破断的荷载安全系数。

在实际工程中，锚索钢绞线的设计荷载一般采用锚索钢绞线极限荷载的 50%～60%，即有一定的安全储备，正常情况下钢绞线不易拉断破坏。对于高速公路或一级汽车专用公路，锚索钢绞线的设计荷载可采用锚索钢绞线极限破断荷载的 50%，二级公路可采用 55%，三级公路可采用 60%。

为使锚索体中每根钢绞线的受力尽可能均匀，在整体张拉前应进行调直预张拉,将每根钢绞线拉伸拉直。当然,若组成锚索的钢绞线编束严重不直,在整体张拉前又未作调直预拉,可能会造成各根钢绞线受力不均,使个别钢绞线超出钢材极限破断强度。对有机械损伤、严重锈蚀、电烧伤等造成强度降低的锚索材料,在施工中应禁用。

(3)锚固段长度计算。

主要确定锚索锚固段长度、孔径和锚固类型。锚固体的承载力由锚固体与锚孔壁的抗剪强度、钢绞线束与水泥砂浆的黏结强度及钢绞线强度三部分控制,设计时应取小值。

①拉力型锚索的锚固段长度计算。

a. 按水泥砂浆与锚索张拉钢材黏结强度确定锚固段长度L_{sa},见式5-4。

$$L_{sa} = \frac{K_{s1} \cdot P_t}{\pi d_s \tau_u} \quad (5-4)$$

锚固体的直径应根据设计锚固力、地基性状、锚固类型、张拉材料根数、造孔能力等因素决定,通常采用100~150 mm的。为了增加内锚固段的抗拔能力,也曾有工程将内锚固段进行扩孔。这样做要更换钻具,不但施工困难,同时也费时,效果不是太好,试验证明,扩孔也无必要。同一钻具可一钻到底,施工方便。对于较软弱的地层,是采取扩孔锚固方案还是采取增大孔径的方案来提高锚固力,可进行综合分析比较后确定。若将位于内锚固段的锚索制作成连续的枣核状,当对锚索进行张拉施加拉力时,钢绞线力求调直,除核中心段外,其余段浆体受挤压,挤压力向内夹紧锚索,向外传至孔壁形成正压力,提供内锚固的摩擦阻力,达到提高抗拔能力的目的。

当锚索锚固段为枣核状时,按式5-5计算。

$$L_{sa} = \frac{K_{s1} \cdot P_t}{n\pi d \tau_u} \quad (5-5)$$

上两式中：τ_u——锚索张拉钢材与水泥砂浆的极限黏结应力，按砂浆标准抗压强度 f_{ck} 的 10% 取值，kPa；

d_s——钢绞线的直径，m；

d——单根钢绞线的直径，m。

钢绞线同胶结浆液间的黏聚力，同钢筋混凝土中钢筋与混凝土之间的握裹力是一致的，这种握裹力同钢绞线的表面形状、胶结浆体强度有关，这方面的试验资料很少见。此处，列出英国规范建议的混凝土与钢筋黏聚力（见表 5-13），日本土木工程学会建议钢筋与混凝土的黏聚力（见表 5-14）供参考。在一定条件下，表 5-13、表 5-14 建议值也适用于水泥浆或砂浆。纯水泥浆胶结材料强度 ≥ 40 MPa。

表 5-13 钢筋与浆液表面握裹力表（英国）

钢筋类型	混凝土强度（MPa）			
	20	25	30	40及以上
光面	1.2	1.4	1.5	1.9
螺纹	1.7	1.9	2.2	2.6

表 5-14 钢筋与浆液表面握裹力表（日本）

钢筋类型	混凝土强度（MPa）					
	12~14	14~16	16~18	18~20	20~24	24以上
光面	0.5	0.55	0.6	0.65	0.7	0.8
螺纹	1.0	1.1	1.2	1.3	1.4	1.6

b. 按锚固体与孔壁的抗剪强度确定锚固段长度 L，见式 5-6。

$$L_a = \frac{K_{s2} \cdot P_t}{\pi d_h \tau} \quad (5-6)$$

式中：τ——锚孔壁对砂浆的极限剪应力，见表5-15；

d_h——锚固体（钻孔）直径。

安全系数的取值，应结合工程的重要性、τ值的可靠程度等因素综合选用；亦可参考已建工程实际的安全系数类比采用。英国工程界一般认为2.0，国际预应力协会（FIP）规范建议至少 $K_{s2}=2\sim3$。

表5-15 锚孔壁对砂浆的极限剪应力

岩土种类	岩土状态	孔壁摩擦阻力（MPa）	岩土种类	岩土状态	孔壁摩擦阻力（MPa）
岩石	硬岩	1.2～2.5	粉土	中密	0.1～0.15
	软岩	1～1.5			
	泥岩	0.6～1.2			
黏性土	软塑	0.03～0.04	砂土	松散	0.09～0.14
	硬塑	0.05～0.06		稍密	0.16～0.2
	坚硬	0.06～0.07		中密	0.22～0.25
				密实	0.27～0.4

锚索的锚固段长度采用 L_{sa}、L_a 中的大值。

对于注浆拉力型锚索，锚索锚固长度一般为4～10 m，且要求锚固段位于良好地基中。锚索锚固段破坏是从靠近自由段处开始的，灌浆材料与地基间的黏结力逐渐被剪切破坏，当锚固段长度超过8～10 m后，再增加锚固段长度，其锚固力增加很小，几乎不可能提高锚固效果，故并非锚固段长度越长越好。但锚固段太短时，由于实际施工期间锚固地基的局部强度低，使锚固危险性增大，设计中一般采取4～10 m。当锚固段计算长度超过10 m时，常采用加大孔径或减小锚索间距或增加孔数等来调整。

②压力分散型锚索锚固段长度计算。

压力分散型锚索借助一定间距分布的承载体，由若干个单元锚索组成锚固系统，每个单元锚索都有自由的锚固长度，承受荷载通过各自的张拉千斤顶施加。由于组合成这类锚索的单元锚索长度较小，所承受的荷载也较小，锚固长度上的轴力和黏结力分布较均匀，使较大的总拉力值转化为几个作用于承载体上较小的压缩力，避免了严重的黏结摩阻应力集中，在整个锚固段上黏结摩阻力分布均匀，从而最大限度地利用孔壁地层强度。从理论上讲，压力分散型锚索在整个锚固段并无长度限制，锚索承载力随锚固段长度增加而增加。因此，此类锚索可用于孔壁摩阻力较低的软弱地层中。

其锚固段长度计算方法如下：

①按式5-6计算确定总的锚固段长度L_a；

②计算钢绞线根数；

③初拟承载体个数m，则每个承载体分担的设计锚固力$P_{t1}=P_t/m$；

④浆体强度检算，见式5-7。

$$\sigma=\frac{4F_{a1}\cdot P_{t1}}{\pi D^2}\leq f_c \quad (5-7)$$

式中：σ——注浆体计算抗压强度；

f_c——注浆体极限抗压强度，不宜低于40 MPa；

D——注浆体直径。

通过强度检算，满足浆体抗压强度时，计算L_a可作为锚索锚固段长度，如不满足浆体抗压要求，一般采用增加载体个数、提浆体抗压强度、加大孔径、缩小锚索间距或增加锚索孔数来调整。

压力分散型锚索承载体分布间距（单元锚索锚固段长度）不宜小于 15 倍锚索钻孔孔径，常为 3～7 m，设计原则是使每个承载体受力均等，而每个承载体上所受的力应与该承载体注浆体表面的黏结摩阻力相平衡。由于注浆体与土体界面黏结摩阻力较岩体界面黏结摩阻力小，因此，承载体间距在土体中比岩体大些。设计时，硬质岩中取小值，土体中取大值。

图 5-17（a）表明岩土强度未充分发挥，过于安全，设计中可进一步缩短承载体间距和锚固长度。图 5-17（b）表明前一个承载体的压力值没有该承载段黏结摩阻应力及分布范围增大，此种设计偏于不安全。设计中可加大承载体间距和锚固段长度；图 5-17（c）显示合理的设计应当使各承载区段都分布有黏结摩阻应力，在整体锚固体长度上，黏结摩阻应力峰值也较均匀。

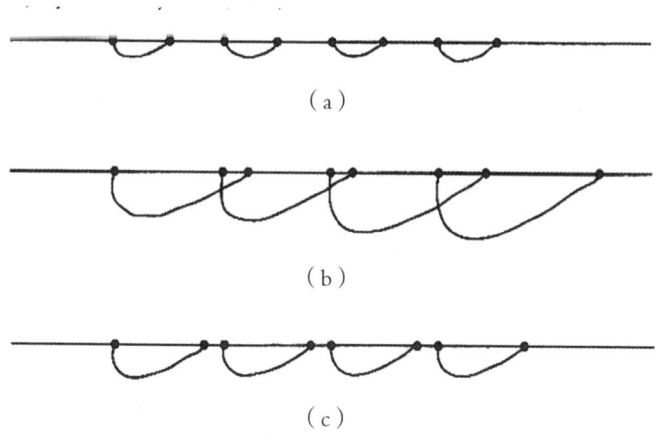

图 5-17 几种黏结摩阻力分布状态

（4）锚索的布置。

①锚索间距的确定。

锚索间距以所设计的锚固力能对地基提供最大的张拉力为标准。锚索间距一般为 3～6 m，最小不小于 1.5 m。

②锚固角。

按单位长度锚索提供抗滑增量最大时的锚索下倾角为最优角，也可按以下经验公式，即式 5-8 计算最优锚固角 β。

$$\beta = \alpha \pm (45° + \varphi/2) \quad (5-8)$$

式中：α，φ——滑面倾角和内摩擦角。

从施工工艺考虑，β 一般采用 15°～30°。

③锚索长度。

锚索总长度由锚固段长度、自由段长度及张拉段长度组成。锚索自由段长度受稳定地层界面控制，在设计中应考虑自由段伸入滑动面或潜在滑动面的长度不小于 1 m，自由段长度不得小于 3～5 m。张拉段长度应根据张拉机具决定，锚索外露部分长度宜为 1.5 m 左右。

典型锚索设计（如图 5-18）。

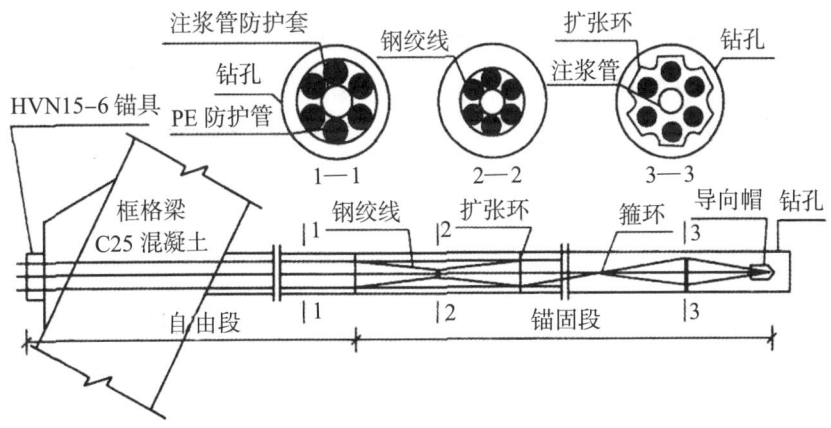

图 5-18 典型锚索设计图

（5）锚索的预应力与超张拉。

①锚索初始预应力。

对于永久性锚索施加的拉力锁定值应不小于设计锚固力。所施加的张拉力应满足有关规定，即施加设计张拉力时，各股钢丝或钢绞线的平均应力不大于钢材极限抗拉强度的70%。施加的预应力大小应根据锚索的使用目的、被加固岩土体及地基性质与状态而定。

a. 对以施加主动预应力来阻止下滑力为目的的锚索设计，可按照设计锚固力施加预应力，如锚索加固滑坡、加固松动岩体。

b. 对于允许变形的锚索复合结构，设计时应考虑锚索与结构的变形协调，使两者能分发挥作用，一般对锚索所施加的初始预应力为设计锚固力的30%～80%，如预应力锚索桩，通常施加的初始预应力为设计锚固力的50%～80%。

c. 当锚索结构用于加固松散岩土体时，由于张拉作用会引起被加固岩土体产生较大的蠕变和塑性变形，通常应进行张拉试验来决定初始预应力值，一般对锚索施加初始预应力为设计锚固力的50%～80%。为减少被加固岩土体蠕变量，可对地基施加$0.9 P_y$（P_y为屈服荷载）以内，且为设计锚固力1.2～1.3倍的张拉力，通过一定周期的几次反复张拉，可减少蠕变量。

②预应力损失与超张拉。

预应力损失主要由钢绞线松弛、地层压缩蠕变及锚具的楔滑三部分组成。经研究，预应力损失主要发生在张拉至锁定的瞬间，锁定后预应力损失为所施加预应力的10%～20%，其中钢绞线松弛约占4.5%，锚具的楔滑约占1%，地层压缩蠕变约占4%～10%。为减少预应力损失，设计中应选用高强度低松弛的钢绞线和高质量的锚具；另外，还应对锚索进行张拉或超张拉。一般情况下，锚索自由段为土层时，超张拉值宜为15%～25%，为岩层时宜为10%～15%。

（6）试验与监测设计。

①预应力锚固试验。

为验证预应力锚索设计，检验其施工工艺，指导安全施工，在锚固工程施工初期，应进行锚索锚固试验。锚固试验的数量可按工作锚索的3%控制，有特殊要求时，可适当增加。

预应力锚固试验按性质可分为破坏性试验和非破坏性试验；按试验目的可分为验证试验、验收试验和特殊试验。设计中，验证试验、验收试验和特殊试验均应采用。

②原位监测设计。

根据工程重要性和实际条件，对预应力锚索工作状况和锚固效果进行施工期和使用期的原位监测。通过监测可对工程安全作出定量评价，进行施工安全预报，验证设计的合理性，促进设计水平的提高。监测内容包括锚索工作状况和被锚固对象的加固效果（见表5-16）。

表5-16 预应力锚索工程原位监测内容

预应力锚索工作阶段		监测内容	监测项目
施工阶段	锚索	锚索的工作状态，锚索的施工质量	锚索张拉力、伸长值、预应力损失
	锚固对象	加固效果	被锚固体的位移和变形
使用阶段	锚索	锚索的工作状态	预应力值变化
	锚固对象	锚固工程的安全状况	被锚固体的位移和变形

5.2.3 预应力锚索地梁

5.2.3.1 加固原理

（1）预应力锚索地梁结构。

预应力锚索与地梁相结合共同作用加固坡体是预应力锚索在实际工程应用中发展起来的一种新型支挡结构形式，可将其简称为预应力锚索地梁。这种结构形式主要是利用了预应力锚索抗滑、地梁作为承力传力构件的特性，即通过地梁承受巨大的锚索预应力，并且将其传递到被锚固的地层中，从而起到对坡体加固的作用。对锚索地梁结构中地梁的设计计算一般沿用建筑地基基础中计算连续基础的刚性梁或连续梁的方法来计算地梁的内力。由于地梁在锚索与坡体之间起着连接的作用，地梁的设计是否准确、安全，直接关系到预应力锚索地梁结构对坡体的加固效果。

预应力锚索地梁在工程应用中主要有两种结构形式，平面图如图 5-19，可分别将其称为预应力锚索单片地梁和预应力锚索框架地梁。单片地梁是指加固坡体的各地梁之间没有相互联系，单独作为预应力锚索的承力结构置于坡体上，放置的方向为顺坡向放置；框架地梁是指加固坡体的各地梁之间相互交叉联系形成一个整体的框架式结构共同作用。其中，各地梁按在坡体上的位置可分为纵梁（或肋柱）和横梁，纵梁指顺坡向放置的地梁，垂直坡向放置的是横梁。一般而言，纵、横梁之间呈相互正交的关系。

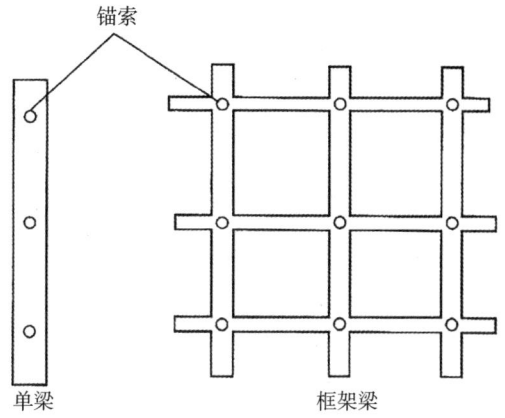

图 5-19　预应力索地的平面结构形式意图

对于岩体破碎边坡，需要采用锚索（杆）地梁进行支护。

（2）预应力锚索地梁加固边坡的作用机理。

在预应力锚索工程中，外锚头位置常处于一种高应力状态区，在外锚头附近的浅层岩土表面出现应力受拉区，为了分散其高应力状态，避免浅层局部岩土的压缩变形过大，进而引起预应力的损失，发展了预应力锚索地梁。在此类结构中，地梁作为锚索与坡体的连接体除了相当于锚索外锚头的作用外，在工作过程中，地梁尤其是框架型地梁能加强各锚索之间的作用联系，保证锚索在抗滑中的均匀性、连续性及整体性，达到完全稳固边坡的目的。

预应力锚索地梁结构中，锚索与地梁共同作用，锚索通过强大的预应力对坡体起到预加固的作用，坡体在预应力的作用下，物理力学性能得到一定程度的改善，增强了坡体的稳定性；其次，滑体垂直于滑面方向的压力有较大的增加，增大了滑动面上的摩擦力，从而减小了滑体的下滑力。地梁主要起承受并传递锚固力的作用，同时加强了结构的整体效能。从预应力锚索加固坡体的作用机理可以看出，预应力锚索地梁是一种主动支挡加固结构，提前对坡体进行加固，以防止坡体出现失稳或稳定性继续恶化的情况。

（3）预应力锚索地梁的工作过程及受力阶段分析。

预应力锚索地梁受力状态分为以下三个阶段。

第一阶段为锚索预应力的分级张拉阶段。在此阶段，为了防止地梁出现局部过大的受力而影响工程质量，对地梁上的锚索按一定的顺序分级施加预应力到设计吨位，工程中为了防止预应力松弛，一般均根据具体情况进行超张拉。由于施工时按顺序分级张拉，地梁一般不会出现结构上的破坏，可不对此阶段的地梁进行内力计算。

第二阶段为锚索预应力张拉完毕后的锚索地梁正常工作阶段。当锚索预应力通过地梁传递到坡体上以后，对坡体提供了维持其设计稳定性所需的潜在抗滑力，从而维持坡体的稳定。地梁主要是承受预应力锚索的锚固力和由此而产生的梁底岩土体反力。

第三阶段为预应力锚索地梁的极限状态工作阶段。由于边坡岩土体的蠕变效应所引起的坡体长期缓慢变形，或是一些未考虑到的坡体上作用外力的突然变化，都可能最终导致锚索地梁所提供的潜在抗滑力丧失殆尽，这时预应力锚索地梁对边坡体的主动制约机制变成了被动制约机制，即此时由于下滑力超过了支挡坡体的抗滑力，多余的下滑力会通过岩土体的变形作用到锚索地梁上，由预应力锚索地梁来承受。只要此时坡体的变形在允许的范围内，并且锚索还有承载能力，就应充分利用锚索的抗滑能力，保持被支挡坡体的稳定性。所以，此时的地梁设计应与锚索的承载能力相适应，即可认为当任何一束锚索达到其承载力时，地梁此时恰好也达到了其极限状态。由于在该阶段锚索地梁的工作中已挖掘了其全部的承载力，因此将其称为预应力锚索地梁的极限状态工作阶段。一旦锚索的承载力超过了其极限，则整个边坡体将由于失去支撑或变形太大而失稳破坏。地梁此时的作用力除了第二阶段的锚索预应力和由此而产生的梁底反力外，又增加了来自边坡岩土体的滑坡推力（下滑力）以及由此而引起的锚索拉力增量作用，只是此时至少有一束锚索达到了其极限承载能力。

预应力锚索地梁的受力状态首先是在锚索张拉阶段，此时，作用于地梁上的外力主要有：锚索张拉力、梁下岩体的反压力、地梁重力、梁底摩擦力。但后两者相对于前两者非常小，故只需考虑作用于地梁上的两个主要外力：锚索张拉力、梁下岩体的反压力。在工作阶段的地梁受力模式（如图5-20）。坡体主动施加压力于结构，结构在这种力的作用下产生内力（主要是锚索拉力），这个内力又通过结构（主要是地梁）而反作用于坡体，限制坡体变形，促使坡体稳定。

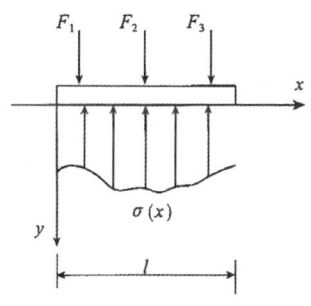

图5-20 地梁受力模式

5.2.3.2 设计计算

（1）预应力锚索地梁内力计算。

①单梁计算模型（如图5-21），认为地梁绝对刚性，梁底地基反力直线分布，与岩土体的相互作用不考虑地梁，则只要求出梁底的地基反力集度 P_1、P_2 即可确定地基反力分布，从而将其视为一般受力结构，

按结构力学的方法进行计算即可确定梁任意截面的内力,据此进行地梁的结构设计。

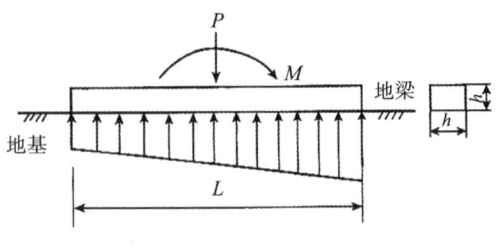

图 5-21 地基反力分布直线假设

对于 P_1、P_2 的确定,是将地梁视为偏心受压柱,利用偏心受压柱截面上应力分布的求解公式计算地梁的地基反力,见式 5-9。

$$\begin{matrix} P_1 \\ P_2 \end{matrix} = \frac{P}{l} \pm \frac{6M}{l^2} \qquad (5-9)$$

式中:$P = \sum P_i$——地梁上的总竖向作用力之和,此处为地梁上各锚索预应力之和;

M——地梁上各竖向作用力对地梁长度方向中心点的弯矩之和;

l——地梁的长度。

②对于框架地梁的计算,一般将其拆分为单片地梁(包括纵梁和横梁),再根据单片地梁的计算方法进行计算。拆分的原则是框架节点处的变形协调条件和力的平衡条件,协调变形条件即指节点处两个方向的挠度相等,力的平衡指框架节点上的力应等于分配于两个方向上梁在此节点处的力之和。在进行荷载的分配时,假定纵、横梁之间为铰接,故不考虑节点处两个方向梁交叉产生的扭矩影响。同时也不考虑相邻荷载的影响。根据以上的方法和原则,对节点荷载进行两个方向的分配,计

算公式为，见式 5-10。

$$P_{ix} = P_i \frac{b_x s_x}{b_x s_x + b_y s_y}$$
$$P_{iy} = P_i \frac{b_y s_y}{b_x s_x + b_y s_y}$$
（5-10）

式中：P_i——节点处作用的竖向荷载；

P_{ix}，P_{iy}——分别为 P 在 i 节点处分配给纵、横梁方向的荷载值；

b_x，b_y——分别为纵、横梁的宽度；

s_x，s_y——分别为纵、横梁的弹性特征长度。

对于已分解的荷载，分别作用于相应的单梁上，按照单梁的计算方法得出截面的内力，再进行结构设计。

（2）考虑框架地梁的锚索张拉阶段和工作阶段计算。

①基本假定。

a. 当地梁主动作用压力于坡体时，坡体对地梁的反作用力按 Winkler 假定计算，即 $p=ky$，其中 p 为坡体反压应力，k 为相应的地基弹性系数，y 为坡面在地梁压力作用下产生的垂直于地梁底面方向的位移；

b. 不考虑纵梁和横梁的扭转效应，即将纵、横梁交点处简化为铰支连接；

c. 不讨论框架结构与岩体地基的相对刚度对地基压力的影响，认为框架地梁具有一定的刚度。

②受力分析。

基于纵、横梁之间为铰支连接的假设，将地梁框架"分解"开，拆成纵梁和横梁分别进行受力计算。

a. 张拉阶段：

预应力锚索地梁的受力状态首先是在锚索张拉阶段，为简化分析，这里所说的张拉阶段是指张拉刚刚完成的阶段。此时的地梁在形式上可以看成一个倒扣在坡面上的连续梁，锚索抑制点即为连续梁的"支座"，而在连续梁下表面则作用着指向梁的地基反压力，纵梁和横梁的受力模式，如图 5-22（a）。

b. 工作阶段：

框架型地梁在工作阶段是纵梁与横梁构成的框架在全部锚索张拉结束后，整体承受坡体变形所产生的主动土压力，其与坡体间的相互作用机理同单片型地梁基本相同。工作阶段的地梁可直接按照倒扣在坡面上的连续梁来计算，对于纵梁是超静定结构，而对横梁则为静定结构，两者受力模式，如图 5-22（b）。

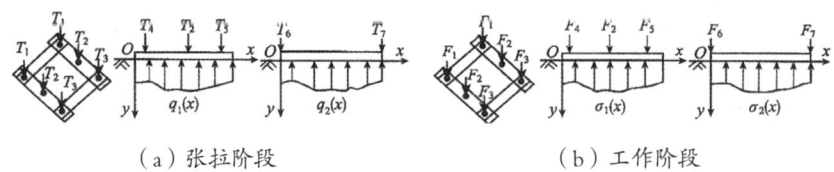

（a）张拉阶段　　　　　　（b）工作阶段

图 5-22　地梁受力模式

③计算方法。

a. 张拉阶段：

把框架地梁拆分成纵梁和横梁分别进行计算。此时不论是纵梁还是横梁，在外力作用下，地梁—地基系统都必须满足两个力学相容关系，即：静力平衡和变形协调。由力的平衡和变形协调可以得到如下方程，见式 5-11、5-12。

$$T_4 + T_6 = T_1 \quad (5-11)$$

$$w_1 = w_2 \quad (5-12)$$

b. 工作阶段：

在此阶段，同样将框架拆分成纵梁和横梁分别计算。这时要根据坡体变形或土压力理论求出作用于地梁上的地基压力 $\sigma_1(x)$ 和 $\sigma_2(x)$，再求出锚索张拉力。所以计算地梁的问题就可以看成求解倒置于坡面上的连续梁的内力与支座反力（锚索张力）的问题。对于纵梁，由于中间设有锚索，所以其计算模型应是两侧外伸的两跨超静定连续梁；对于横梁，则可看成单跨简支梁，纵、横梁的计算模式，如图 5-22（b）。具体求解时，纵梁可采用力矩分配法，首先求出弯矩，进而可求出剪力、支座反力等；横梁则直接按简支梁求解得出梁的内力与支座反力。

（3）预应力锚索地梁的设计。

预应力锚索地梁的设计主要是地梁结构设计时的内力计算，关于其上锚索的设计主要是根据锚索应承担的拉力进行确定，包括型号和锚索的间距、设计拉力等，有时需要根据现场试验确定锚索的极限抗拉能力，然后再进行锚索的设计。

如上所述，地梁的受力工作过程划分为三个阶段。其中，第一阶段可不进行地梁的内力计算，所以在此对地梁设计中的第二、第三阶段的内力计算进行说明。

第二阶段为锚索地梁的正常工作阶段，在该阶段由于锚索预应力对坡体进行了预加固，锚索地梁属于主动支挡加固结构，锚索预应力的施加增强了坡体自身的抗滑能力，坡体下滑力在未超过锚索加固力的情况下，不会再作用到地梁结构上，所以，此阶段的地梁计算模型即是在锚索预应力及由此引起的地基反力为外荷载情况下的内力计算。此时锚索地梁即为放置于弹性地基上的地梁计算模型，根据弹性地基类型的不同，有不同的计算方法。地梁上的外荷载即为所施加的锚索预应力，根据相关的模型即可计算地梁的内力、变形和地基反力。

第三阶段为锚索地梁的极限状态工作阶段，此处的极限状态是指当锚索（只要地梁上有一束锚索）达到其极限承载力时，地梁也恰好达到其极限承载能力的状态。注意此处锚索的极限承载力可以是其真正的极限承载力，也可以是人为规定的某一安全系数下的承载能力，这一方面取决于坡体变形的限制，另一方面也取决于工程的重要性等其他因素。在其极限状态工作过程中，会有超出锚索预应力加固作用范围的滑坡推力作用到地梁上，但由于该力的数值和分布方式不易确定，所以在计算时可通过极限状态的概念来进行近似计算。

第三阶段的内力计算应在第二阶段的基础上进行，此阶段锚索地梁已经由主动加固的结构变为了被动加固坡体的支挡结构，其计算模型可视为以锚索作用点为弹性支座的连续梁（或框架）结构在计算过程中，应考虑地梁与锚索的协调变形，其上作用的增量荷载为滑坡体作用到地梁上的下滑力。如果已知作用于地梁上的荷载增量，则可按弹性支座上的连续梁（框架）结构计算此时地梁内力增量和变形，再与第二阶段的内力和变形计算结果相叠加即可得到最终锚索地梁的内力和变形。但由于此阶段作用于地梁上的滑坡推力不易确定，所以，可直接近似根据锚索地梁结构的极限工作状态来进行地梁内力的计算。

可假定作用于地梁上的滑坡推力为均匀分布，先设定一均匀分布的滑坡推力初值，计算此时地梁在以锚索为弹性支座情况下的内力和变形增量以及锚索的拉力增量，并与第二阶段的计算结果叠加，此时锚索的拉力即为锚索预应力与新增拉力之和，对所有的锚索进行判断，只要有一束锚索等于其极限承载力，则计算停止，此时的地梁内力和变形即为其极限状态下的相应值。如果锚索均不等于其极限值（大于或小于），则应调整设定的滑坡推力增量，重新计算，直到有一束锚索达到其极限状态为止。

5.2.4 锚索施工

锚索施工是通过外端固定于坡面，另一端锚固在滑动面以内的稳定岩体中穿过边坡滑动面的预应力钢绞线，直接在滑面上产生抗滑阻力，增大抗滑摩擦阻力，使结构面处于压紧状态，以提高边坡岩体的整体性，从而从根本上改善岩体的力学性能，有效地控制岩体的位移，促使其稳定，达到整治顺层、滑坡及危岩、危石的目的，其施工工艺和流程（如图 5-23）。

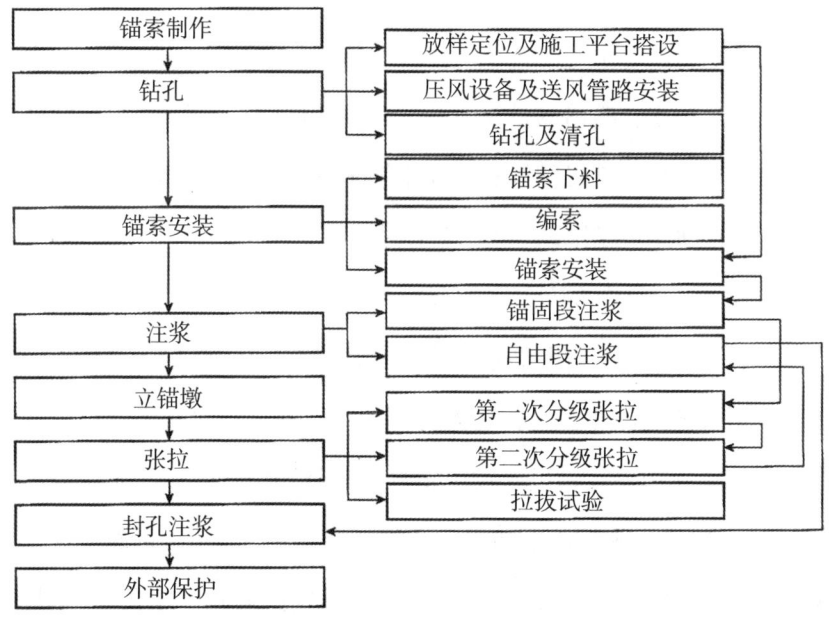

图 5-23　施工工艺及流程图

5.2.4.1 钻孔

钻孔是锚索施工中控制工期的关键工序。为确保钻孔效率和保证钻孔质量，采用潜孔冲击式钻机。钻机钻井时，按锚索设计长度将钻孔所需钻杆摆放整齐，钻杆用完，孔深也恰好到位。钻孔深度要超出锚索设计长度 0.5 m 左右。

钻孔结束，逐根拔出钻杆和钻具，将冲击器清洗好备用。用一根聚乙烯管复核孔深，并以高压风吹孔，待孔内粉尘吹干净，且孔深不小于锚索设计长度时，拔出聚乙烯管，塞好孔口。

两种特殊情况的处理：

（1）渗水的处理。在钻孔过程中或钻孔结束后吹孔时，从孔中吹出的都是一些小石粒和灰色或黄色团粒而无粉尘，说明孔内有渗水，岩粉多贴附于孔壁，这时，若孔深已够，则注入清水，以高压风吹净，直至吹出清水；若孔深不够，虽冲击器工作，仍有进尺，也必须立即停钻，拔出钻具，洗孔后再继续钻进，如此循环，直至结束。有时孔内渗水量大，有积水，吹出的是泥浆和碎石，这种情况岩粉不会糊住孔壁，只要冲击器工作，就可继续钻。如果渗水量太大，以致淹没了冲击器，冲击器会自动停止工作，应拔出钻具进行压力注浆。

（2）塌孔、卡钻的处理。当钻孔穿越强风化岩层或岩体破碎带时，往往发生塌孔。塌孔的主要标志是从孔中吹出黄色岩粉，夹杂一些原状的（非钻头碎的、非新鲜的、无光泽的）石块，这时，不管钻进深度如何，都要立即停止钻进，拔出钻具，进行固壁注浆，注浆压力采用 0.4 MPa，浆液为水泥砂浆和水玻璃的混合液，24 h 后重新钻孔。在雨季，常常顺岩体破碎带向孔内渗流泥浆，固壁注浆前，必须用水和风把泥浆洗出（塌入钻孔的石块不必清除）。否则，不仅固壁注浆效果差，还容易造成假象。

5.2.4.2 锚索制作

锚索在钻孔的同时于现场进行编制，内锚固段采用波纹形状，张拉段采用直线形状。钢绞线下料长度为锚索设计长度、锚头高度、千斤顶长度、工具锚和工作锚的厚度以及张拉操作余量的总和。正常情况下，钢绞线截断余量取 50 mm。将截好的钢绞线平顺地放在作业台架上，量出内锚固段和锚索设计长度，分别作出标记；在内锚固段的范围内穿对中隔离支架，间距 60～100 cm，两对中支架之间扎紧固环一道；张拉段每米也扎一道紧固环，并用塑料管穿套，内涂黄油；最后，在锚索端头套上导向帽。

5.2.4.3 锚索安装

向锚索孔装索前，要核对锚索编号是否与孔号一致，确认无误后，再以高压风清孔一次，即可着手安装锚索。

安装下倾锚索比较简单，没有更多的技术问题。安装上倾和水平锚索时要注意以下四点：检查定位止浆环和限浆环的位置，若有损坏，按技术要求更换；检查排气管的位置和畅通情况；锚索送入孔内，当定位止浆环到达孔口时，停止推送，安装注浆管和单向阀门；锚索到位后，再检查一遍排气管是否畅通，若不畅通，拔出锚索，排除故障后重新送索。

5.2.4.4 锚固法注浆

锚固法注浆采用排气注浆法施工。下倾的孔，注浆管插至孔底，砂浆由孔底注入，空气由锚索孔排出；上倾和水平孔，砂浆由孔口注入，空气压向孔底，由孔底进入排气管排出孔外（水平锚索，空气经限浆环进入排气管）。

上倾和水平锚索孔注浆过程中，当排气管不再排气，且有稀水泥浆从排气管压出时，说明注浆已满；对于下倾锚索注浆，采用砂浆位置指示器控制注浆位置。

锚索孔注浆采用注浆机，注浆压力保持在 $0.3 \sim 0.6$ MPa。

5.2.4.5 立锚墩

锚墩的作用是把锚具的集中荷载传递到岩面和调整岩面受力方向。为了使锚墩上表面与锚索轴线垂直，预先将一根外径与钻头直径相同的薄壁钢管和垫板正交焊牢，浇筑锚墩前将钢管的另一端插入钻孔即可。

5.2.4.6 锚索的张拉

张拉锚索前需对张拉设备进行标定。标定时，将千斤顶、油管、压力表和高压油泵连好，在压力机上用千斤顶主动出力的方法反复试验三次，取平均值，绘出千斤顶出力（kN）和压力表指示的压强（MPa）曲线，作为锚索张拉时的依据。因国产压力表初始启动压强不完全相同，所以，标定曲线上必须注明标定时的压力表号，使用中不得调换。压力表损坏或拆装千斤顶后，要重新标定。

若锚索是由少数钢绞线组成，可采用整体分级张拉的程序，每级稳定时间 $2 \sim 3$ min；若锚索是由多根钢绞线组成，组装长度不会完全相同，为了提高锚索各钢绞线受力的均匀度，采用先单根张拉，3 d 后再整体补偿张拉的程序。

5.2.4.7 封孔注浆

补偿张拉后，立即进行封孔注浆。对于下倾锚索，注浆管从预留孔插入，直至管口进到锚固段顶面约 50 cm；对于上倾和水平锚索，通过预留注浆管注浆。孔中的空气经由设在定位止浆环处的排气管排出。

5.2.4.8 外部保护

封孔注浆后，从锚具量起留 50 mm 钢绞线，其余的部分截去，其外部包覆厚度不小于 50 mm 的水泥砂浆保护层。

5.3 抗滑桩

桩是深入土层或岩层的柱形构件。高速公路边坡防护工程中的抗滑桩是通过桩身将上部承受的坡体推力传给下部的侧向土体或岩体，依靠桩下部的侧向阻力来承担边坡的下推力，而使边坡保持平衡或稳定。抗滑桩与一般桩类似，但主要是承担水平荷载。抗滑桩是高速公路边坡防护工程中的常用方案，制作材料从早期的木桩，到近代的钢桩和目前使用的钢筋混凝土桩，断面形式有圆形和矩形，施工方法有打入、机械成孔和人工成孔等方法，结构形式有单桩、排桩、群桩，有锚桩和预应力锚索桩等。

大量的工程实践表明，抗滑桩能迅速、安全、经济地解决一些边坡坡体防护中比较困难的问题，是目前广泛使用的治理滑坡的有效措施，被喻为治理滑坡的"重型武器"，使治理大型滑坡成为可能，适用于除流塑性滑坡以外的各种类型滑坡，尤其在高速公路边坡防护中广泛应用。

5.3.1 基本原理

抗滑桩又称锚固桩，依靠桩与桩周岩（土）体的相互钳制作用把桩后侧土压力或滑坡推力传递到稳定地层中，利用稳定地层的锚固作用和被动抗力，使坡体或滑坡得到稳定。按桩的材料和施工方法，锚固（抗滑）桩与一般用于基础的桩并无显著区别，目前我国采用的锚固（抗滑）桩主要是人工挖孔就地灌注钢筋混凝土桩。按桩的变形条件可分为刚性桩与弹性桩，按桩的埋置情况，锚固（抗滑）桩可分为全埋式桩和悬臂桩。

悬臂式锚固（抗滑）桩采用锚固（抗滑）桩与桩间挡土建筑物（如挡土墙、挡土板、片石垛、桩基托架挡土墙）复合支挡结构（如图5-24、图5-25）。常采用锚固（抗滑）桩与桩间挡土板组成的桩板墙。锚固桩主要承受桩后侧土压力或滑坡推力，而桩间挡土建筑物主要起加固路堑边坡的作用。

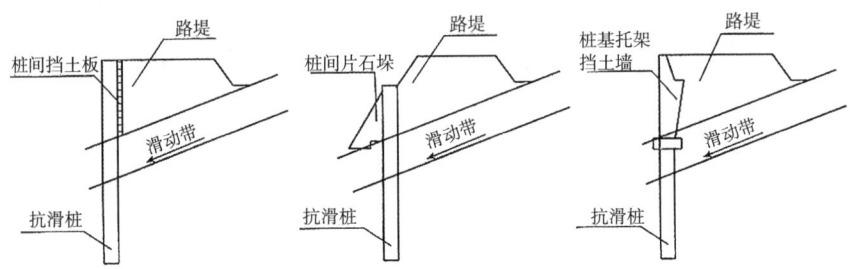

图 5-24　抗滑桩与桩间挡土建筑物组成的复合支挡结构

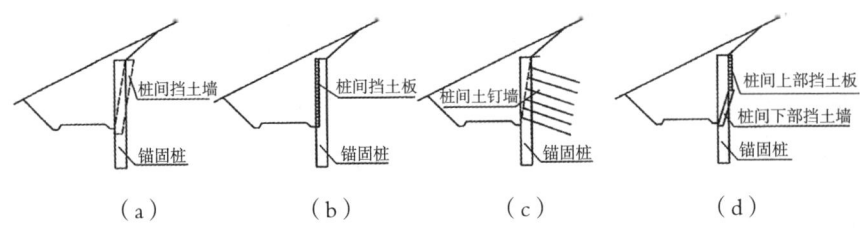

图 5-25　锚固桩与桩间挡土建筑物组成的支挡结构

20世纪80年代以来，随着锚索技术的发展，在滑坡防治和边坡加固中开始大量采用锚索工程。锚索桩技术是在桩的顶部施加强筋锚索，从根本上改变原锚固（抗滑）桩的不合理悬臂式受力状态，使之变成上端弹性支承、下端弹性嵌固的受力构件，减小了桩身的内力、桩身的横截面尺寸和桩的埋深，大幅度地降低了工程造价，比一般悬臂桩方案节省工程造价20%～40%。

目前最常用的锚固（抗滑）桩结构形式有两种：一种是普通锚固（抗滑）桩，在锚固（抗滑）桩上没有任何其他的辅助支护形式，与桩间挡土板构成普通桩板墙；另一种为锚索锚固（抗滑）桩，即在锚固（抗滑）桩上设置锚索（一般为预应力锚索），与锚固（抗滑）桩组成整体结构形成锚索桩板墙，共同支挡滑坡体。

5.3.2 工程设计与合理性分析

桩板墙由锚固（抗滑）桩及桩间的挡土板两部分组成。锚固（抗滑）桩是主要承力结构。桩板墙可作路堑、路肩和路堤挡土墙使用，可用于一般地区、浸水地区和地震地区，也可用于滑坡等特殊路基的支挡。

5.3.2.1 桩板墙设计

（1）计算步骤。

普通锚固（抗滑）桩的设计计算一般可概括为以下步骤：

①首先弄清滑坡或可能发生滑坡的原因、性质、范围、厚度，分析其稳定状态和趋势；

②根据地质横断面及滑动面处岩、土的抗剪强度指标，计算荷载（滑坡推力或土压力）；

③根据地形、地质及施工条件等确定抗滑桩的位置及范围；

④根据荷载大小、地形及地层性质，拟订桩长、锚固深度、桩截面尺寸及桩间距；

⑤确定桩的计算宽度，选定地基系数；

⑥根据选定的地基系数及桩的截面形式、尺寸，计算桩的变形系数及其计算深度，据以判断按刚性桩或弹性桩来设计；

⑦根据桩底的边界条件采用相应的公式计算桩身各截面的变位、内

力及侧壁应力等,并计算最大剪力、弯矩及其部位;

⑧校核地基强度,若桩身作用于地基的弹性应力超过地层容许值或者小于其容许值过多时,则应调整桩的埋深,或者调整桩的截面尺寸及间距,重新计算,直至符合要求为止;

⑨根据计算的结果,绘制桩身剪力图和弯矩图;

⑩对于钢筋混凝土桩,据以进行配筋设计。

预应力锚索锚固(抗滑)桩的设计计算包括锚索的设计计算和锚固(抗滑)桩的设计计算。其中,锚索的设计计算主要指锚索预应力和承载力的计算;而锚固(抗滑)桩的计算则主要指在预应力锚索和滑坡推力作用下的内力和变形;无论是锚索还是锚固(抗滑)桩,由于二者作为一个整体共同起作用,所以,在计算中应考虑锚索与锚固(抗滑)桩协调变形的问题。

预应力锚索锚固(抗滑)桩的设计计算步骤,目前设计中一般认为基本等同于普通锚固(抗滑)桩的设计计算顺序,只是由于在锚索的设置部位增加了锚索张拉力的影响,相应的桩内力计算中也要考虑锚索张拉力的贡献。对于锚索预应力值的确定,当不考虑桩与锚索的协调变形时,应在全面进行桩的内力计算之前确定;而当考虑桩与锚索的协调变形时,一般锚索预应力的计算与桩内力的计算同步进行。事实上,虽然预应力锚索锚固(抗滑)桩与普通锚固(抗滑)桩相比较只是在桩身某些部位增加了预应力锚索的作用,但二者的受力模式有着明显的不同,而且由于在实际的工程施工中,要先对桩上的锚索进行张拉以施加预应力,之后才是滑坡推力随着滑体与桩的相对变形作用到锚固(抗滑)桩上的过程。所以,在预应力锚索锚固(抗滑)桩的设计计算中,无论是从二者的计算方法还是设计计算过程的考虑因素,预应力锚索锚固

（抗滑）桩的设计计算过程都要比普通锚固（抗滑）桩的设计计算复杂得多。

（2）布置原则与荷载种类。

①布置原则：

a. 桩板墙的桩间距、桩长和截面尺寸的确定，应综合考虑达到安全可靠、经济合理；

b. 桩的自由悬臂长度不宜大于 15 m，矩形截面时，桩截面的短边尺寸不宜小于 1.25 m；桩间距宜为 5～8 m；

c. 锚固段必须置于稳定的地层中；

d. 挂板的一侧应在一个平面内，路堑边坡坡脚设桩板墙时，靠线路一侧应留出锁口和护壁的位置。如果是外挂式板，还应留出挂板的位置。

②设计荷载的种类：

a. 作用于桩板墙墙背有列车（汽车）荷载、土压力、滑坡推力、水的浮力、地下水的渗透压力、地震力、施工临时荷载等；

b. 滑坡地段应按滑坡推力与土压力最不利者作为计算荷载；

c. 桩的外荷载的附加安全系数为 1.05～1.1。当桩上设有锚索时，结构承受的侧向土压力应按库仑主动土压力的 1.05～1.4 倍计算；

d. 无论是按弹性地基梁法计算，还是用极限状态法，实际的土压力均比库仑主动土压力大。极限状态法设计中，采用增加桩的插入深度来提高安全度。

（3）桩的设计。

滑坡路基上的桩板墙按滑坡推力和土压力的最不利者作为计算荷载。桩后土压力（包括车辆荷载所引起的侧向压力）的计算与重力式挡土墙的土压力计算相同,即以挡土板后的竖直墙背为计算墙背,按库仑主动土压力计算,如为锚索桩,则乘以 1.05～1.4 的增大系数。在滑坡地段,则按滑坡推力计算。

①桩上作用的滑坡推力计算及桩前滑体的稳定验算:

a. 桩上作用的滑坡推力计算:

桩上作用的滑坡推力可分为桩后岩土体直接作用的滑坡推力和桩间土体通过土拱作用间接传递到桩上的滑坡推力两部分。所以,整个桩后岩土体作用于锚固(抗滑)桩上的滑坡推力应为桩中心间距范围内的滑坡推力与桩间土拱传递给桩前下块岩土体的滑坡推力之差。设桩间土体传给桩前下块的滑坡推力为 $R_T L$,则桩应承受的滑坡推力见式 5-13。

$$E_P = E_T - P_T l - R_T L \quad (5-13)$$

式中:E_P——作用于锚固(抗滑)桩上的滑坡推力;

E_T——桩间距范围内的总滑坡推力;

P_T——桩后滑体单位宽度的滑坡推力;

R_T——桩间土体传递给桩前下块的滑坡推力;

l——桩间距,即桩中—桩中的距离;

L——桩间净距,即相邻两桩内侧面间的距离。

当桩间土拱体不向下传力时,$R_T = 0$,此时作用于桩上的滑坡推力计算式 5-13 简化为式 5-14。

$$E_P = P_T l \quad (5-14)$$

式 5-14 即为目前锚固(抗滑)桩设计计算中所采用的计算锚固(抗滑)桩上的滑坡推力荷载计算公式,为式 5-13 的特例。如果 R_T 不大,可直接采用式 5-14 计算;如果其值较大,可考虑充分利用桩前滑体的抗力。通过式 5-13 和式 5-14 的对比可以看出，当桩间岩土体下传的滑坡推力较大时，目前的计算方法对于锚固（抗滑）桩的结构设计来说可能较为安全，但对于桩前下块的滑体来说则可能偏于不安全。当不考虑桩前滑体的抗力时，应尽量将桩间距控制在桩间岩土体不向下传力的范围内，或应在锚固（抗滑）桩间增设其他抗滑措施，以便使桩后及桩间岩土体的推力全部由抗滑结构来承受。

b. 桩前滑体的稳定验算：

如果桩前的滑体存在且能提供一定的抗滑力，设置桩时应考虑到桩前滑体的稳定性，并尽量充分利用桩前滑体的抗力来维持桩与坡体的稳定。设置锚固（抗滑）桩后，除了前述的桩间土体向下传递的滑坡推力外，锚固（抗滑）桩在滑坡推力作用下产生变形，依靠桩身及桩前滑体、滑床的抗力来共同抵抗滑坡推力，即桩将一部分滑坡推力传递到桩前的岩土体上，这个岩土体的范围也考虑为一个桩间距，所以此范围内桩前岩土体的受力见式 5-15。

$$E_F = R_P + R_T L \quad (5\text{-}15)$$

则桩前单位宽岩土体所受的滑坡推力见式 5-16。

$$R_F = \frac{E_F}{l} = \frac{R_P + R_T L}{l} \quad (5\text{-}16)$$

式中：E_F——桩前桩间距范围内的岩土体所受到的滑坡推力；

R_F——设桩后桩前单位宽度岩土体所受到的滑坡推力；

R_P——桩在滑坡推力E_P作用下产生变形而对桩前桩间距范围内的岩土体产生的推力总和。

水平向滑坡推力R_F应满足的关系式见式 5-17。

$$R_F < R_g \tag{5-17}$$

式中：R_g——桩前单位宽度岩土体的水平向剩余下滑力。

如果不考虑桩前抗力，则桩应按悬臂桩进行设计。当滑动面为圆弧面，桩前滑体的稳定验算采用简化 Bishop 法时，可直接根据 R_F 的合力作用点考虑，R_F 对其产生的滑动力矩应小于桩前岩土体的剩余抗滑力矩，以此来考虑桩前滑体的稳定性。

c. 桩的抗滑阻力验算：

为了考虑桩间距过大时土体发生绕桩滑动的可能性，根据极限平衡理论，计算桩的绕流阻力作为其最大的抗滑阻力。

假设：a. 土层无限广阔并沿水平向对垂直桩做相对运动；b. 土层为理想的凝聚材料或 Mohr–Coulomb 材料；c. 桩的表面绝对粗糙。在以上的假定下，推导出矩形和圆形桩的绕流阻力公式如下。

对于黏性土采用摩尔—库仑准则，矩形截面桩的绕流阻力计算公式见式 5-18。

$$q_c = (\sigma_c + \sigma_v)\{[\exp(\pi \tan \varphi) - K_a]a + 2(1 - \sin \varphi)\tan \varphi \exp[(\frac{\pi}{2} + \varphi)\tan \varphi]b\} \tag{5-18}$$

式中：q_c——沿桩长方向单位长度的绕流阻力；

σ_c——凝聚压力，其值为 $\sigma_c = c/\tan \varphi$，$c$ 为凝聚力；

σ_v——垂直压力；

K_a——主动土压力系数，其值为 $K_a = (1 - \sin \varphi)/(1 + \sin \varphi)$；

φ——土的内摩擦角；

a, b——分别为桩垂直于滑动方向的宽度和平行于滑动方向的高度。

而圆形截面桩的绕流阻力计算公式见式5-19。

$$q_c = (\sigma_v + \sigma_c)\frac{(1-\sin\varphi)\exp(\frac{\varphi}{2}\tan\varphi)}{4\tan^2\varphi+1}\{\exp(\pi\tan\varphi)[3\tan\varphi\cos\mu+(2\tan^2\varphi-1)\sin\mu+\sin\mu]+[3\tan\varphi\sin\mu-(2\tan^2\varphi-1)\cos\mu-\frac{4\tan^2\varphi+1}{1+\sin\varphi}\cos\mu]\}d$$

（5-19）

式中：$\mu=\frac{\pi}{4}+\frac{\varphi}{2}$，$d$为桩的直径。

抗滑桩排成一排时，如果两桩中心之间的距离l超过下列临界间距l_c式5-20，时：

$$l_c = [1+\frac{1}{2}(\tan\mu)\exp(\frac{\pi}{2}\tan\varphi)]a + 2\exp(\mu\tan\varphi)(\sin\mu)b \quad （5-20）$$

则绕流阻力的计算对于矩形桩仍如式5-19所示。但当间距再缩小时，阻力将增大，由于前面的计算公式不再适用，需进行数值计算。根据已有的经验计算公式，即式5-21计算。

$$\frac{q_r}{q_c} = 1+(0.45+1.4\sin\varphi)\tan^2\frac{(1-l/l_c)}{2} \quad （5-21）$$

式中：q_r——桩间距小于临界桩间距时的桩单位长度的绕流阻力。

对于圆形截面桩，如果按0.8 D的方桩计算，则式5-18的计算结果将与直接按式5-19计算的结果十分接近。因此，对于间距小于临界间距的圆形截面桩，按0.8倍直径的等效方桩计算阻力。

以上各公式计算的是刚好发生绕流滑动时单位桩长上的抗滑阻力，总阻力可以按式5-22积分求出：

$$Q_r = \int_0^H q_r dh \quad （5-22）$$

式中：H——从桩顶到滑动面的深度；

Q_r——为所要求的单根桩所能提供的最大阻滑力。

②桩身内力与变位计算：

a. 地基系数、刚性桩与弹性桩：

地基系数：在抗滑桩计算中的地基系数，目前依据岩层地质特征采用下述假定：

（a）地层为较完整的岩层时，地基系数采用常数，不随深度而变化。地基系数通常用符号K表示，相应的计算方法称K法。

（b）地基为密实土层或严重风化破碎岩层时，地基系数随深度而呈规律的变化，即相应于地基内深度为y处的水平方向地基系数C_H：

$C_H = m_H \cdot y$（悬臂桩），$C_H = A_H + m_H \cdot y$（刚性桩）或$C_H = A_H + m_H \cdot y^n$

（弹性桩）

其垂直方向地基系数，按式5-23计算。

$$C_V = m_V \cdot y 或 C_V = A_V + m_V \cdot y \tag{5-23}$$

上两式中：A_H，A_V——表示某一常量；

m_H，m_V——分别表示水平及竖向地基系数的比例系数。

由于地基系数随深度而变化，比例系数通常以符号m表示，故称为m法。

桩的刚度：抗滑桩受到滑坡推力后将产生一定的变形，其变形有两种可能：一是桩的位置虽然发生了偏离，但是桩轴仍保持原有的线性，桩周岩土产生了变形；另一种是桩的位置和轴线同时发生改变，即桩轴和桩周岩土同时发生变形。前一种称为刚性桩，后一种称为弹性桩，采用桩的埋置深度与桩的变形系数的乘积来区分。

（a）当按K法计算时（滑床为岩质），则采用式5-24计算桩的变形系数为$\beta(m^{-1})$：

$$\beta = \left(\frac{K \cdot B_p}{4EI}\right)^{\frac{1}{4}} \quad (5-24)$$

式中：K——侧向地基系数，不随深度而变，kN/m^2；

B_p——桩的计算宽度，m；

E——桩的弹性模量，kPa；

I——桩的截面惯性矩，m^4；

当$\beta h \leq 1.0$时，抗滑桩属刚性桩；

当$\beta h > 1.0$时，抗滑桩属弹性桩。

h为桩的埋置深度（m）。

（b）按m法计算（滑床为土质），则采用式5-25计算桩的变形系数$\alpha(m^{-1})$：

$$\alpha = \left(\frac{m_H B_p}{EI}\right)^{\frac{1}{3}} \quad (5-25)$$

式中：m_H——水平方向随深度而变化的地基系数，m^{-1}。

当$\alpha h \leq 2.5$时，属刚性桩；

当$\alpha h > 2.5$时，属弹性桩。

b. 刚性桩的内力计算：

对于刚性桩，一般将滑面以上抗滑桩受力段所有的外力均按外荷载考虑，将滑坡推力和桩前滑面上的抗力折算成在滑面上作用的弯矩M_0和剪力Q_0作为外荷载，将滑面以下桩周围介质视为弹性体来计算侧向应力和土抗力，从而计算桩身的内力（如图5-26）。

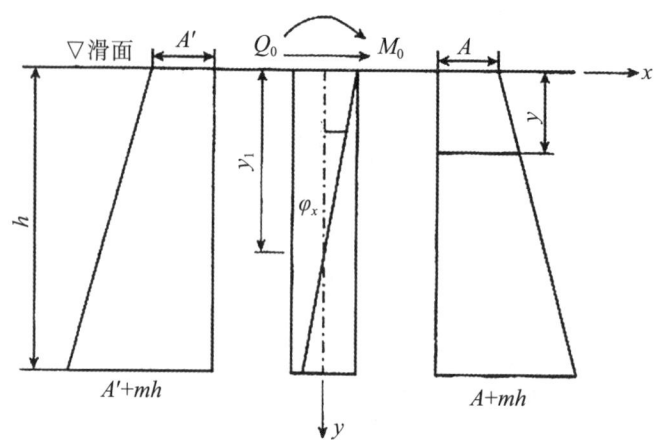

图 5-26 均质土体中刚性桩内力计算示意图

当抗滑桩锚固段位于均质土层或风化破碎岩层中时，滑面以下可采用相同的 m 值。当桩底为自由端时，其计算方法如下。

若滑面处弹性抗力系数为一常数，且 $A=A'$ 时：

变位：

$$\Delta x = (y_0 - y)\Delta\varphi$$

侧应力：

$$\sigma_y = (A + m \cdot y)(y_0 - y)\Delta\varphi$$

剪力：

$$Q_y = Q_0 - \frac{1}{2}B_p \cdot \Delta\varphi \cdot A \cdot y(2y_0 - y) - \frac{1}{6}B_p \cdot m \cdot \Delta\varphi \cdot y^2 \cdot (3y_0 - 2y)$$

弯矩：

$$M_y = M_0 + Q_0 y - \frac{1}{12}B_p \cdot \Delta\varphi \cdot y^2[2A(3y_0 - y) + m \cdot y(2y_0 - y)]$$

令 $\sum H = 0$，有：

$$\sum H = 0$$

令 $\sum M = 0$，有：

$$M_0 + Q_0 y - \frac{1}{12} B_p \cdot \Delta\varphi \cdot h^2 [2A(3y_0 - h) + m \cdot h(2y_0 - h)] = 0$$

解得：

$$y_0 = \frac{h[2A(3M_0 + 2Q_0 h) + mh(4M_0 + 3Q_0 h)]}{2[3A(2M_0 + Q_0 h) + mh(3M_0 + 2Q_0 h)]}$$

$$\Delta\varphi = \frac{12[3A(2M_0 + Q_0 h) + mh(3M_0 + 2Q_0 h)]}{B_p h^3 [6A(A + mh) + m^2 h^2]}$$

式中：h——滑面下桩的埋深；

Q_0——作用于滑面上的剪力；

M_0——作用于滑面上的力矩；

A——滑面处地层抗力系数；

y_0——旋转中心至滑面距离；

φ——旋转角，rad；

B_p——桩的计算宽度，m；

m——地基系数随深度变化的比例系数。

从而求得滑面以下任一深度处的侧向应力、剪力和弯矩。滑面以上桩体侧向应力、剪力和弯矩计算按结构静力问题计算。

同理，可以求得桩尖嵌入岩层中或全埋式等工况下的刚性桩计算公式。

对于滑床岩体完整者，相对桩身刚度小于围岩刚度时，埋于滑床部分的桩身受力后桩轴线会发生连续性曲线变形，应按弹性抗滑桩计算。

当桩周围岩体的变形在弹性限度以内，围岩对桩身反力服从文克勒（E.Winkler）定律时，桩身反力是变位 x 与地基弹性抗力系数 K 的乘积，见式 5-26。

$$EI\frac{d^4x}{dy^4} = p = Kx \quad (5-26)$$

式中，地基弹性抗力系数 K 假定为式 5-27。

$$K = A + my^n \quad (5-27)$$

式中：y——从滑面沿桩轴向下的距离，m；

　　　n——指数，当 n =0、0.5、1.0、2.0 时，K 值图形分别为矩形、抛物线形、三角形和反抛物线形，应根据不同岩性、坡体结构等分别选定。

弹性桩的计算方法有普通法、简化法（无量纲法）和有限单元法等。通常主要采用普通法。

③普通抗滑桩桩身内力与变形计算：

滑动面以上的桩身内力，根据滑坡推力和桩前滑坡体抗力计算。滑动面以下桩身内力，根据滑动面处的弯矩和剪力，以及地基的弹性抗力进行计算。

a. 滑动面以上的桩身内力和变形计算：

滑动面以上桩所承受的外力为滑坡推力和桩前反力之差 E_x，其分布形式一般为三角形、梯形和矩形。内力计算时按一端固定的悬臂梁考虑。锚固段顶点桩身弯矩 E_x、剪力 Q_0 见式 5-28。

$$\left.\begin{array}{l} M_0 = E_x Z_x \\ Q_0 = E_x \end{array}\right\} \quad (5-28)$$

式中：Z_x——桩上外力的作用点至锚固段的距离，m。

如图 5-27，荷载分布图形中，有关见式 5-29。

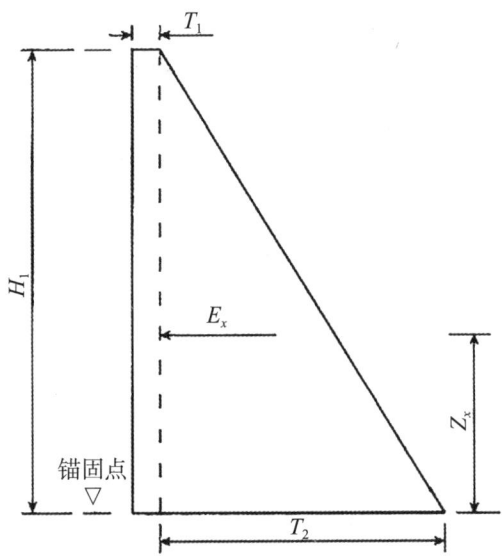

图 5-27 普通抗滑桩桩身内力与变形计算图

$$\left.\begin{array}{l}T_1 = \dfrac{6M_0 - 2E_x H_1}{H_1^2} \\ T_2 = \dfrac{6E_x H_1 - 12M_0}{H_1^2}\end{array}\right\} \quad (5\text{-}29)$$

当 $T_1 = 0$ 时，荷载分布为三角形；当 $T_2 = 0$ 时，荷载分布为矩形。

滑动面以上桩身各点的弯矩 M_y 和剪力 Q_y，水平位移 x_y 和转角 φ_y，按式 5-30、5-31 计算：

$$\left.\begin{array}{l}M_y = \dfrac{T_1 y^2}{2} + \dfrac{T_2 y^3}{6H_1} \\ Q_y = T_1 y + \dfrac{T_2 y^2}{2H_1}\end{array}\right\} \quad (5\text{-}30)$$

$$\left.\begin{aligned}x_y &= x_0 - \varphi_0(H_1 - y) + \frac{T_1}{EI}\left(\frac{H_1^4}{8} - \frac{H_1^3 \cdot y}{6} + \frac{y^4}{24}\right) + \frac{T_2}{EIH_1}\left(\frac{H_1^5}{30} - \frac{H_1^4 \cdot y}{24} + \frac{y^5}{120}\right) \\ \varphi_y &= \varphi_0 - \frac{T_1}{6EI}(H_1^3 - y^3) - \frac{T_2}{24EIH_1}(H_1^4 - y^4)\end{aligned}\right\}$$

(5-31)

式中：y——锚固点以上桩身某点距桩顶的距离。

b. 滑动面以下桩身内力和变位按弹性地基梁计算：

在计算滑动面以下桩身内力、位移和侧向压力时，桩的变形系数 α、β 为：

按K法时，$\beta = \left(\dfrac{K_H B_P}{4EI}\right)^{\frac{1}{4}}$，其锚固段长度为 βh。

按m法时，$\alpha = \left(\dfrac{m_H B_P}{EI}\right)^{\frac{1}{5}}$，其锚固段长度为 αh。

c. 桩的埋深计算：

桩的埋深应根据地基的侧向容许压应力计算确定，为了计算方便，可先经验选取，土质地基取桩长的 1/2，岩石地基取桩长的 1/3，然后根据检算适当调整。桩的埋深除满足构造要求外，主要取决于侧壁的承载能力，因此，桩的埋深与地基的性状有关。

嵌入强风化层以下的最小深度 h_{Dmin} 按式 5-32 计算：

$$\left.\begin{aligned}h_{Dmin} &= \frac{4Q_D + \sqrt{16Q_D^2 + 9.45\beta R_a M_D D}}{0.787\beta R_a D} \quad \text{（圆形桩）} \\ h_{Dmin} &= \frac{4Q_D + \sqrt{16Q_D^2 + 12\beta R_a M_D b}}{\beta R_a b} \quad \text{（矩形桩）}\end{aligned}\right\}$$

(5-32)

式中：R_a——饱水状态下岩石无侧限极限抗压强度；

β——系数，$\beta = 0.5 \sim 1$，当基岩节理发育时，取小值；节理

不发育时，取大值；

D——桩的直径；

b——桩顺墙长方向的宽度；

Q_D, M_D——桩的最大剪力和弯矩。

若基岩表面为风化层时，不考虑风化层对桩的作用，且埋置深度自基岩表面算起。

④预应力锚索锚固（抗滑）桩桩身内力与变位计算。

锚索锚固桩按横向约束地基系数法进行设计计算，方法如下。

a. 计算假定条件：

假定每根锚索桩承受相邻两桩"中—中"滑坡推力或岩土侧向压力，作用于桩上的力主要有滑坡推力或岩土侧向压力、锚索拉力及锚固段桩周岩土作用力，不计桩体自重、桩底反力及与岩土间的摩擦力；将桩、锚固段桩周岩土及锚索系统视为一整体，桩简化为受横向变形约束的弹性地基梁，锚拉点桩的位移与锚索伸长相等。

b. 锚索受力计算：

（如图5-28）假定桩上设置n排锚索，则桩为n次超静定结构，桩锚固段顶端O点处桩的弯矩M_0及剪力Q_0按式5-33、5-34计算如下：

$$M_0 = M - \sum_{j=1}^{n} R_j L_j \qquad (5\text{-}33)$$

$$Q_0 = Q - \sum_{j=1}^{n} R_j \qquad (5\text{-}34)$$

式中：M, Q——分别为滑坡推力或岩土压力作用于桩O点的弯矩、剪力；

R_j, L_j——第j排锚索拉力和锚拉点距O点的距离。

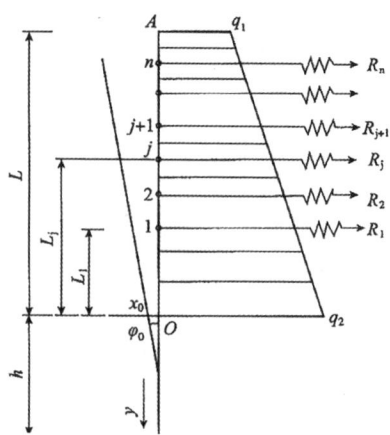

图 5-28 锚索桩结构计算图式

由位移变形协调原理,每根锚索伸长量Δ_i与该锚索所在点桩的位移f_i相等,建立位移平衡方程,见式 5-35、5-36、5-37。

$$\Delta_i = f_i \tag{5-35}$$

$$f_i = x_0 + \varphi_0 L_i + \Delta_{iq} - \sum_{j=1}^{n}\Delta_{ij}x \tag{5-36}$$

$$\Delta_i = \delta_i(R_i - R_{i0}) \tag{5-37}$$

式中:x_0, φ_0——分别为桩锚固段顶端O点处桩位移、转角;

Δ_{iq}, Δ_{ij}——分别为滑坡推力(或岩土压力)、其他层锚索拉力R_j作用于i点桩的位移;

R_{i0}——第i根锚索的初始预应力;

δ_i——第i根锚索的柔度系数,即单位力作用下锚索的伸长量,按式 5-38 计算。

$$\delta_i = \frac{l_i}{NE_g A_s} \tag{5-38}$$

l_i, A_s——分别为锚索自由段长度及每束锚索截面积；

E_g——锚索弹性模量；

N——每孔锚索束数。

当滑坡推力（或岩土压力）为梯形分布时，在其作用下，i 点桩的位移为按式 5-39、5-40 计算。

$$\Delta_{iq} = \frac{L^4}{120EI}[5q_1(3-4\xi_i+\xi_i^4)+q_0(4-5\xi_i+\xi_i^5)] \quad (5-39)$$

$$\xi_i = 1-\frac{L_i}{L}, q_0 = q_2 - q_1, \Delta_{ij} = R_j \cdot \delta_{ij} \quad (5-40)$$

δ_{ij} 为第 j 根锚索拉力 R_j 作用于桩上 i 点的位移系数，可由结构力学中有关计算公式确定。

当 $j \geq i$，则 $\delta_{ij} = \dfrac{L_j^3(2-3\gamma+\gamma^3)}{6EI}, \gamma = 1-\dfrac{L_j}{L_i}$。

当 $j < i$，则 $\delta_{ij} = \dfrac{L_j^2 L_i(3-\gamma)}{6EI}, \gamma = \dfrac{L_j}{L_i}$。

由地基系数法（简化为多层K法），可计算确定：

$$x_0 = \frac{Q_0}{\beta^3 EI}\Phi_1 + \frac{M_0}{\beta^2 EI}\Phi_2$$

$$\varphi_0 = \frac{Q_0}{\beta^2 EI}\Phi_2 + \frac{M_0}{\beta EI}\Phi_3$$

式中：Φ_1, Φ_2, Φ_3——桩的无量纲系数；

E, I——分别为桩的弹性模量、截面惯性矩；

β——桩的变形系数。

$$x_0 + \varphi_0 L = (\frac{\Phi_1}{\beta^3 EI} + \frac{\Phi_2}{\beta^2 EI}L_i)Q_0 + (\frac{\Phi_2}{\beta^2 EI} + \frac{\Phi_3}{\beta EI}L_i)M_0$$

令：

$$A_i = \frac{\Phi_1}{\beta^3 EI} + \frac{\Phi_2}{\beta^2 EI}L_i$$

$$B_i = \frac{\Phi_2}{\beta^2 EI} + \frac{\Phi_3}{\beta EI} L_i$$

则：
$$x_0 + \varphi_0 L = A_i Q_0 + B_i M_0$$

将上述相关公式代入式 5-38 得：

$$A_i(Q - \sum_{j=1}^{n} R_j) + B_i(M - \sum_{j=1}^{n} R_j L_j) + \Delta_{iq} - \sum_{j=1}^{n} R_j \delta_{ij} = \delta_i (R_i - R_{i0})$$

整理得：$\sum_{j=1}^{n}(A_i + B_i L_j + \delta_{ij})R_j + \delta_i R_i = A_i Q + B_i M + \Delta_{iq} + \delta_i R_{i0}$

令：
$$\xi_{ij} = A_i + B_i L_j + \delta_{ij}$$
$$C_i = A_i Q + B_i M + \Delta_{iq} + \delta_i R_{i0}$$

则有式 5-41。

$$\sum_{j=1}^{n} \xi_{ij} R_j + \delta_i R_i = C_i \qquad (5\text{-}41)$$

解线性方程组（5-41），可确定各排锚索拉力 R_j，见式 5-42。

$$R_j = \frac{D_K}{D} \qquad (5\text{-}42)$$

其中：

$$D = \begin{bmatrix} \varepsilon_{11}+\delta_1 & \varepsilon_{12} & \cdots & \varepsilon_{1j} & \cdots & \varepsilon_{1n} \\ \varepsilon_{21} & \varepsilon_{22}+\delta_2 & \cdots & \varepsilon_{2j} & \cdots & \varepsilon_{2n} \\ \vdots & \vdots & \vdots & \vdots & \vdots & \vdots \\ \varepsilon_{n1} & \varepsilon_{n2} & \cdots & \varepsilon_{nj} & \cdots & \varepsilon_{nn}+\delta_n \end{bmatrix}$$

$$D_k = \begin{bmatrix} \varepsilon_{11}+\delta_1 & \varepsilon_{12} & \cdots & \varepsilon_{1(j-1)} & c_1 & \varepsilon_{1(j+1)} & \cdots & \varepsilon_{1n} \\ \varepsilon_{21} & \varepsilon_{22}+\delta_2 & \cdots & \varepsilon_{2(j-1)} & c_2 & \varepsilon_{2(j+1)} & \cdots & \varepsilon_{2n} \\ \vdots & \vdots & \vdots & \vdots & \vdots & \vdots & \vdots & \vdots \\ \varepsilon_{n1} & \varepsilon_{n2} & \cdots & \varepsilon_{n(j-1)} & c_n & \varepsilon_{n(j+1)} & \cdots & \varepsilon_{nn}+\delta_n \end{bmatrix}$$

c.桩身内力计算：

（a）非锚固段OA桩身内力，见式5-43、式5-44。

令：$\qquad L_0=0, L_n+1=L, R_n+1=0$

当$y=L-L_i$时，取$K=n+1-i(i=1,2,...,n)$

$$\left.\begin{aligned} Q_y^- &= Q(y) - \sum_{j=1}^{k} R_{n+2-j} \\ Q_y^+ &= Q(y) - \sum_{j=1}^{k} R_{n+1-j} \\ M_y &= M(y) - \sum_{j=1}^{k} R_{n+1-j}[y-(L-L_{n+1-j})] \end{aligned}\right\} \quad (5\text{-}43)$$

当$L-L_{i-1}>y\geq L-L_i$时，取$k=n+2-i(i=1,2,...,n+1)$

$$\left.\begin{aligned} Q_y &= Q(y) - \sum_{j=1}^{k} R_{n+2-j} \\ M_y &= M(y) - \sum_{j=1}^{k} R_{n+2-j}[y-(L-L_{n+2-j})] \end{aligned}\right\} \quad (5\text{-}44)$$

式中：Q_y, M_y——桩身剪力、弯矩；

$Q(y), M(y)$——仅岩土压力作用于桩上的剪力、弯矩；

k——从桩顶往下数锚索支承点个数。

（b）锚固段桩身内力：

锚固段桩身内力计算与非锚索一致。

对于嵌岩桩，即桩底嵌固于未风化岩层内有足够的深度，可以认为桩底不会产生位移及转动，桩底边界条件可视为固定支承，桩底至基岩顶面（或滑动面）之间的周围岩（土）体可视为弹性支承。这样，预应力锚索嵌岩锚固（抗滑）桩的受力模式就变成顶端为一有限弹性支承、底端固定并置于弹性地基上的梁。对于置于非岩石地基上的锚索桩，或桩底嵌岩深度较浅的预应力锚索桩，桩预受力边界条件与嵌岩桩相同，桩底边界条件可以认为只是绕某一点产生转动，而不会产生水平位移，桩底至滑动面或基岩石面之间的周围土体或岩体可视为弹性支承。这样，对于置于非岩石地基上的预应力锚索桩，或嵌岩深度较浅的预应力锚索桩，它的受力模式就变成桩顶为一有限弹性支承、桩底铰支并置于弹性地基上的梁。

d. 锚固段基岩的稳定性计算：

锚固段基岩的稳定性，是关系到整体工程成败的关键，因此，对基岩的岩性、产状、节理裂隙的发育状况、风化程度、破碎状况等都要进行详细的了解，确保锚固段有足够的锚固力。

岩体的稳定性，以锚固段底端为顶点，扩散成顶角为 90°的锥体计算抗拉强度，参照下列经验式 5-45 计算：

$$T = \frac{1}{3}\pi r^2 h\rho k_3 + \pi rc\frac{hk_3}{\cos 45°} \quad (5-45)$$

式中：r——扩散角与嵌岩面交点至锚索中心线的垂直距离；

h——倒锥体的高度；

ρ——岩体的重度；

c——岩体的黏结力；

k_3——系数，与地层岩体的性质有关，取 $k_3 = 0.5 \sim 0.7$。

锚固段岩体的稳定性一般不起控制作用，但要特别注意锚索孔孔底附近是否存在贯通的节理或裂隙，如存在贯通的节理裂隙应采取措施。例如将锚索孔打的深浅不一，不使所有孔底在节理或裂隙的同一侧，或对裂隙进行注浆固结处理。

⑤地基强度校核和桩身变位控制：

a. 对于较完整的岩质岩层和半岩质岩层的地基，桩的最大横向压应

力 σ_{max} 应不大于地基的横向容许承载力。地基的横向容许承载力可按式 5-46 计算：

$$[\sigma] = K_{RH}\eta R \qquad (5\text{-}46)$$

式中：K_{RH}——水平方向的换算系数，根据岩层构造，可采用 0.5～1.0；

η——折减系数，根据岩层裂缝、风化及软化程度，可采用 0.3～0.45；

R——岩石单轴抗压极限强度，kPa。

桩身作用于围岩的侧向压应力，一般不应大于容许强度。桩周围岩的侧向容许抗压强度必要时可直接在现场获得，一般按岩石的完整程度、层理或片理产状、层间的胶结物胶结程度、节理裂隙的密度和填充物、各种构造裂面的性质和产状及其贯通等情况，分别采用垂直允许抗压强度的 0.5～1 倍。当围岩为密实土或砂层时，其值为 0.5 倍，较完整的半岩质岩层为 0.6～0.75 倍，块状或厚层裂隙少的岩层为 0.75～1 倍。

b. 对于一般土层或风化成土、砂砾状的岩层地基，抗滑桩在侧向荷载作用下发生转动变位时，桩前的土体产生被动土压力，而在桩后的土体产生主动土压力。桩身对地基土体的侧向压应力一般大于被动土压力与主动土压力之差。

埋入式抗滑桩：当地面无横坡或横坡较小时，如图 5-29（a），地基 y 点横向容许承载力可按式 5-47 计算：

$$\begin{aligned}[\sigma_H] &= \sigma_b - \sigma_a \\
&= [\gamma h \cdot \tan^2(45° + \varphi/2) + 2c \cdot \tan(45° + \varphi/2)] - \\
&\quad [\gamma h \cdot \tan^2(45° - \varphi/2) - 2c \cdot \tan(45° - \varphi/2)] \\
&= 4[(\gamma_1 h_1 + \gamma_2 y)\tan\varphi + c]/\cos\varphi\end{aligned} \quad (5\text{-}47)$$

式中：$\sigma_b, \sigma_a, \sigma_H$——分别为被动土压力、主动土压力、地基的横向容许承载力；

γ_1, γ_2——分别为滑动面以上土的重度和滑动面以下土的重度；

φ, c——滑动面以下土体的内摩擦角和黏聚力；

h_1, y, h——分别为设桩处滑动面至地面的距离、滑动面至计算点的距离和地基至计算点的距离。

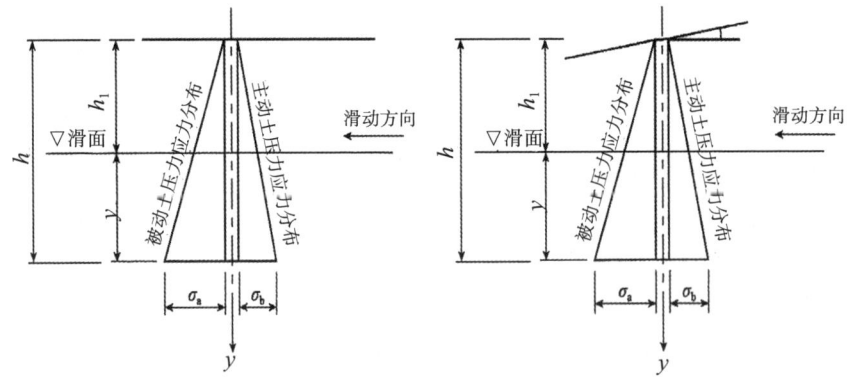

（a）地基无横坡或横坡较小　　　（b）地面横坡较大

图 5-29　埋入式抗滑桩土质地基横向容许承载力计算图式

当地面横坡较大且 $i < \varphi_0$ 时，如图 5-29（b），地基 y 点的横向容许承载力可按式 5-48 计算，为简化公式推导，采用综合内摩擦角。

$$[\sigma_H] = 4(\gamma_1 h_1 + \gamma_2 y)\frac{\cos^2 i \sqrt{\cos^2 i - \cos^2 \varphi_0}}{\cos^2 \varphi_0} c \quad (5\text{-}48)$$

式中：φ_0——滑动面以下土体的综合内摩擦角。

悬臂式抗滑桩：当地面无横坡或横坡较小时，如图 5-30（a），地基 y 点横向容许承载力可按式 5-49 计算：

$$[\sigma_H] = 4\gamma_2 y \frac{\tan\varphi_0}{\cos\varphi_0} - \gamma_1 h_1 \frac{1-\sin\varphi_0}{1+\sin\varphi_0} \quad (5\text{-}49)$$

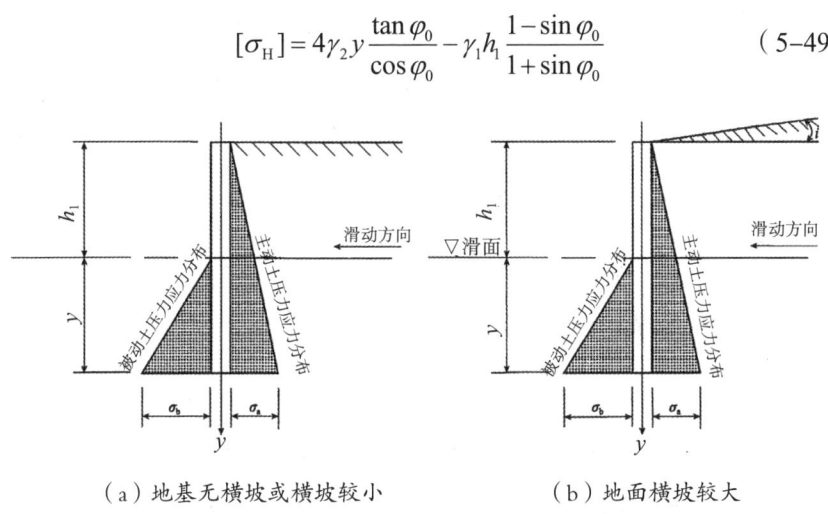

（a）地基无横坡或横坡较小　　　（b）地面横坡较大

图 5-30　悬臂式抗滑桩土质地基横向容许承载力计算图式

当地面横坡较大且 $i < \varphi_0$ 时，如图 5-30（b），地基 y 点的横向容许承载力可按式 5-50 计算，为简化公式推导，采用综合内摩擦角。

$$[\sigma_H] = 4\gamma_2 y \frac{\cos^2 i \sqrt{\cos^2 i - \cos^2 \varphi}}{\cos^2 \varphi} - \gamma_1 h_1 \frac{\cos i - \sqrt{\cos^2 i - \cos^2 \varphi}}{\cos i + \sqrt{\cos^2 i - \cos^2 \varphi}} \quad (5\text{-}50)$$

围岩在不同部位的极限抗压强度，一般都尽可能取代表样品做试验，其垂直容许值常用极限值的 1/10～1/4，对于软弱或破碎岩层一般采用较大的系数，对坚硬岩层则取小值。

如桩身作用于地基地层的侧向压应力大于围岩的容许强度，则需强调整桩的埋深或截面尺寸和间距，重新设计；但对围岩有随深度而逐渐增大强度的情况时，可容许在滑面以下 1.5 m 以内产生塑性变形现象，而在塑性变形深度内围岩抗力采用其侧向容许值，故对于一般土层或风化成土、砂砾状的岩层地基，也可只检算滑动面以下深度为

$h_2/3$ 和 h_2（滑动面以下桩长）处的横向压应力是否小于相应的容许压应力。

抗滑桩锚固深度的计算，除了满足强度外，地面处桩的水平位移不宜大于 10 mm。当桩的变位需要控制时，应考虑最大变位不超过容许值。根据经验，抗滑桩的锚固深度一般为总长的 1/3～1/2，对于完整的基岩，约为 1/4。

5.3.2.2 抗滑桩设计合理性评价

（1）普通抗滑桩设计合理性评价。

①抗滑桩桩间距的合理布置：

在锚固（抗滑）桩的设计计算中，首先确定桩间距，再分析作用于锚固（抗滑）桩上的荷载，由此进行桩结构的设计计算。

根据桩间土拱传力机理，合理的桩间距应在保证滑体稳定前提下，充分利用桩间土体自承性能，保证桩间土拱能够形成并有效地传递滑坡推力。将能够使桩间土拱形成的最大桩间距作为设计控制的最大桩间距，然后，在此基础上，再通过其他的控制条件如桩前岩土体的稳定性、锚固段的侧壁压应力等条件综合确定。

不考虑土的黏聚力，只考虑内摩擦角时，如果桩土间的综合内摩擦角 $\varphi_k \geq 30°$，则此时桩间净距确定需要两个条件，即式 5-51。

$$L \leq \frac{2b}{\tan(45° - \varphi_k/2)} \quad (5-51)$$

和满足绕流阻力验算的要求。

对于圆形截面桩，按 0.8 倍直径的等效方桩计算阻力，按式 5-18 计算。

如果桩土间的 $\varphi_k < 30°$，则桩间净距还应满足式 5-52 的条件：

$$R_k \geq \xi R_A \tag{5-52}$$

同时考虑桩截面间土拱体与桩的c、φ值时，当$chb \geq \dfrac{\xi R_A L}{2}$时，桩间净距应满足以下两个条件，$L \leq \dfrac{R_A + 2ch\tan(45°-\varphi/2)}{R_A \tan(45°-\varphi/2)} 2b$和绕流阻力验算的条件。当$chb < \dfrac{\xi R_A L}{2}$时，桩间净距还应满足式5-53的条件：

$$L \leq \dfrac{2chb}{\xi R_A - R_k} \tag{5-53}$$

以上式中：ξ为传力系数，见式5-54。

$$\xi = \dfrac{\tan(45°-\dfrac{\varphi}{2}) - \tan\varphi}{\tan(45°-\dfrac{\varphi}{2})} \tag{5-54}$$

h——土拱体高度；

b——抗滑桩宽度；

L——桩间净距；

R_k——桩前单位宽度岩土体的水平向剩余下滑力；

R_A——位于桩截面间的土拱体所承受的单位宽度滑坡推力。

临界桩间净距L确定后，设锚固桩垂直滑动方向的桩宽为a，则可得最大的桩间距l，见式5-55。

$$l = L + a \tag{5-55}$$

桩的间距主要应依据滑体（岩块）完整性、密实情况等形成土拱条件，结合推力大小来确定。在滑坡主轴附近，间距可取小些，两边可适当大些。抗滑桩桩间距6～9 m（桩宽2.5 m）时，土拱形成明显，桩间距为13～15 m时，几乎无土拱作用（主要靠桩土摩擦阻力），抗滑效果不明显。

综上所述，对于一般桩宽 2～3 m 时，桩间距一般采用 5～8 m，据现场试验及理论分析，采用 6 m 较适宜。

②抗滑桩锚固深度的合理性分析：

抗滑桩锚固段长度与滑坡推力的大小、锚固段地层强度、桩的刚度、桩身截面宽度和桩距等有关。对于软质岩层或土层，普通抗滑桩其锚固长度一般采用桩长的 1/3～1/2，侧壁应尽量达到锚固段地层的允许应力。

桩埋入滑面以下深度一般取 $2.5L_y\beta_1^{-1}$。其中，L_y 值表示桩埋入滑面以下深度，取有限桩长倍数的指标；β_1 为滑体的 β 值（β=0.5～1.0，根据岩层侧面构造而定，节理发育的取小值，节理不发育的取大值）。要求滑面以上部分桩不允许产生太大的挠曲，最大容许挠曲量 Δs 应小于相应于应变量的 5%（变位/桩径）。

③桩与桩间土的摩阻力及桩的计算宽度合理性分析：

粗糙的水泥砂浆与黏砂土之间摩阻应力为 60～130 kPa；在一般软岩中为 150～400 kPa。钢筋混凝土挖孔桩多数为爆破施工，钢筋混凝土护壁为现场浇筑，混凝土护壁外表面凹凸不平，与岩土体互相嵌合，远非平滑的混凝土面。因此可以认为在土层中其摩阻应力不小于 100 kPa，在软岩中不小于 250 kPa。对于一般抗滑桩横截面 2 m×3 m，桩长在 20 m 左右，桩中心至中心间距为 6 m，桩在滑面以下的埋深一般为桩长的 1/2。以此为例，取桩的尺寸为 2 m×3 m×20 m，桩在滑面以下的埋深为 10 m，则桩在岩土层两侧面所受摩阻力 F 为：

$$F=2\times3\text{ m}\times10\text{ m}\times100\text{ kPa}=6000\text{ kN}$$

桩在软岩中两侧面所受的摩阻力 F 相应为 15000 kN。如此大的侧摩阻力在桩受力过程中，桩和桩间岩土不可能发生脱离，抗滑桩势必挟持桩间岩土一起向前挤压。

（2）预应力锚索抗滑桩设计合理性的评价。

①预应力锚索抗滑桩力学模型简化的合理性：

由于预张拉力 F 的作用，实际应力 q_c 将与设计前通过推力确定值有所不同，其值与锚索张拉力 F、桩及土体地基系数有关。对邵怀高速公路林家溪滑坡预应力抗滑桩治理工程的跟踪监测表明，锚固段滑床并不一定是基岩（滑床虽为页岩或泥岩，但破碎、松软，滑动面呈带状），锚固后产生一定的变形和位移，直接影响了桩身的锚固效果，将下端简化为理想锚固端不尽合理。故简化模型方法中预张拉力 F 应考虑锚固端的蠕动变形，应考虑锚索伸长变形与抗滑桩变形相协调。

②利用滑面处弯矩 $M_0 = 0$ 设计的合理性：

当 $M_0 = 0$ 时，桩身若嵌入基岩中且有足够的嵌入深度，则计算力学简图成立，如图 5-31（a）。此时嵌入段的弯矩方向与上部的弯矩方向相反，这就要求桩外侧有较大抗力来阻止桩的嵌入端向外侧位移。然而，如果锚索预拉力适宜，则弯矩为零的点则可能在嵌入部分以上桩身的 1/3 处，如图 5-31（b），从而使最大弯矩减小。

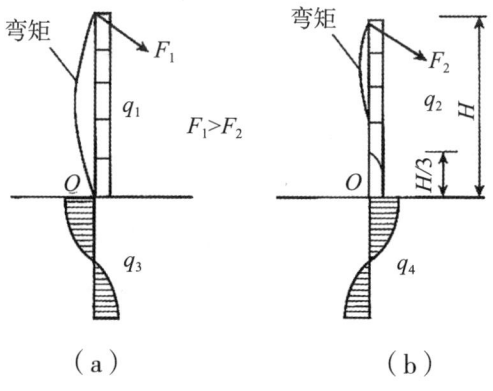

图 5-31 弯矩 $M_0 = 0$ 的位置确定图

③确定锚索合理的锚固长度：

锚索的锚固长度根据比较砂浆与锚索之间的握裹力与砂浆同孔壁黏结强度来计算锚固长度，取两者之大值。锚固长度通常不小于 6 m，锚固长度是否合理，主要取决于钢绞线与砂浆的黏结抗剪强度 τ_1 和砂浆与孔壁的黏结强度 τ_2 是否根据有关试验和规范、是否密切结合滑床岩土工程性质确定。

④锚索预张拉力大小的确定：

根据预应力锚索抗滑桩的工作原理，锚索预应力是在最大滑坡推力出现之前施加的，一般情况则是在抵消了已产生的滑坡推力后，还要继续使中间地带的土体受到挤压，达到在最大滑坡推力时锚索和抗滑桩仅产生微小弹性变形之目的。

因此，锚索张拉力的设计不仅要考虑初始阶段与滑坡推力的平衡，还要注意锚索张拉强度和锚具的锚固力都要留有足够的安全储备（张拉力太大可能使桩及面板长期受拉），也要对预应力损失进行估算。张拉力的大小可按以下原则设计：在滑坡推力最大时应使桩靠山坡一侧受拉，而在其他时候应使外侧受拉，这样通过双侧受拉的改变来实现桩体拉力不至于太大，避免由于预张拉力太大而拉坏面板或桩，或偏小而起不到应有的抗滑效果。

a.悬臂式锚固（抗滑）桩的锚索预应力确定方法：

悬臂式锚固（抗滑）桩指桩前岩土体不存在或虽然存在但由于所起作用不大可以将其忽略，即锚固（抗滑）桩只承受来自桩后的滑坡推力，没有桩前抗力作用。

对于悬臂式锚固（抗滑）桩，需要增设锚索的原因有下述两点：由于桩头位移过大不满足设计要求；桩身受力较大，需要较大的桩截面和

第一部分 公路滑坡边坡处置技术

较长的锚固段,为了减小锚固(抗滑)桩的截面和埋入锚固地层的长度,需要考虑对桩增设锚索。当确定需要对锚固(抗滑)桩设置锚索后,还要决定是否需要对锚索施加预应力以及对施加预应力的具体数值做出分析,可通过下述方法计算比较后确定。

假设锚索不施加预应力,此时桩、锚索体系的力学计算模型相当于桩头有一弹性支座作用,桩与弹性支座共同承受滑坡推力作用。按此模型利用有限元法进行计算,可得桩头位移及桩身各节点处的内力,如果短期荷载下桩头位移满足条件,则需将此时的桩身内力与下面的有预应力时桩身内力的计算结果比较后才能确定是否施加预应力;如果桩头位移不满足条件,则可考虑对锚索施加预应力。

设桩头锚索施加预应力。是否施加预应力取决于两个条件:条件A,桩头位移不满足要求,则应考虑施加预应力;条件B,当桩头位移满足要求时,则可考虑在施加一定的预应力后,桩身的受力是否更合理的问题。

对于条件B,因为桩头位移满足条件,所以在施加预应力后桩头位移也必然满足要求。此时只需考虑施加锚索预应力后桩身在长期荷载作用下的受力是否比不施加预应力时的受力更加合理。所以,可按如下方法进行:

可对锚索不施加预应力计算长期荷载下桩的内力;

通过长期荷载作用与预应力共同作用下滑面处桩身弯矩为零的条件控制施加的预应力,并得到此时的桩身内力及锚索拉力;

比较以上计算结果中哪一个桩身内力分布合理,以此确定是否有必要施加锚索预应力。

对于条件A,即桩头位移不满足要求,此时应考虑施加预应力,按

181

以下方法确定预应力：

（a）首先以长期荷载下滑面弯矩为零的条件确定预应力，并检查短期荷载下桩头位移能否满足要求，如满足，则相应的预应力即为待选预应力值之一。

（b）若（a）中位移不满足条件，按短期荷载作用下桩身在滑面处弯矩为零的条件确定预应力，同时可得桩身内力、变形及锚索总拉力，若桩头位移满足条件，则此预应力为待选的预应力值之一，同时计算此预应力作用下桩在长期荷载条件下的内力。

（c）按短期荷载下桩头位移为控制条件计算锚索预应力，同时可得桩身各点位移、内力及锚索的总拉力，此时的预应力为待选的预应力值之一，并计算在此预应力和长期荷载作用下的桩身内力。

（d）当（a）或（b）中桩头位移满足条件时，也应进行（c）中的计算。当（a）中条件满足时，比较（a）、（c）两者中长期荷载下哪个桩身受力合理，则预应力选用相应的值；当（b）中条件满足时，比较（b）、（c）两者中长期荷载下哪个桩身受力合理，则选用相应的预应力值作为要施加的预应力；当（a）、（b）中桩头位移均不满足条件时，则预应力应按（c）中所计算的值进行施加。以上计算中桩、锚索受力均不太合理时，则可考虑修改设计。

b.非悬臂式锚固（抗滑）桩的锚索预应力确定方法：

与悬臂式锚固（抗滑）桩相对应，非悬臂式锚固（抗滑）桩指桩前岩土体能提供一定的抗力而不能将其忽略的情况，此时由于桩前岩土体的存在，锚固（抗滑）桩在滑面以上也可被视为弹性地基梁模型进行计算，相应锚固（抗滑）桩的设置也应在充分发挥桩前岩土体抗力的同时保证其稳定性。

c.非悬臂式抗滑桩设置锚索的原因：

此处决定是否对锚固（抗滑）桩设置锚索的关键原因有两个。桩头的位移条件，即锚固（抗滑）桩在短期荷载作用下桩头位移是否满足要求；由于非悬臂式锚固（抗滑）桩有桩前岩土体的作用，为了保证桩前岩土体的稳定性，应该限制桩对桩前岩土体的作用力。所以，在非悬臂式锚固（抗滑）桩中桩前岩土体的抗力应小于其剩余下滑力。当其中的任何一个条件得不到满足时，都要考虑对锚固（抗滑）桩增设锚索。

需要说明的是，由于桩前有岩土体的作用，通过大量的算例分析后认为，桩在不施加预应力锚索时的受力比施加锚索后的受力合理，即此时桩在不施加锚索条件下的内力分布最为合理，在施加锚索后桩身的受力会变得趋于不合理，只是此时为了满足其他的设计要求均应对桩增设预应力，所以此时的锚固（抗滑）桩是否施加锚索的原因中没有桩身受力较为合理的条件限制，如在悬臂式锚固（抗滑）桩中所述的那样。

d.确定是否需要对锚索施加预应力及预应力的确定方法：

施加预应力：

当桩头的位移或是桩前的滑体抗力不满足条件时，就要考虑对锚固（抗滑）桩增设锚索。至于是否需要对增设的锚索施加预应力，则主要有以下因素决定。

因素A：桩头位移过大不满足要求时，而桩前滑体抗力满足要求，此时在增设锚索后，桩前滑体抗力也必然满足要求。所以，是否施加预应力，决定于桩头位移条件，即当增设锚索后若不加预应力，计算在最不利荷载下桩头的位移，如果其值小于限定位移值，则可不用施加预应力；反之，则应考虑施加预应力。

因素 B：当桩头位移满足要求而桩前滑体抗力不满足要求时，则在增设锚索后，桩头位移必然满足要求。此时是否施加预应力，决定于桩前滑体抗力，若增设锚索后不加预应力时，在最不利荷载作用下桩前的滑体抗力如果小于其限定值，则可不施加预应力；反之，则应考虑施加预应力。

因素 C：当桩头位移和桩前岩土抗力均不满足要求，则在增设锚索后不加预应力时，如果计算所得的结果显示两者中有任何一个不满足条件，则应考虑施加预应力。

预应力的确定：

当需要对锚固（抗滑）桩上锚索施加预应力时，按以下方法确定预应力值。

当由于因素 A 的原因而需对锚索施加预应力时，则预应力的控制条件为桩头位移。设定锚索预应力的初值，然后通过有限元程序的迭代，计算锚固（抗滑）桩在短期荷载作用下的内力和变形，直到桩头位移满足条件时为止，此时得到的预应力值，即为应施加的锚索预应力。

当由于因素 B 的原因需施加预应力时，预应力的控制条件为桩前的滑体抗力。在设定锚索预应力的初值后，通过迭代计算直到桩前的滑体抗力满足要求，此时的预应力即为所求的锚索预应力。

当由于因素 C 的原因施加预应力时，则可按下述过程确定锚索预应力。即一是以位移为控制条件，求得预应力及桩前滑体抗力，看桩前滑体抗力是否满足要求；二是以桩前滑体抗力为控制条件，求得预应力及桩头位移，看位移是否满足要求；三是若（a）、（b）中两者均满足要求，则选用预应力小者为应施加的锚索预应力，这样做是为了充分利用桩前滑体的抗力，同时桩的受力较合理；若（a）、（b）中有一个不满足条件时，则选用预应力较大值（满足两个限制条件的预应力值）作为应施加的锚索预应力，因为只有这样才能达到施加预应力的目的。

⑤锚索抗滑桩的合理间距：

在确定它的合理间距时，必须同时考虑锚索和抗滑桩的间距要求，对于锚索的间距，一方面要避免发生群锚效应，另一方面还要保证锚索之间能形成挤压带。国内外对防止发生群锚效应的最小间距有以下几种规定。

a. 日本准则：锚索间距规定在 1.5 m 以上。

b. 美国准则：规定取 6 倍以上内锚固段直径。

c. 国际预应力混凝土协会（FIP）准则：规定 4 倍以上内锚固段直径或通常在 2.0 m 以上。

d. 英国 BSI 准则：规定防止岩崩的锚索间距在 1.5 m 以上。

目前，国内外采用的锚索间距一般都在 10 m 以内，工程实践中最大锚索间距为 10 m。但对于山地永久锚索加固，其间距一般不超过 6 m。同样，为防止在抗滑桩中产生群桩效应，对抗滑桩的最小间距也应做出相应的限制。参照国内外的有关资料，对于圆形截面抗滑桩，其最小间距可取为 2.5 倍桩的直径。但对于矩形截面桩的间距计算，因目前尚无成熟的办法，可参照当前已有的工程经验来取。目前已建的滑坡治理工程中，桩间距最小为 4 m，最大为 15 m。

对于锚杆抗滑桩系统来说，最小间距应根据桩和锚索的间距综合考虑，对于单桩单锚（每个桩头上设一根锚索）体系，如果抗滑桩能满足最小间距的要求，则锚索的最小间距一般都能得到满足，这时的最小间距主要取决于抗滑桩的间距；但对于单桩多锚体系（每个桩头上设两根以上锚索）来说，应根据锚索和抗滑桩的间距进行综合分析，选定合理的间距,使两者都能达到要求。

⑥锚索抗滑桩的嵌固深度:

对于悬臂抗滑桩来说,滑面以下桩的嵌固深度不仅要满足桩周地基承载力的要求,还要满足承受全部滑坡推力和限制水平变位的要求。

当滑动面以下为岩层时,桩嵌入岩层内的深度可按式 5-56、5-57 注意计算:

圆形桩:
$$h = \sqrt{\frac{M_H}{0.066 \beta R_a D}} \quad (5-56)$$

矩形桩:
$$h = \sqrt{\frac{M_H}{0.083 \beta R_a b}} \quad (5-57)$$

式中: h——桩嵌入基岩中不计风化层的有效深度,m,但不得小于 0.5 m;

M_H——在基岩顶面处的弯矩,kN·m;

R_a——天然湿度的岩石单轴极限抗压强度,kPa;

β——系数,β=0.5～1.0,根据岩层侧面构造而定,节理发育的取小值,节理不发育的取大值;

D——钻(挖)孔桩的设计直径;

b——垂直于弯矩作用平面桩的边长。

5.3.2.3 挡土板设计

挡土板可设计成钢筋混凝土平板、带肋板或拱形板等,条件许可时应尽量采用拱形板。挡土板可预制拼装,混凝土强度等级不得低于 C20;截面一般为矩形、槽形,也可采用空心板。挡土板的厚度不得小于 0.2 m,板宽应根据吊装能力确定,但不得小于 0.3 m,大多为 0.5 m;板的规格不宜太多。板在桩上的搭接长度各端不得小于 1 倍的板厚,若为圆形桩应在桩后设置搭接挡土板用的凸形平台。

当采用拱形挡土板时，不宜用混凝土灌筑，而应当沿径向和环向配置一定数量的构造钢筋，构造钢筋间距不宜大于 25 cm，直径不宜大于 32 mm。

挡土板钢筋保护层厚度 a，外露面 a=30 mm，内侧 a=50 mm。

墙身不必专门设置泄水孔，可利用每块板上预留的吊装孔和拼装缝隙作为泄水孔，但应视墙后填土设置排水垫层、墙背排水层及反滤层。墙身也不专门设伸缩沉降缝，但同一桩上两相邻跨挡土板的搭接处净间距不得小于 30 mm，并按伸缩缝处理。

挡土板的安装应在桩侧地面整平夯实后进行，当地面纵坡较陡时，可设浆砌片石垫块作挡土板的基础。

挡土板可视为支承在桩上的简支板进行内力计算，并按受弯构件设计。挡土板上的作用荷载，取板所在位置墙后土压力的大值，按均布荷载考虑，计算跨径为相邻桩的净距再加 1 倍的板厚。

桩与板间搭接部位的接触面还应进行抗压强度的验算。

5.3.3 施工流程

5.3.3.1 施工程序

抗滑桩施工多采用机械成孔或人工成孔，现场灌注混凝土施工。

灌注桩是一项质量要求高，施工工序较多，并须在一个短时间内连续完成的地下隐蔽工程。因此，施工应按程序进行。备齐技术资料，编制施工组织设计，做好施工准备。应按设计要求、有关规范、规程及施工组织设计，建立各工序的施工管理制度。施工、监理、设计和业主各方管理到位，监控到位，技术服务的技术跟踪到位，保证施工有序、快速、高质地进行。

灌注桩施工的一般程序（如图 5-32）。

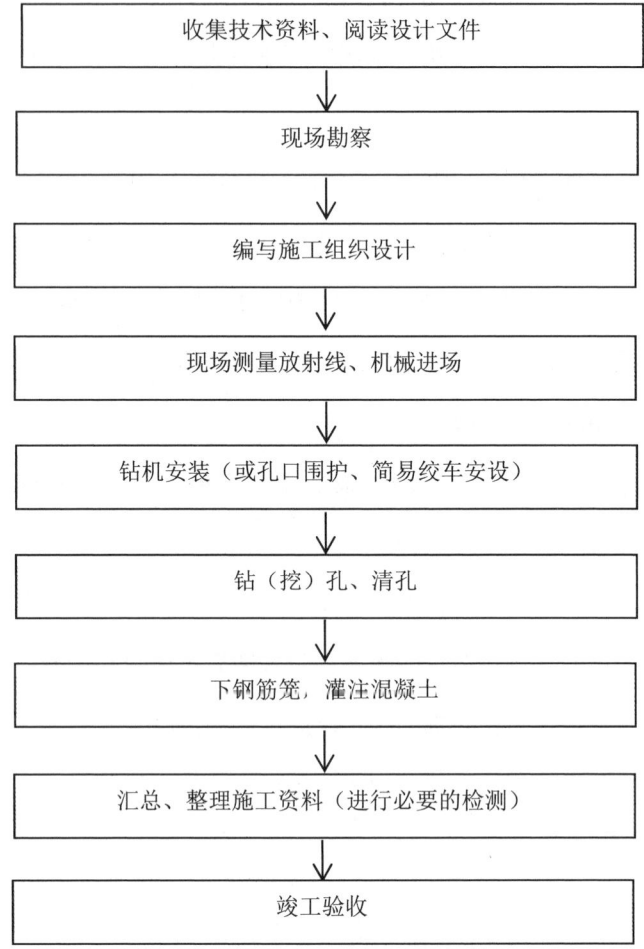

图 5-32 灌注桩施工程序框图

灌注桩施工一般应先进行试成孔施工，试成孔的数量不少于两个，以便核对地质资料，检验所选的设备、施工工艺以及技术要求是否适宜，同时检验并修正施工技术参数。如出现缩颈、坍孔、回淤、吊脚或出现流沙、地下水量大等情况，不能满足设计要求，或增加了施工难度达不到工期要求时，应重新制订施工方案，考虑新的施工工艺，甚至选择更适合的桩型。

5.3.3.2 工艺选择

设桩工艺又称成孔方法或成孔工艺。灌注桩施工的方法较多,抗滑桩施工常用的主要为非挤土灌注桩类型。正确、恰当地选择设桩工艺,才能保证施工质量和施工工期。各种设桩工艺适用范围及特点见表5-17。

表5-17 各种设桩工艺适用范围

序号	成孔方法	适用范围			对环境的影响
		孔径（mm）	孔深（m）	土层	
1	人工推钻或机械推钻	600~1600	30~40	黏性土,砂类土,含少量砂砾（粒径小于10 cm,含量低于30%）的土	振动小,不需泥浆
2	人工挖孔	800~4000	≤25	各种土石	无噪声,不需泥浆
3	潜水钻成孔	450~4500	≤80	淤泥腐殖土,粉沙,砂类土	振动小,需泥浆
4	正循环钻成孔	400~2500	≤50	黏性粉沙、细、中、粗砂,含少量卵石、砾石的土,软岩	振动小,需泥浆
5	反循环钻成孔	400~4000	≤90	黏性土,砂类土,含少量砾石、卵石的土,软岩	振动小,需泥浆
6	钻斗钻成孔	800~1500	≤40	淤泥质土,黏性土,粉土	有振动,不需泥浆
7	冲抓锥成孔	1000~2000	20~30	淤泥,密实黏土,砂类土,砂砾、卵石	振动大,不需泥浆
8	冲击实心锥成孔	800~2000	≤50	黏性土,砂类土,砾、卵、漂石,软岩	有振动,需泥浆

设桩工艺选择时,应根据具体的地质情况、桩径和桩长、工期要求,并结合机具设备供应情况和各种设桩（成孔）工艺的适用范围和优缺点,灵活、正确地选用。

5.3.3.3 质量控制

（1）一般要求。

抗滑桩是一项质量要求高的工程，抗滑桩的施工质量直接关系到工程的成败。因此，控制施工质量显得特别重要。施工时必须坚持质量第一的原则，推行全面质量管理。

抗滑桩多采用灌注桩，要特别把好成孔（包括钻孔和清孔）、下钢盘笼和灌注混凝土等几道关键工序。每一工序完毕时，均应及时进行质量检验，上道工序不清，下道工序就不能进行，以免留存隐患。

施工时每一工地应设专职质量检验员，对施工质量进行全面检查监督，质量责任落实到人，落实到每一根桩。灌注桩的质量控制，主要是指钻孔、清孔，钢筋笼制作、安放，混凝土配制、灌注等工艺工序过程的质量标准和控制方法，应以设计文件和国家或行业标准为准，制定出切合工程实际和易于操作的具体标准和要求。

（2）质量检验及质量标准。

灌注桩钻、挖孔在终孔和清孔后，应进行孔位和孔深检验。孔径、孔形和倾斜度宜采用专用仪器测定，或采用外径为钻孔钢筋笼直径加 100 mm（不大于钻头直径）、长为 4~6 倍桩径的钢筋检孔器吊入钻孔内检测。钻、挖成孔的质量标准见表 5-18，施工允许误差也可参考表 5-19。

表 5-18　钻、挖孔成质量标准

项目	允许偏差
孔的中心位置（mm）	群桩：100；单排桩：50
孔径（mm）	不小于设计桩径
倾斜度	钻孔：小于 1%；挖孔：小于 0.5%
孔深	不小于设计规定

续表

项目	允许偏差
沉淀厚度	符合设计要求，或桩径 ≤ 1.5 mm，沉淀 ≤ 300 mm；桩径 > 1.5 mm，或桩长 > 40 m，沉淀 ≤ 500 mm
清孔后泥浆指标	相对密度：1.03～1.10；黏度：17～20 Pa.s；含砂率：<2%；胶体率：>98%

表5-19 灌注桩施工允许误差

序号	成孔方法		桩径偏差（mm）	垂直度允许偏差（%）	桩位允许偏差（mm）	
					单桩或垂直轴线方向	沿轴线方向
1	泥浆护壁冲（钻）孔桩	d≤1000	0.1 d ≤ -50	1	d/6 且不大于100	d/4 且不大于150
		d>1000	-50	1	100+0.01 H	150+0.01 H
2	振动冲击沉管成孔	d≤500	-20	1	70	150
		d>500	-20	1	100	150
3	螺旋钻、机动洛阳铲干作业成孔灌注桩		-20	1	70	150
4	人工挖孔桩	现浇混凝土护壁	±50	0.5	50	150
		长钢套管护壁	±20	1	100	200

注：桩允许偏差负值是指个别断面；H 为施工现场地面高程与桩顶设计高程之差，d 为桩径。

桩径检测可用专用球形孔径仪、伞形孔径仪和超声波孔壁测定仪等测定；孔深用专用测绳测定，钻深可由核定钻杆和钻头长度来测定；孔底沉淀厚度可用CZ-IIB型沉渣测定仪测定；桩位允许偏差可用经纬仪、钢尺和定位圆环测定；垂直度偏差可用定位圆环、测锤和测斜测定。

钢筋笼的制作允许偏差见表5-20。

表 5-20 灌注桩钢筋笼制作允许偏差

项次	项目	允许偏差（mm）
1	主筋间距	±10
2	箍筋间距或螺旋筋螺距	±20
3	钢筋笼直径	±10
4	钢筋笼长度	±50

钢筋笼吊放入孔径位容许偏差为：钢筋笼定位高程 ±50 mm；钢筋笼中心与桩中心 ±10 mm。钢筋笼主筋保护层允许偏差：水下灌注混凝土 ±20 mm；非水下灌注混凝土 ±10 mm。钢筋笼主筋的焊接接头、接头间距、焊接长度或其他接长方法，均应符合钢筋混凝土结构的相关规定。

（3）施工质量控制要点。

孔位：在现场地面设十字形控制网、基准点，随时复测、校核。

成孔：成孔设备就位后，必须平正、稳固，确保在施工中不发生倾斜、移动和松动。要求现场施工和管理人员充分了解、熟悉成孔工艺、施工方法，有事故预防措施和事故处理方案，同时，规范施工现场管理。

钢筋笼制作：采用卡板成型法或支架成型法。加强箍筋，直径当加大或适当加密，加强筋与主筋定位后，在接点处点焊固定；对直径较大的桩（2 m 以上），加强筋可考虑用角钢或扁钢，以增大钢筋笼的刚度，或在钢筋笼内设临时支撑梁。在钢筋笼主筋外侧设钢筋定位器，以控制主筋的保护层厚和钢筋笼的中心偏差。钢筋笼沉放时，要对准孔位，扶稳，缓慢放入孔中，避免碰撞孔壁；到位后，立即固定。

混凝土灌注：混凝土的配合比严格按混凝土施工规范进行，严格控制其坍落度。一般采用直长导管法（孔内水下灌注）或串筒法（孔内无水灌注）连续灌注，成孔质量合格后尽快灌注。灌注充盈系数，一般土质控制在 1.1，软土控制在 1.2～1.3。直径大于 1 m 的桩应每根桩留有 1 组试件，且每个台班不得少于 1 组试件。灌注时适当超过桩顶设计高程。当桩的尺寸较大而又是人工成孔时，可考虑采用人工入孔振捣混凝土，以提高桩的浇筑质量。

检测：桩施工后，为检查桩的质量，应进行必要的检测。对桩径桩混凝土质量可采用超声检测、振动检测、钻孔取芯检测、电动激振器检测、水电效应检测等。在有条件的情况下或大型滑坡工程，应考虑进行试桩检测。

试桩可分鉴定性试桩和破坏性试桩。鉴定性试桩的荷载为设计荷载的 1.2～1.5 倍，可在一般的桩上进行。破坏性试桩的荷载可分级加荷，直到桩破坏，应在专供试验用的桩上进行。

第6章 公路边坡植被恢复原理与公路边坡防护工程案例

坡面植被恢复是边坡生态恢复的核心，也是实现植物护坡的必要条件。坡面植恢复的过程本质上是人工干预与自然演替共同作用的过程，即以先锋植物为先导，随着坡面生境条件的改善及当地乡土植物的侵入，坡面植物群落逐渐形成并不断发生演替，最终使人工植物群落过渡为稳定的、近自然的植物群落，从而促进边坡生态功能的恢复以及系统生产力和自我维持能力的提高。

6.1 植被恢复原理及要求

植被恢复是重建生物生态群落的第一步，也是各类边坡生态恢复的核心内容，其中必须要把握的关键内容就是有效调整以及控制生态因子，引入一定的能量以及物质来提高边坡生态系统的恢复速度，促进其自我修复和完善。营建坡面植物群落是坡面植被恢复工程的重点，在具体的实施过程当中需要引入物质能量的生产者以及提供者，通过发挥植物光合作用的方式，让原本遭受到巨大破坏的生态系统得到丰富物质以及能量的支持，构建起强大的重建根基和基础，对食物链进行丰富和完售、使土壤质地迅速改善，坡面生物多样性增加，从而有利于坡面植被有序恢复，逐步实现边坡生态系统的恢复和动态稳定。

6.1.1 坡面植被恢复过程

群落演替理论是指导受损边坡植被恢复的核心。在自然生态系统当中，植物群落在受到损害之后，可以借助自然恢复能力来达到原有的水平，也就是我们常说的植物的演替，通过这样的过程可以让原本受损严重的植物群落快速恢复到原有的状态。整个过程有以下几个方面特点。

（1）植物群落地力要求从低到高；

（2）土壤厚度增加；

（3）植物群落高度从低到高；

（4）植物种类的寿命从短到长；

（5）先锋植物在其中发挥关键作用。

退化植物群落自然恢复的实质是群落进展演替，借助"空间代替时间"手段，构建退化群落自然恢复演替，其自然恢复顺序为：草本群落—草灌群落—灌丛群落—灌乔过渡—乔木树林—顶极群落。对裸露岩质坡面来说，这种自然演替过程漫长而艰难。为了缩短坡面植被自然演替的时间，加快坡面植被恢复的进程，可通过人工干预措施，将岩石创面旱生原生演替4个阶段缩短为2个阶段：先对坡面进行土壤重建，继而进行草被建植，使演替直接从草本植物（也可与灌木植物结合）群落开始；随着草本植物发育以及灌木的出现，坡面的土壤、生物环境逐渐改善，从而为后续阶段创造条件。因不需要经过地衣阶段和苔藓植物阶段的矿化成土过程。故可使演替进程大为缩短，使植被恢复时间加快。边坡植被恢复所需的生物环境即为在裸露岩质边坡上营建演替过程中的中间群落，在植被恢复工程实施中，将生态学相关原理与边坡立地条件及不同环境特性相结合，可有效促进坡面植物群落的演替。

群落的演替还因其发展方向不同分为进展演替与逆行演替。发生于裸露地面或撂荒地面的群落，经过一系列的发展变化，若其总体趋势逐渐符合当地主要生态环境条件（如气候和土壤等）的方向发展，该演替过程即为进展演替。在经过这样的进展演替之后，该群落的生物种类会逐步增多，结构越来越复杂和趋于稳定，可以有效地对环境资源进行利用。群落由于受到干扰破坏而驱使演替过程倒退，即为逆行演替，该现象也是常见的。例如，强度放牧下的草原，因适口性强的牧草迅速减少或消失，代之以品质低劣或有毒和有刺的植物得以蔓延，草群总覆盖度下降，甚至出现裸露地面。草原发生的这种退化现象即为逆行演替。公路建设如果对路域生态系统的干扰强度太大，就有可能产生逆行演替，从而使得生态系统的结构和功能发生改变，生态稳定性下降，生态系统退化。

6.1.2 坡面植被恢复实施原理

坡面植被恢复原理起源于生态学理论，当实施植被恢复时，通常通过表土利用或客土回填方式进行土壤重建，并结合先进的机械喷播技术进行人工建植，特别在物种配置上采用灌木和草本植物的混播方式，以加强坡面植被的演替。

前述的坡面植被恢复过程已清楚地体现出植被恢复的实施原理，即依托坡面工程构筑物和（或）应用建植材料，在坡面覆盖土壤层或植生基质，并保持其稳定，为植物提供适宜的生态环境；采用草本、灌木植物组合配置方式，使外来草本植物（先锋植物）在短期内先形成坡面草被覆盖，发挥其减轻坡面土壤侵蚀的作用，并为后续灌木植物生长创造条件；其后适应性、抗逆性强的乡土灌木植物逐渐生长，覆盖度不断增

第一部分 公路滑坡边坡处置技术

大,历经先锋植物群落向目标植物群落(以乡土物种为主)自然演替的过程,此间植物的护坡效应开始显现,坡面的稳定性亦随之不断提高;随着坡面生态环境条件的逐步改善,当地的其他乡土植物(草、灌、乔)的种子经重力、风力和动物等媒介传播而成功入侵、定居,使近自然的坡面植物群落逐渐形成并不断完善,从而实现在较短的时期内完成人工群落到自然群落的过渡,让边坡生态系统真正地被重建起来,原有系统的功能以及作用得到有效的发挥。坡面植被恢复实施过程及原理(如图6-1)。

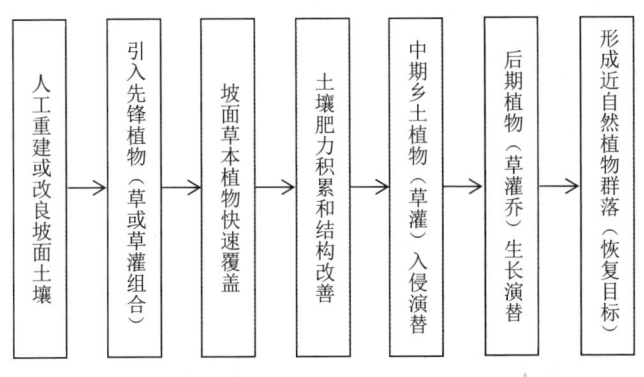

图 6-1 坡面植被恢复的过程及原理示意图

由上可知,在坡面植被恢复工程中,先锋植物的选择尤为重要,因为它关系到初期有效保持和改良坡面土壤条件,并对加速演替过程不可或缺、贡献重大,故既要考虑其对土壤条件的适应性,也要发挥其对土壤的改良作用。在边坡植被恢复工程设计和实施中,通常要选择根系发达、抗逆性强、改土效果好且生长迅速的草本植物作为先锋植物。土壤结构以及土壤的肥力对边坡植物的恢复以及正常的生存生长有着巨大的影响。因此,必须要改善土壤结构,提升土壤的肥力水平。需要特别注意的是,对豆科植物进行搭配种植时,要利用其固氮作用,使灌木能有更充分的氮素养分供应，生长良好，以有效改良土壤。同时，因有较多的凋落物归入土壤，它们可以保持和提高土壤肥力，再加上雨水的入渗，使得边坡立地条件得到了更好改善。

6.1.3 坡面植被的特征及恢复目标

"坡面植被"虽尚无专门的定义，但可以认为其是覆盖于边坡表面上具有一定密度的许多植物的总和，因而植物群落是坡面植被的组成单位。根据植被生态学理论，植物群落是在自然情况下或人工种植情况下一定地段上的植物组合，它具有均匀的种类组成和垒结。任何地段上只要有植物（包括高等的和低等的植物），并且存在着植物之间、植物与环境之间的相互作用都可认为是植物群落，而不论其是天然的还是人工的、稳定的还是不稳定的。

从植被恢复过程来看，我们可以认为，坡面植被的基本形态是一种"人工植物群落"。与自然植物群落相比，这种人工植物群落除具有自然植物群落的基本特征，也有自身突出的特征，主要表现在人为干预性、植被先锋性、群落稳定性、生态健康性4个方面。

6.1.3.1 人为干预性

自然界中的裸地在产生演替进化的植被群落之前，往往需要经过长时间的地质和生物作用，坡面植被恢复工程则通过人为干预措施使这一过程缩短，尽快重建坡面植物群落。因此，在坡面植被恢复的规划、设计、建植以及建成后的养护管理阶段中，人工干预都发挥着重要的作用。

6.1.3.2 植被先锋性

坡面植被恢复过程中植物的生长受多种因素制约，其中首要的限制因素是缺乏固着条件以及营养供给。因此，在坡面植被建植初始阶段，要选择生长速度快、有较强抗逆性和较高覆盖率的先锋物种，如黑麦草、狗牙根、刺槐等，发挥它们覆盖坡面后涵养水土、减轻侵蚀的作用，为后续灌木植物生长营造适宜的生态条件。

6.1.3.3　群落稳定性

从生态学理论角度来看，在一个完整的生态系统当中，生物群落的复杂性和生产力呈现正相关关系，生态系统的生产力越高其稳定性越强。坡面植物群落大多是在人为选择的调控下形成的，其群落结构较为简单。虽然在人工干预措施和高成本投入下可加速群落演替过程，但囿于边坡恶劣立地条件和特殊生态环境，植物群落很难在预期的时间内形成顶级群落，即便表面上看似相同，但因其结构和功能迥异，最终依然会被自然淘汰。

6.1.3.4　生态健康性

坡面植被的类型以及具体的分布对生物多样性水平起到决定性作用，同时影响着边坡生态系统对不良环境的抵抗能力。如果在边坡生态恢复中选用的植物种类属于外来入侵物种或者是对当地植物的生长发育有不良危害的植物种类，很可能会影响到生态安全。所以，要特别注意这一问题。

根据植被群落演替过程规律，坡面人工植物群落仅是演替进程中的初中期阶段目标，而坡面植被恢复的最终目标是形成近自然的植物群落。所谓的"近自然的植物群落"的含义主要是使当地乡土植物在群落中有明显体现，使群落演替接近自然发生，使群落与自然相协调。其特征至少有以下几个方面：

（1）在生长状态、形状、形态、种类、构成及植物的多样性等方面近似于自然，即植物的生物学、生态学特性近似于自然环境；

（2）在水文效应、改善环境能力、固土护坡等方面与天然植物群落具有相似的功能，即所具有的功能相似于自然植被；

（3）在群落形态、植物种类构成方面与周围的植物群落相近，即外貌上接近于自然景观。

在进行坡面植被建植设计时，植物群落的营建目标一般预设为形成与当地自然协同的、处于中期演替阶段的物种和层次（此即为目标植物群落）。必须强调的是，如果将植物配置径直按照顶极群落目标来设计是违背自然规律的，期望一蹴而就建造顶极群落的做法往往产生欲速不达的结果，现实中许多高投入但以失败结局的工程案例大都与此有关。恢复边坡应有的生态功能并不是一定要发展为顶级植物群落，因为顶级群落的形成与当地的自然环境有着密切的关系，其必须通过自身的恢复力和长期的竞争过程来逐步完成。也就是说，坡面植物群落营建的关键在于保证新恢复的植物群落能够自我完善、稳定存在，实现从前期人工建植的植物群落向最接近自然的植物群落的成功过渡。

6.1.4 坡面植被恢复的基本要求

近年来，坡面植被恢复已成为公路生态建设的重要工程。从前文可知，坡面植被恢复工程不只是坡面植物群落的营建，而是辅以有目标的人工干预改造；不是简单地实现植物群落的自然演替，而是旨在促进边坡生态系统的结构及功能的恢复。因此，在对坡面植被恢复工程进行设计时，除要充分考虑边坡区域的地形、地质、气候等自然环境因素外，还必须服从路域生态功能和边坡稳定要求，而后再做出适宜的植被恢复方案。具体而言，坡面植被恢复的基本要求包括以下几个方面：

6.1.4.1 稳定安全

边坡安全稳定是植被恢复的基础和首要原则，只有稳定的边坡，才能采取一系列植被恢复措施。因此，在实际工程设计中，需要根据对边坡现场勘查的结果，进行坡体的稳定性分析评价。对于稳定性欠缺的坡面，采取有效的工程防护设施进行稳定加固；对于坡体自身稳定的，要避免由于坡面植被恢复工程措施破坏其稳定性，结合边坡的立地条件，使植被防护措施与工程加固、防护措施有机结合，统筹优化边坡稳定性设计。

6.1.4.2 生态优先

公路边坡的形成破坏了原有生态系统的连续性和完整性，并导致系统功能性的改变。因此，坡面植被恢复应当坚持生态优先的原则，注重从系统受损功能的角度切入，着眼生态系统功能的恢复。在工程设计上，要保证生态系统结构的完整性，树立整体意识，强调系统的整体重建、恢复；对已造成的破坏采取最大可能的恢复措施，使边坡生态功能尽可能达到先前的水平；充分考虑维护并促进边坡生态系统的稳定性、持久性，使其处于不断自我更新、自我发展的良性动态过程。

6.1.4.3 自然和谐

坡面植被恢复要遵循路域地带性自然规律特点，植物群落营建要适于当地的自然环境，因地制宜、适地适种，优先利用当地乡土物种和地带性植物，以有利于坡面植物群落在短期内形成并加快演替进程，从而促进边坡生态功能恢复和生态系统良性发展。在工程设计上，需要最大化地减少人工干预，力求消除工程建设对自然生态系统的破坏以及干扰。将植物群落设计和地形条件进行统筹考虑，强化尊重以及保护自然的思想观念，使边坡植物景观能够和路域自然环境融为一体，达到边坡生态环境与路域生态环境整体上的相互协调、和谐一致。

6.1.4.4 景观改善

坡面植被恢复也包括对景观的再造和改善,不仅要考虑植被的高效率恢复,还应注重考虑植物的景观效果,通过生态功能的回归实现植物景观的优化。①尽量选择具有较高观赏价值且经济适宜的物种,增加边坡植物的外观美感;②考虑植物品种配置和种植形式,将乔木、灌木、草本、花植物合理配置,形成立体复合结构;③在考虑与周围自然环境协调一致的基础上,采用不同颜色植物种类的搭配,形成色彩、色带的韵律变化,实现既美化边坡景观,又增加行车愉悦性、舒适性的效果。

从上述设计要求可看出,坡面植被恢复与常规的边坡绿化的内容及功能有很大区别。坡面植被恢复最大的不同点在于:

(1)强调对土壤层进行重新构建和改良,并做到与植被恢复并举;

(2)深入分析土壤、水分、植物之间存在的依赖和制约关系,维护边坡生态系统的稳定性;

(3)以恢复生态学理论为指导,根据自然植物演替规律来设计群落结构;

(4)相较于景观功能更加强调生态功能。

公路边坡生态恢复的过程当中选用攀缘植物是一种常见的边坡复绿方式,但在路域生态改善、水土保持、生物多样性、降低污染程度等方面,该方式远比由乔木、灌木、草本植物等合理组成的植物群落的生态功能逊色,仅更多地体现为植物绿化造景功效,并不是本质意义上的植被恢复。

6.1.5 坡面植被恢复对植物配置的要求

以人工植被恢复为基础恢复或重建的边坡生态系统具有强烈的人工性,生物种群单一是这种生态系统的重要特征。生物多样性是生态系统的基础和前提所在。无论哪一种生物种群都不能够独立于其他的种群存在和发展。如果生物种群单一发展,就会对生态系统的稳定性和生产力的提高带来不利影响。在实施坡面植被恢复过程中,为了保证人工生态系统的稳定和提高系统的效益,必须投入大量的能量和物质,而自然生态系统由于其较高的生物多样性,往往具有较强稳定性和较高生产力。因此,在坡面植被恢复工程设计上,必须充分考虑植物多样性。

在坡面植被的配置上应注重植物多样性,一般可以低矮木本植物为主,如灌木、亚乔木与草本植物结合。灌木植物是植被护坡的骨架,具有良好的固土、涵水、改善环境等作用,但坡面植被恢复若只用灌木植物,易造成群落结构单一,群落层次单调,难以充分发挥生态效益。若用亚乔木、灌木、草本植物营建坡面植物群落,组成层次、结构合理的人工植物群落,则有利于向近自然的植物群落过渡,加快促进边坡生态恢复,有效改善边坡生态效益和环境质量。另外,在植物配置时还应优先考虑根系发达、分生能力和抗性强以及能够在贫瘠土壤当中生存和生长的植物类型。因为植物的根系越发达,植物的固土能力也会越强,根扎得就越深,防止水土流失的能力就越大,抗逆性也能够得到有效增强。另外,强调植物必须要具备良好的分生能力,以有效扩大植被的覆盖率,大幅减少裸露土地的面积,使降水不会对土壤产生很大的侵蚀,起到保持水土的作用;植物高度以及生长速度需要进行有效把控,不然会降低护坡的效果,让维护以及管理的成本大幅提高;边坡土质大多贫瘠,土壤保水性能差,故应选择较耐瘠薄和耐干旱的植物,同时由于养护管理粗放,还要求植物抗逆性较强。

在坡面植被恢复工程设计时,对植物配置需重点把握以下要点:

(1)当地乡土植物在坡面植被恢复中的利用价值很高。

乡土植物的开发不仅可以满足坡面植被恢复对植物的各种需求（水土保持、固土护坡、景观营造等），还可以丰富路域的生物多样性，同时具有适宜性强、成本低、容易获取等特点，应将其视为坡面植被恢复的主体。

（2）人工草本植物群落是不稳定的。

在坡面上建植的人工草本植物群落，一般在第3年就会出现衰退，因而需在群落中配置寿命长的灌木植物，同时需采取改善土壤结构和增加肥料的措施，以形成稳定的坡面植物群落。

（3）固氮豆科植物作用重要。

在坡面植被自然演替过程中，固氮豆科植物在稳定灌木群落形成过程中起关键作用，故在坡面植被建植时，应采用豆科和禾本科植物种类混播组合的方式。

（4）坡面对植被生长影响最大的因素是其立地条件。

在路堤边坡或平地上较容易建立稳定的植物群落，而在路堑边坡特别是岩质路堑边坡上进行植被恢复难度较大。坡面植被的稳定性完全取决于植物本身对立地条件的适应性和种间竞争的过程及结局，在条件较好的路堤边坡或平地，种间竞争表现得更为充分，而在较差的路堑边坡，禾本科草种的适应性更为重要。

6.1.6 坡面植被恢复与绿化景观的区别

边坡景观与园林绿化景观不同之处在于：前者的目的是恢复生态并做好工程防护，同时注重融入周边自然景观，达到不突出人工造景的协调效果，而后者主要是突出观赏植物的视觉美感。坡面植被借助边坡生态系统本身的能量来进行养护以及更新，在植物物种选择方面更注重抗逆性，因此在进行坡面植物配置时往往要考虑与公路基础设施的匹配度，能够起到遮挡和指示作用。但这并非意味着人造边坡植被景观是千篇一律的。对于市区城镇、历史文化名胜区、旅游景点的边坡或立地条件较好的边坡，不妨适当突出观赏性的设计，如以节奏、韵律、起伏的动态变化手法，构建以视觉美学为特征的坡面植被景观。

6.2 植被恢复实现模式

6.2.1 坡面植被恢复的目的

坡面植被恢复是恢复受损边坡生态系统的前提和中心内容，因此坡面植被恢复目的是边坡生态恢复目的的具体体现，并与区域和路域的生态恢复或生态建设总体要求相契合。坡面植被恢复的目的主要有3点：①营建适于坡面立地条件的人工植物群落，并向稳定的、近自然的坡面植物群落过渡，进而实现边坡生态系统的恢复和良性循环，维护路域生态系统的协调和平衡；②利用植被的生物护坡作用，保持边坡表层的稳定性，避免坡面外力侵蚀、水土流失等现象，防止由其诱发的浅层、深层的不稳定，确保公路交通安全；③适应路域景观总体要求，兼顾坡面植物生态性与观赏性、景观性的协调，通过植物配置的美学设计和视觉效果，营造赏心悦目、安全惬意的行车环境。总体来看，在坡面上最终形成稳定的、近自然的植物群落并发挥其植被护坡作用，是坡面植被恢复工程最根本的目的。

6.2.2 坡面植被恢复的模式

坡面植被恢复模式是一个包括目标预期的物理、化学和生物特征的植被恢复框架。基于上述坡面植被恢复的目的和要求，依据边坡不同的立地条件，可将常见的坡面植被恢复工程分为以下4种模式。

6.2.2.1 自然恢复模式

适用于自然恢复模式的边坡应具备以下条件：边坡稳定性较好，对道路行车安全无影响；当地植被系统良好，具有当地乡土物种向坡面生态环境入侵的可能；坡面上的植物群落虽然受到一定程度的破坏，但土壤系统未受到扰动，不会产生严重的水土流失现象，同时土层较厚，具备周边植物入侵和物种发育生长的条件。该类型边坡由于生态环境和立地条件较好，可在没有任何人工措施的帮助下，仅依靠当地物种入侵、土壤种子库自然发育等方式，便能够恢复到原地貌状态。该类型的公路边坡现实中并不多见，一般会出现在坡度较缓、土质条件和植被生态系统较好的地区，且道路施工时还应采取适当的植被保护措施（如使用表土剥离后回填措施等）。虽然该类型坡面植被可进行自然恢复，但在边坡施工中也应尽量采取多种有效措施，防止人工干扰对坡面植物、土壤的破坏，最大限度地保护坡面原生植被。

6.2.2.2 人工辅助恢复模式

对于在公路修建过程中受到较为严重破坏的边坡，其上的植被群落受到较大程度的破坏，表层土壤也遭到较为严重的毁坏，且伴随边坡表层不稳定现象，这种情形适用于人工辅助恢复模式。恢复时，需要先采用有效的工程设施来提供固土条件，然后通过人工辅助措施，重建坡面土壤系统，即把改良后的客土、附近的耕作土或专门配置的种植土移到边坡上，并辅以防止雨水侵蚀、水土流失措施，以保持边坡表层稳定性。人工辅助恢复模式所适用的前提条件是边坡周边的植被系统较好，具有当地乡土物种入侵边坡生态环境的可能。随着表土中土壤种子库功能的发挥以及当地乡土物种的入侵，坡面植被会逐渐自然恢复，并最终形成与当地自然环境相融合的坡面植被系统。人工辅助恢复模式的重点是给边坡表层创造出一个稳定的土壤环境，促进边坡依靠自然力量恢复成当地自然植物群落，因而人工辅助恢复模式也属于自然恢复的范畴。

6.2.2.3 人工恢复模式

人工恢复模式适用于"裸露""新鲜"的边坡，即在道路修建过程中受到大面积切割、重创的边坡，其坡面土壤层分崩离析，坡面植物也消失殆尽，原有的土壤和植被系统完全丧失，且冲刷侵蚀、水土流失现象严重。恢复时，必须先选取适宜、有效的工程技术、生态技术和土壤再造工艺来重建人工土壤层，为满足植被恢复所需要的养分和质地等功能奠定基础。因坡面人工土壤层的稳定性通常较差，在外力侵蚀（风、雨等）下会产生滑移，所以还需要对坡面进行快速植被覆盖，利用植被的护坡效应保持坡面的稳定性。考虑到依靠当地乡土物种入侵的自然植被恢复过程太长，不满足坡面快速覆盖的要求，必须人为配置先锋植物品种，在重建人工土壤层的同时，协助其快速发育成长，完成初期的坡面植被恢复。通过对坡面土壤系统和植物群落的合理设计，加之可行、有效的坡面工程的实施，随着时间的推移，坡面土壤—植被系统处于不断自我更新和演替的状态，到了恢复的中后期，坡面植物由先锋植物逐渐演替为乡土植物，从而实现坡面植被恢复，并促使边坡生态系统趋向近自然、可持续的目标发展。人工恢复模式在边坡植被恢复工程中大量存在，且大都针对挖方路堑岩质边坡的植被恢复和生态防护，因其具有一定的普遍性、困难性，故长期以来一直是路域生态恢复研究的重点和热点问题。

6.2.2.4 景观营造模式

位于城市内部及郊区、风景名胜区、旅游道路沿线等区域内的公路边坡，为了适应当地经济社会可持续发展、生态文明建设等需求，不仅要进行基本的边坡植被恢复，还要满足与区域自然环境相协调的景观要求。因此，景观营造模式不仅要求边坡植被恢复工程发挥护坡、改善生态环境的作用，还应具备满足景观特殊要求的功能，即在植物群落设计中要更多地考虑绿期、花期、形态、层次等美学因素，并且通常要求能达到层次分明、色相丰富、四季常绿、三季有花的观赏效果。在以植被恢复为目标的工程设计上，景观营造模式通常不单独采用，往往与上述3种坡面植被恢复模式统筹、协调，采取经济合理、有效可行的设计方案和工程措施，以兼顾生态效应和景观效应。

6.3 植被恢复生态分析

6.3.1 土壤改良效果

土壤作为植物生产的基础，其本质是肥力。土壤肥力是土壤学的基础概念，它是指土壤代谢功能、调节功能的强弱和在一定自然条件下土壤同内部水、养、气、热的周期性动态和稳、均、足、适程度。还有学者认为土壤肥力是土壤为植物生产供应和协调营养条件、环境条件的能力，水分和养分是营养因素，温度和空气是环境因素。土壤肥力高低不仅受土壤养分、植物的吸收能力和植物生长的环境条件各因子的独立作用，更取决于各个因子的协调程度。

目前，有关土壤改良效果的研究主要集中在农业、林业、草地、矿区生态恢复等方面。对路域土壤的研究主要集中在道路建设对土壤的影响、路域土壤重金属污染特征、道路土壤侵蚀等方面，而对路域植被恢复后路域土壤动态变化特征及其土壤改良效应的研究相对较少，其中受损生态系统土壤修复过程中的改良效果是恢复生态学中的研究热点。评价有关人工恢复的植被生态系统时，其恢复程度可用土壤肥力来表征。土壤理化性质是评价土壤肥力水平的重要指标。

土壤中氮是生物作用的结果，通过生物（主要是坡面豆科植物）固氮作用进入有机体，然后通过植物的枯落物进入土壤，以有机形态储存起来，成植物生长的必要元素之一，并对土壤肥力产生深刻的影响。在认识土壤方面，通常把土壤肥力与土壤养分等同起来，认为土壤养分可以反映土壤肥力的高低。拜得珍等研究了不同土壤利用方式对退化生态系统中土壤的影响情况，认为有机质是反映土壤质量的一个重要属性指标，其含量与枯落物的数量和分解速度有关。薛立等从土壤的物理性质、养分含量、微生物数量和酶活性等方面对土壤肥力进行了评价，这些指标是建立科学的土壤肥力综合评价的前提和基础。因而，在评价土壤肥力时，多选择单一的土壤养分氮、磷、钾、有机质等指标进行评价，特别是一些土壤培肥的研究中把土壤的肥力完全等同于土壤养分。

6.3.2 土壤侵蚀防治

6.3.2.1 公路边坡侵蚀的主要类型和危害

（1）风蚀。

公路路基边坡风蚀是沙区公路沙害最为普遍的形式，沙区的一个重要特征是气候干旱、风大沙多，而公路路基主要由当地的风沙土填筑而成，路基结构松散、固结性差，缺少植被防护受到风作用很易被风生路基、边坡、路肩的风蚀，或因过境风沙流的冲击、磨蚀，导致路肩或路面底层被掏空而塌陷。以沙埋路面为例，当公路穿越密集的流动沙丘群时，易造成沙丘整体前移上路，妨碍交通，尤其是沙丘群低矮，主风向单一且与路基垂直时，沙丘移动迅速，造成大量沙子堆积，路面形成堆状积沙。还有一种就是坡面风化剥落，在雨水、日照及风的外营力作用下产生严重风化，坡面组成物质会发生脱落等，这种现象常常发生在泥岩、砂岩、红层岩坡或土质边坡。

(2)水蚀。

边坡植被遭到扰动或破坏，极易造成大面积土壤侵蚀，甚至诱发滑坡、泥石流等严重灾害。公路边坡水力侵蚀的类型主要包括溅蚀、沙砾化面蚀、细沟状坡面蚀、浅沟状侵蚀、塌陷、滑坡等。边坡水土流失会导致坡面的不稳定和路基塌陷，难以确保公路安全使用。

(3)冻融侵蚀。

道路边坡在寒冷地区，当温度在冰点附近上下波动时，会导致一些种植基材发生松软，甚至在坡面出现表层脱离、冻裂等现象。此外，在一些高寒地区，寒冻石流、冰湖径流侵蚀的冲刷，使道路边坡局部翻浆、堵塞交通、冲毁桥涵等，也会造成植被破坏，加速水土流失。

6.3.2.2　公路边坡侵蚀防治研究

公路建设造成坡面表土无植被覆盖，可选用地表的稻草进行覆盖，它是初期稳定坡面、防治坡面土壤侵蚀、加速植被恢复的最有效措施之一。在各类公路水土保持措施中，植被被认为具有长期防护效应，草本植物对减少林地土壤侵蚀量作用显著，但是对径流无明显影响，其主要依赖于初期的快速生长和后期的稳定覆盖。还有学者认为，利用坡面建成的植被群落草带可以防治侵蚀，具有截拦泥沙的显著效果。当植被覆盖度超过50%时，道路土壤侵蚀量明显减少，90 cm宽的草带可以减少道路56%的侵蚀。研究表明坡面植被种植一年后，边坡减少60%以上的侵蚀量，第二年减少90%的侵蚀量。然而，在人为干扰的公路建设过程中，植被因子的作用也会受到一定的影响，单纯的植被绿化已经不能对路域进行有效防护。

我国较早修建的高速公路大部分边坡基本没有进行植被防护，有的边坡通过自然恢复形成植被，有的地方则是黄土顽石裸露，即便进行了防护，也仅是采用传统的浆砌片石护坡、拱形水骨架等属于劳动密集型的边坡防护方式。少量的绿化设计往往只是局部贴草皮，而没有对整个边坡实行恢复植被的考虑。目前，我国运用较多的边坡防护方式主要分为生物防护、圬工防护（主要是指浆砌石护坡、块石护坡、六角空心砖护坡、菱形网格护坡、抹面等）及综合防护（生物措施和工程措施相结合）三大类。20世纪60年代以来，国内开始广泛利用坡面生态工程，即利用植物进行公路边坡防护和侵蚀控制，在各项水土保持措施中，植被建设被认为是具有长远性和优良生态效益的措施。

张季如等通过对边坡防护种植基的微观结构研究，认为配制合理的种植基，既可以促进植物生长发育，又可以作为边坡防护材料，具有较好的防护效果。高民欢等通过对6种不同坡度、土类和植物配置的高速公路边坡的模拟试验，设计了不同暴雨强度和径流冲刷情况，结果表明采取工程措施和生物措施相结合的配置，边坡防护效果最好。郑世清等对黄土高原不同区域山坡道路建设产生的水土流失效果进行研究，分析了6种禾本科植物的水保功能，结合水土流失的特点提出公路防治体系。曹世雄等研究了土质道路路面种植草后可以承受适度的通行能力，防治水土流失的效果主要体现在路面种草后径流量减少46.15%～69.3%，土壤侵蚀量减少54.53%～77.8%，在陕北冰草和无芒雀麦的水土保持效果表现最好。不同播种方式对比研究表明，条播比散播的减流效益高11.25%～19.26%，减沙效益高8.55%～14.45%，所以建议在推广时应以条播方式为好。李绍才等通过试验证明岩石边坡喷播植草护坡工程具有较好的抗侵蚀效应。朱颂茜等研究了公路建设弃土场、弃渣场在采取不同措施（挡栏）后水土流失模数的差异，分析了不同工程防护措施之间的防护效果。

6.3.2.3 边坡植被建植防治侵蚀的机理

（1）工程措施与土壤侵蚀。

如果植被护坡工程中采用三维植被网，能使表土覆盖度增加，并增加根系地带的纤维密度，使5～10cm深的坡面抗张和抗剪强度增加，提供更强的机械稳定作用；三维网的网筋连接在一起，形成一个板块结构（相当于给表层土加筋），从而起到增加防护层的抗张强度和抗剪切强度的作用，限制坡面浅层滑动和降起的发生。陈析的研究表明挂网植草控制水土流失效果非常明显，三维网生态防护措施可以使土壤流失总量减少，在坡度较小时，其固土阻滞率高达97.5%；当坡度为45°时，三维植被网仍可阻滞60%的土壤；客土喷播技术的植被防护效果也非常明显。在各类工程措施中挂铁丝网、三维网可以对坡面起到加筋锚固的作用。常见的工程措施还有框架工程措施、栅栏、土工格等，这些工程措施都对坡面土壤侵蚀起着一定的防治作用。

（2）植物建植与土壤侵蚀。

植被具有茂盛的茎叶和根系，它们分布在地表和地下一定深度，对维护坡面土壤稳定性具有重要意义。其突出作用是对降雨的截留作用，能够减小到达坡面的雨滴的能量，降低雨滴的溅侵蚀能力，同时能够减少表面径流、侵蚀数量。此外，植物根系通过与土体的相互作用提高了土体的抗剪和抗张能力。

研究认为，植被覆盖度小于15%时，降小雨15分钟也会产生边坡冲刷；当植被覆盖度达到85%以上，坡面侵蚀很小。昆玉、玉元高速路人工植草技术相关研究表明，在相同的降水条件下，植草坡面比裸露坡面的冲刷量少75%～85%。喷播植草技术在深圳的一个实验表明：与相同条件下裸地相比，植被建植后年径流量可减少65%，年土壤侵蚀量可减少93.9%以上，具有良好的防止土壤侵蚀的作用。

6.3.3 景观美化

公路景观是指人们驾车行驶在公路上以及从公路以外区域所看到的公路及其构造物和周围环境的景象，其中公路线形、沿线边坡和植被等为公路线性主要景观。我国高速公路近20年发展迅速，公路路域景观生态恢复也颇受重视。公路路域植被护坡工程不仅可以美化景观、净化环境，而且是交通安全的重要保障之一。

植被景观评价是指对植被自身特点、观赏性、植被配置、植被与环境的协调等进行评价，其中植被观赏价值更为突出。道路植被景观既让过路人感到愉快，在视觉上得到满足，又能保障行驶车辆安全。对公路路域植被的景观改善进行评价的内容主要由路域植被景观自身构成特点、使用者的感觉及行车安全效果等组成。评价驾驶员和乘客等公路使用者所受到的道路植被景观的影响主要包括中分带植被的防眩效果、路肩植株引导视线效果等方面。

6.4 植被恢复的难点问题

从生态学理论可知，只要边坡不是极端恶劣的立地条件，坡面植被可以不经人工干预而自然恢复，但这个过程往往非常缓慢，且结果会出现物种单一、群落极不稳定的现象。初步试验结果表明，人工裸露边坡上的植被自然恢复过程需要长达几十年甚至百年以上。自20世纪后期至今，尽管陆续出现了客土喷播、厚层基质和植被混凝土等新型植生材料或现代植被恢复技术，并在应用中取了一定的效果，但目前依然存在许多制约坡面植被恢复的瓶颈。

6.4.1 坡面土壤重建

土壤是植物赖以生存的基础条件，但在人工扰动下边坡土壤发生了质的改变，有的是机械挖掘后暴露出来的原生土壤的母质（风化壳、基岩、心土），有的是填埋碾压所形成的回填土，还有的是由异地移入的客土、渣土，它们均不同程度地存在以下共性问题。

6.4.1.1 结构不良

未遭人工扰动的自然表层土壤给植物生长提供了充足的水、空气及养分，这种表层土壤具有优良的团粒结构，该结构是通过光、水、风、生物的长期共同作用慢慢形成的，每一百年仅能形成不到 1 cm 厚的表层土壤（因而可称其为不可再生资源）。具有团粒结构的土壤其透气性、渗水性和保水性、保肥性都很好，既有利于植物种子的发芽，也有利于植物根系的生长。然而，坡面原始土壤遭受破坏后，其结构会发生根本性的变化，土体变得紧实密致，导致土壤的容重增加、孔隙度降低，因而不满足植被生长所需的天然条件，难以在坡面上直接进行植被建植。若使坡面在短期内完全恢复到自然表层土壤的状态是不可能的，唯一的途径只能是通过人工措施进行土壤重建，从而营建适宜坡面植被生长的基础环境。

6.4.1.2 水分不足

土壤水分是植物生长、植被恢复以及土壤侵蚀过程的重要影响因素，是反映土壤特性的重要指标。而边坡土壤水分条件不稳定，表现为不同坡度、坡向、坡形水分条件分布不同，制约了植物的生长。初步监测结果表明：边坡土壤水分随坡度的增大呈现先增大再减小的变化趋势；在同一坡面不同坡位上的土壤含水量表现为坡下>坡中>坡上；同一坡地不同坡面的土壤含水量表现为北向坡>南向坡。另有调查发现，北向坡植物覆盖率普遍要高于南向坡，北向坡水分持有量明显大于南向坡，这主要是因为北向坡相对南向坡所接受的太阳辐射量较少，故其水分条件较好，有利于植物生长，而植物覆盖率高的坡面，侵蚀强度较弱，从而又保涵了土壤的水分。由此可知，在北方半干旱地区进行坡面植被恢复时，对土壤水分这一因素加以充分考虑显得尤其重要。

6.4.1.3 养分匮乏

边坡的表土被人为移除后，对土壤肥力危害严重，土壤中的有机质和土壤养分含量急剧下降，导致坡面土壤养分极度贫瘠，所剩余的土壤或母质均缺少 N、P、K 元素和有机质。此外，边坡由于水土流失、风蚀和太阳辐射等原因，还产生土壤养分的不均匀分布。相关研究和调查发现，由于土壤侵蚀等影响，N 和 P 元素的有效性从坡顶到坡底增加，且 N 元素在植物的地上部分与地下部分的含量相差明显；由于从上坡位到下坡位，土壤逐渐由侵蚀过渡为堆积，故下坡位的有机质层较厚，土壤有机物含量也高于上坡位，同时下坡位土壤养分也明显富集。因此，坡面土壤养分缺失及不均衡是坡面植被恢复的制约因素，必须采取有效措施加以克服。

6.4.2 坡面植物配置

从生态学理论可知，因不同物种对环境生态因子（水、光、营养等）的适应性不同，群落可以保持较多的物种。具有相似要求的物种之间，在所需的环境资源或能量不足的情况下，或因某种必需的环境因子受限制，或因空间不足而发生竞争关系。竞争的结果是一个物种直接或间接地抑制、阻碍了另一个物种的正常生长和发育，植物物种之间的竞争作用是影响植物生长、形态和存活的主要因素之一。由于边坡立地条件、植物种类以及土壤条件的时空变化，使坡面植被恢复的效果缺乏可测性和可控性，因此在实施坡面植被生态恢复工程时必须高度重视坡面植物配置，正确运用生态学中的生态因子、生态位、生态适应性和群落演替等理论，紧密结合当地自然生态系统状况，缜密设计坡面植物群落结构，否则可能会出现前功尽弃、无果而终的结局。草本、灌木植物混合配置方式是坡面植被恢复工程中最为常见的群落营建模式，但要达到理想的群落结构也并非轻而易举。目前，主要问题有以下几方面。

（1）灌木植物一般生长缓慢，而草本植物在初期生长旺盛，导致二者种间竞争激烈，灌木植物生长受到很大的抑制，往往处于竞争的劣势，生长情况与预期大相径庭，直至被逐渐淘汰出群落，而草本植物也会在几年内发生退化而衰败，最终坡面建植彻底失败。

（2）植物品种单一或偏少，忽视了植物的异质性、地域适应性和多种植物的共生性，物种间缺少空间和时间上必要的补充和间隔。植物群落抗病能力差，一旦发生病虫害，就会迅速蔓延。

（3）尽管植被配置充分考虑了物种多样性，预期植物群落的稳定性应会增加，但结果往往仅有部分种子发芽、部分灌木成活。其原因在于植物群落在与当地自然环境相适应过程中产生的优胜劣汰、适者生存现象，竞争力强的物种将竞争力弱的物种淘汰。

总之，一个相对稳定的植物群落的建立需要经过定居、竞争和相对平衡3个阶段。坡面植被配置应以生态学理论为指导，根据植物的适应性和生物多样性原理，选择草木、灌木、乔木植物的合理搭配，以提高资源利用率和群落稳定性。为此，在进行坡面植物选择和搭配组合时，必须重视研究、解决以下问题：

（1）根据立地条件和恢复目标选择适宜坡面生长的物种；

（2）根据地带性植被优势群落合理配比物种；

(3) 确定植物配置与最终形成的植物群落之间的动态关系；

(4) 保障植被后期养护管理的经济性以及良好的稳定性、生态性。

以上问题与坡面植被恢复工程成功与否直接相关，若其中任何一个问题得不到有效解决，坡面植物就可能难以从人工建植阶段顺利过渡到稳定的、近自然的植物群落，从而使坡面植被恢复工程功亏一篑。

6.4.3 坡面结构稳定

坡面结构的稳定性是植被建植与生长的关键因素，坡面结构不稳定主要表现在土壤侵蚀引起的坡面水土流失。坡面径流是水土流失的主导因子，其大小及流速能反映边坡水土流失的严重性。研究表明，降雨量与坡面径流有一定关系，从年降雨量来说，若年降雨量大，且在空间分布上比较均匀，就不会形成强劲的坡面径流，反之则异。通过调查得知，降水量的多少对坡面土体滑移有明显的影响。径流的冲刷能力取决于它的动能和势能，径流的能量是径流质量和流速的函数，而流失的大小主要取决于径流深与坡度，因此坡度直接影响径流的冲刷能力。坡度与径流冲刷能力的关系为，在一定范围内，坡度越大，冲刷能力越强，侵蚀量也越大，水土流失越严重，但存在一个临界坡度，当坡度超过某一临界坡度，侵蚀量随坡度的增加而减小。此外，研究还表明，坡长对坡面稳定性也有一定的影响，坡长越长，侵蚀量越大，坡面就越不稳定，重力侵蚀增加，水土流失严重。水土流失对坡面植被恢复的直接危害是造成土壤及养分的流失，使坡面土壤变得贫瘠，立地条件变得恶劣，植物的建植和生长均异常困难。因而，必须对坡面结构的不稳定问题采取相应的治理措施，从根本上解决坡面水土流失这一危害。

6.4.4 岩质坡面固土植生

岩质边坡是路域极端的受损生态系统的典型区域，且最为普遍和常见，多由路堑开挖而成。因其表土层分崩离析、坡面植物消失殆尽，在不施加人工干预手段的前提下，坡面上发生的演替为原生演替。若在水平或低坡度的岩石表面上，这种自然原生演替过程也要历经长久的时期，且不能遭受外界的干扰；若在岩质边坡上，因为自然风化产生的土壤更不易在坡面留存，这种原生演替的过程就更加漫长。目前，虽然也有针对岩质坡面的植被恢复技术，但其适应性、成熟性和经济性有待进一步提高和优化。鉴于此，基于岩质边坡恶劣立地条件的植被恢复技术一直是国内外众多领域研究的重点和热点课题。在岩质坡面上进行植被恢复的困难在于以下几点。

（1）缺土少肥无水：公路岩质边坡由于新开挖而形成裸露岩面，未经过成土过程，因而不具备植物生长所必需的土壤环境，无法直接进行种子撒播或植生种植，即使采用目前常用的液力喷播技术，其成土固土效果也不理想，原因是喷浆与岩体坡面之间的黏结力很小，很难在坡面上附着。另外，岩体几乎不含肥分和有机质，植被根系很难从边坡岩层中吸收足够的水分及养分供其生长发育。对于已实施植被恢复的岩质边坡，因受坡面基质稳定及保水、保肥条件的限制，往往恢复效果不甚理想。

（2）坡体高而陡：公路岩质边坡一般的设计坡度都在1∶0.75以上，有的甚至达到1∶0.3，这使得坡面雨水径流速度大，在降雨时形成较强的冲刷侵蚀；坡面自然风化的土壤母质及随风而来的土壤颗粒在坡面很难留存，受水力和重力作用堆积于坡底，加之降雨不能滞留在坡面上，致使植物难以生存。此外，由于边坡上有截水沟，坡面风速大，使坡面上水分储存能力差。对于已实施植被恢复的岩质边坡，常常因坡面陡峭及剧烈冲刷侵蚀易发生坡面基质、植被的滑移，造成坡面构筑物的架空或破坏，使坡面植物流失或成活困难。

（3）自然生态条件恶劣：岩质边坡无土壤层覆盖且水分匮乏，即使有风运或动物搬运的植物种子嵌入岩石缝隙中，植物种子也会因夏季日光暴晒而温度过高，导致难以发芽和生存。此外，干旱也对岩质边坡上已恢复植被存在威胁。随着季节变化，夏季炎热，秋冬季干旱，坡面基质养分逐渐流失，肥力不断降低，致使坡面植物枯萎、衰落。

6.5　某高速公路边坡防护工程分析

6.5.1　工程简况

某高速公路某段是 GZ40 国道主干线。该项目的建设有利于加速陕南社会经济的发展，促进陕南丰富资源的开发利用，改变山区人民贫困面貌以及发展旅游事业均有重要作用。

6.5.1.1　气候

某高速公路翻越的秦岭山系横亘于我国中部，是我国南北自然环境的天然分界，是暖温带半湿润季风气候与亚热带湿润季风气候的分界线，是黄河水系与长江水系的分水岭。秦岭独特的地理位置和中低山地形，阻塞揽湿、蓄热化雨、涵养水源、集聚了丰富的资源，保存了数以万计的珍稀物种，造就了奇特的景观，是我国中部重要的生态环境安全屏障。

表 6-1 某高速途经区域气象情况一览表

县（区）	降水（mm）		气温（℃）				年均日照时数（h）	干燥度指数	极端最大冻土深度（cm）
	多年平均	一日最大	多年平均	极端最高	极端最低	≥10℃活动积温			
南郑	998.5	123.2	14.2	36.6	−8.0	4451.7	1593.7	0.91	—
汉中	921.6	117.8	14.3	38.0	−10.1	4480.5	1724.8	0.96	5
勉县	876.3	133.7	14.1	37.9	−8.4	4422.0	1638.2	0.96	8

6.5.1.2 地质地貌

途经区域的地质构造极其复杂，可以划分为四个二级、五个三级构造单元，其间均以大断裂为界。公路沿线存在着断裂带、滑坡、泥石流、崩塌等不良地质现象，这些不良地质现象不仅对公路设计有重大影响，设计和施工中如果处理不当，更会造成严重水土流失和地质灾害。

秦岭山区沿线地层岩性由北向南大体可分为五个区段。

（1）秦岭北坡涝峪口—头道峡段：主要由下元古界宽坪群、秦岭群深变质岩组成。岩性主要有混合岩、片麻岩、片岩，夹有石英岩及大理岩条带，并有花岗岩、闪长岩、辉长岩体侵入，岩石经混合岩化作用，多呈致密块状，硬度较高，呈弱—强风化状，构造破碎强烈。

（2）秦岭主梁母子坪—新场街段：由泥盆系地层组成，岩性多为变质砂岩、粉砂板质岩、泥质板岩、千枚岩、石英岩等，并夹有泥灰岩、灰岩及大理岩条带，同时有石英闪长岩、花岗岩侵入体，岩石致密坚脆，强度较高，多呈弱—强风化。

（3）新场街—三河口段：主要由燕山期花岗岩、花岗闪长岩组成，岩石多呈块状结构，较为坚硬，局部受构造、风化作用影响，形成风化土体。

（4）三河口—大河坝段：主要由泥盆系、志留系地层组成，岩性多为变质砂岩、砂质板岩、石英片岩、千枚岩夹有大理石条带，并有花岗岩、伟晶岩脉贯入，风化程度为强—弱风化。

（5）土门关—槐树关段：主要由志留系、石炭系及古代变杂岩组成，岩性主要有石英片岩、碳质绢英片岩、变质硅岩、大理岩、辉石闪长岩、二长花岗岩等。受东西向断裂构造影响，岩石破碎强烈，风化程度高。

6.5.1.3 土壤

公路沿线的土壤类型具有明显的地带性。秦岭北坡属南暖温带半湿润—半干旱土壤垂直带谱：即淤土—潮土—水稻土—淋溶褐土—棕壤—暗棕壤—亚高山草甸土—原始土。秦岭南坡属北亚热带湿润土壤垂直带谱：淤土—潮土—水稻土—黄褐土—黄棕壤—棕壤—暗棕壤—亚高山草甸土—原始土。这些土壤类型及垂直带谱与植被的垂直带谱带和林地带则为棕壤和暗棕壤，高山顶则为草甸土和原始土。

公路沿线的淤土、潮土主要分布在河流两侧的河谷滩地上，土壤透水性和耕地性良好，但保肥保水能力差，肥力低；水稻土是由于种植水稻长期淹水而形成的一种特殊的农业土壤，主要分布于项目沿线皇冠乡以南的海拔 1000 m 以下的山间谷地，淋溶褐土分布在秦岭北坡（涝峪口—八里坪）海拔 600～1400 m 的浅山河山地缓坡地带；黄棕壤分布在秦岭南坡海拔 800～1300 m 的中山地区；棕壤分布在秦岭北坡 1400～2200 m 的高山地区，而在秦岭南坡分布于 1300 m 以上的亚高山地区（南、北坡分布高差 200 m 左右）。

主要土壤为青岗土、善土、淤土、沙土，其中农业土壤主要为水稻土。土质肥沃，有机质含量 1.83%～2.26%，pH 值 5.7～7.1，呈微酸性及中性。

6.5.1.4 植被

公路穿越的秦岭山区植被茂密，公路途经的宁陕县、佛坪县森林覆盖率都在80%以上，是陕西省保护较好的林区，而鄠邑区和洋县的森林覆盖率分别为42.7%和58.3%。经过沿线选取样方调查表明，沿线植被的次生性强。秦岭北坡浅山植被灌丛化，秦岭南坡的浅山区多开发为人工栎林（以板栗为主）。

公路沿线植被在水平地带分界线以南以亚热带常绿、落叶阔叶混交林为主，常绿木本植物的数量较多，种植大面积的油桐林；此线以北以温带落叶阔叶林为主，中、高山发育大面积针叶林，常绿木本植物的数量从南向北逐渐减少，栽培的亚热带经济植物仅仅分布在局部温暖河谷，如在五龙乡河谷村庄旁有小面积的人工竹林分布。

本区常见的草本植物有：小冠花、波斯菊、龙须草、博落回、白茅、柴胡、白羊草、芒蔓草、铁杆蒿、胡颓子、山樱桃、野珍珠梅、棣棠、卫矛、冻绿等；灌木有：石楠、火棘、酸刺、狼牙刺、荆条、盐肤木、黄护、忍冬、黄檀、胡枝子、马桑、山荆子、蔷薇、松花竹等；主要乔木有：刺槐、女贞、红叶李、落叶松、陕西冷杉林、太白冷杉、法氏冷杉、华山松、油松林、白皮松林、塔柏、陕甘云杉、辽东栎、尖齿栎、栓皮栎、麻栎、红桦、牛皮桦、白桦、山杨、青杨等。

农作物以水稻、小麦、油菜为主。

6.5.2 边坡生态防护系统设计

6.5.2.1 边坡形式确定

根据沿线地勘资料，依据《公路路基设计规范》（JTGD30-2004），通过稳定验算和工程类比法，确定的户洋高速段边坡有以下几种形式。

（1）路堤边坡。

填方路基边坡一般采用 1∶1.5。当路基边坡高度大于 12 m 时，每 10 m 设一级边坡平台，平台宽 2 m，上下边坡均为 1∶1.5；沿河路段，由于河道较狭窄，为减少填方边坡侵占河道，保证路基稳定，一般临河一侧设置了挡土墙。

（2）路堑边坡。

亚黏土挖方边坡：对于边坡高度小于 3 m 的浅挖方路段，采用 1∶1.0 的较缓边坡，以使路堑宽敞，改善行车环境；挖方边坡高度 3～10 m，采用 1∶0.5 较陡的边坡，减少挖方量，保护沿线茂密的植被不受过多的开挖破坏。

冲洪积漂卵石挖方边坡：对于边坡高度小于 10 m 的挖方路段，坡率 1∶0.75；边坡高度大于 10 m，采用台阶型边坡，分级高度 8～10 m，边坡平台宽 2.0 m。

松散坡积物挖方边坡：当边坡挖方高度小于 4 m 时，边坡坡率 1∶0.25，设浆砌片石上挡墙防护，以减少对山坡植被的破坏；当挖方边坡高度 4～20 m 时，采用台阶型边坡，边坡坡率 1∶0.75，边坡设一级平台，各级边坡高度为 8～10 m，平台宽 2.0 m。

易风化的片岩、千枚岩等软质岩石和中等风化、强风化花岗岩挖方边坡：挖方高度一般为 10～20 m，最大高度小于 40 m，采用阶梯形边坡，分级高度 10 m，边坡平台宽 2 m，坡率为 1∶0.750～1∶0.5。

未风化—弱风化的硬质岩石挖方边坡：挖方高度一般为 10～20 m，最大高度小于 34 m，根据其裂隙发育情况边坡坡率采用为 1∶0.50～1∶0.30，根据边坡高度设置 1～2 级平台，边坡平台宽 2 m，各级边坡高度一般为 10 m。

6.5.2.2 防护形式选择

（1）边坡的防护形式。

填土高度低于 2 m 的低填路段，采用种草护坡；填土高度大于 2 m 而小于 4 m 的路段，采用三维植被网护坡；填土高度大于 4 m 的采用拱形骨架植草护坡。

（2）边坡的防护形式。

边坡高度小于 3 m，采用 1∶1.0 坡率的土质浅挖路段，采用铺草皮护坡；挖方边坡高度 3～10 m，采用 1∶0.5 较陡的土质边坡，坡面采用浆砌片石护面墙防护（浆砌片石护面墙也可结合其他防护形式用于坡脚稳固，一般设置 2～3 m 高），减少挖方量，保护沿线茂密的植被不受过多的开挖破坏；松散坡积物挖方边坡，采用窗孔护面墙防护，窗孔内植草；易风化的片岩、千枚岩等软质岩石，中等风化、强风化花岗岩挖方边坡，采用锚杆框架梁（梁内镶六棱块植草）、窗孔护面墙防护；未风化—弱风化的硬质岩石挖方边坡，根据其裂隙发育情况，坡率陡于 1∶0.5 的坡面岩体完整，边坡稳定，采用液压喷播技术在天然岩面进行植被恢复，坡率为 1∶0.5 的坡面采用锚杆框架梁植草护坡。

采用的防护形式有种草护坡、三维植被网护坡、拱形骨架植草护坡、浆砌片石护面墙护坡、窗孔护面墙护坡以及锚杆框架梁植草护坡。

6.5.2.3 护坡植被选择与配置

草本植物：小冠花、早熟禾、高羊茅；灌木：沙棘、金银忍冬、枸橘、火棘、丛生木槿、紫薇、瓜子黄杨球、海桐球；乔木：常绿香樟、大叶女贞、红叶李、楸树；藤本植物：扶芳藤、三叶地锦（爬山虎）。

第一部分 公路滑坡边坡处置技术

（1）种草护坡。

种草护坡采用小冠花和高羊茅混种。小冠花为豆科小冠花，属多年生草本植物，根系粗壮，侧根发达，根系主要分布在 0～40 cm 土层中，主根和侧根上都可长出不定芽，可形成新植株和新的地下茎；本身抗寒、抗旱性强，对土壤要求不高，耐酸性和贫瘠土壤，一旦建植成功，即可抑制杂草生长，管理粗放，故选作护坡草种。高羊茅是多年生丛生型草本，质地粗糙，喜温耐热，有较强的抗热性，耐阴耐湿又耐旱，耐酸碱能力强，适应性强，抗病性强，建坪速度快。由于小冠花苗期生长缓慢，所以选择两种混播，可起到先锋种对主要种的保护作用。采用人工撒播，小冠花与高羊茅的混合比例为 70% 和 30%，小冠花撒播 8～12 g/m^2，高羊茅撒播 10～13 g/m^2。

（2）三维植被网护坡。

三维植被网护坡是采用小冠花和沙棘混种，采用液压喷播，混合比例为 3∶7。沙棘为小乔木或灌木，枝叶繁茂、根系发达，是水土保持和改良土壤的优良树种。其适应干旱寒冷气候，耐贫瘠及水湿，根系发达，有根瘤，根蘖性强，一般 2～3 年开始串根。沙棘与小冠花一起混播，属灌木+草本组合，增强固土能力和生态性，坡面植被参差不齐，高低有致，有立体美观。

（3）拱形骨架植草护坡。

骨架网格内采用小冠花和金银忍冬混种。金银忍冬为落叶灌木，春夏开花，花态独特，花开时满树金银交映，芳香诱人，具有很高的景观效应。其本身喜光、耐寒、耐旱、耐贫瘠，在湿润、肥沃的土壤中生长强健，作护坡灌木与小冠花混合应用，属灌木+草本组合。其中小冠花采用撒播，播种量 10～15 g/m^2，金银忍冬采用栽植幼苗，株距

0.25 cm×0.25 cm。

（4）窗孔护面墙植草护坡。

窗孔内采用小冠花和沙棘混种。沙棘为小乔木或灌木，枝叶繁茂、根系发达，是水土保持和改良土壤的优良树种；适应干旱寒冷气候，耐贫瘠及水湿，根系发达，有根瘤，根蘖性强，一般2～3年开始串根；可在春、夏、秋三季直播，小穴点播，每亩播400穴，每穴播种子20～30粒，覆土1.5 cm。小冠花采用人工撒播，播种量10～15 g/m²。

（5）锚杆框架梁植草护坡。

梁镶六棱块内培土15 cm，采用扶芳藤、沙棘、金银忍冬混种。扶芳藤为藤本植物，适应性强，对水、土、肥要求不很严格，生长起枝蔓攀缘坡面，为边坡景观增色不少。沙棘和金银忍冬在坡面块内按每块各三株比例混播，在靠平台的一排六棱块内栽植扶芳藤，每个六棱块内一株，选择蔓长1.2 m的株苗。

（6）护坡道、隔离栅区与排水沟之间区域种植。

护坡道播种小冠花固土护坡，隔离栅区与排水沟之间区域，行植常绿香樟（或大叶女贞）1行，株距5.0 m。靠隔离栅，行植枸橘（或火棘）2行，株行距0.5 m×0.6 m，形成带刺篱墙，阻断行人任意穿行，确保公路安全营运。草本植物小冠花固土抗冲刷，枸橘与火棘都是常绿小灌木，常用于公路绿篱设计。火棘的果子为红色，挂果时间长，具有较高的观赏性。常绿香樟和大叶女贞都是陕南的本土乔木，适应能力较强。

（7）碎落台及挖方边坡平台种植。

碎落台：列植红叶李、香樟和三叶地锦，红叶李与香樟间植，株距8.0 m，三叶地锦株距1.0 m，栽植于碎落台内侧，攀缘边坡，以遮掩开挖疤痕，改善视觉环境；或者采用丛生木槿、三叶地锦和早熟禾进行绿化，木槿列植，株距4.0 m；或者选用紫薇、三叶地锦和早熟禾绿化，紫薇列植，株距8.0 m，三叶地锦列植，株距1.0 m，林间空地播种早熟禾。三种方案适当间隔使用。

碎落台选取早熟禾而不选取小冠花，除了因为变化物种可以避免单一品种效果单调外，还因为早熟禾成坪快，耐践踏，丛高50～75 cm，形成的草坪景观效果好，与种植的行道树形成的立体空间感较好。而小冠花生长能力强，护坡能力强，但苗期生长缓慢，株丛高25～50 cm，相比较早熟禾而言，用于碎落台的成坪和景观效果稍差。

护坡乔木红叶和枝条都是红色，在陕西地区广泛应用，与其他常绿树种相搭配，景观效果好。三叶地锦俗称爬山虎，是藤本植物，攀缘其他乔木和灌木之上，坡面绿化景观好。丛生木槿为小乔木或灌木，夏季开花，花期较长，紫色花，观赏性强；护坡灌木紫薇俗称百日红，花为红色或粉色，花色艳丽，花期长，景观性好。

挖方边坡平台：可在平台内缘30 cm处用浆砌石砌高40（60）cm，宽80（95）cm的花池，内填种植土进行绿化。花池中列植瓜子黄杨球，株距4.0 m，林间空地播种小冠花；选用海桐球（或大叶女贞）及小冠花绿化，海桐球（或大叶女贞）列植，株距8.0 m。瓜子黄杨球为常绿小灌木，海桐球是常绿灌木，抗污染能力强，能有效吸收空气中的污染物质。

挖方边坡坡顶平台：不设截水沟时，列植香樟，株距5.0 m。株间空地播种小冠花草，被覆地面，防止雨水径流冲刷；设截水沟时，截水沟左侧与坡顶之间列植楸树2行，株行距5.0 m×2.0 m。林间空地播种小冠花草，防止降雨侵蚀。截水沟右侧与隔离栅之间，列植楸树1行，株距5.0 m；靠隔离栅，栽植枸橘（或火棘）2行，株行距0.5 m×0.6 m。

第 7 章 边坡滑塌治理案例——某高速公路某标段边坡滑塌治理

7.1 工程简况

某高速公路某标施工桩号为 K1+200～K75+120，主线全长 73.92 km，其中前 16 km 为双向六车道，后 58 km 为双向四车道，路基长度 42.5 km，桥梁长度 14.36 km，隧道长度 17.06 km，桥隧比 42.5 %。主要工程量为：路基土石方 1636 万方、桥梁 43 座、涵洞通道工程 189 道，隧道 10 座。

某高速公路某标全线 4 级边坡以上全线多处，其中最高 K48+600 右侧边坡为 9 级，高差超过 60 m，因地质情况复杂、强降雨、膨胀土、施工管理不规范等原因，造成多处边坡不同程度的滑塌。处置时间长，处治难度大，经过全体参建人员共同努力，最终顺利完成滑塌边坡处治。综上所述：我们应该先了解路基滑坡发生的诱因，然后在工程设计和施工过程中，要做好充分的前期调研和勘探，了解施工地的地质构造、气象环境等，选择合适的施工方案，加强施工过程质量控制，采取有效的防治措施，减少路基滑坡的现象发生。

7.2 边坡滑塌原因分析及对策

7.2.1 共性原因

1. 全风化页岩水理性质差，遇水长期浸泡后呈软塑状，稳定性差，造成边坡滑塌。

2. 项目部对膨胀土、高边坡处治进行一级安全技术交底后，分部未及时进行二级、三级交底，施工队伍对不良地质边坡认识不到位。

3. 施工队伍未严格按照施工方案实施，未做到随挖随护，施工过程中管理措施不到位。

4. 施工队伍一味地追求进度，为节约施工成本，通常会不顾坡体自身稳定情况，盲目的一挖到底。

5. 现场技术员责任心不强，边坡防护施工过程中质量把控不到位，施工人员质量意识薄弱。

6. 安全、质量责任制未执行到位，没有一坡一人负责及挂牌公示督导。

7.2.2 特殊地质原因

7.2.2.1 Z1K7+050—K7+350 左侧

该段边坡为八级高路堑边坡，第一级边坡设计为路堑矮挡墙，第二、第三级边坡设计为预应力锚索框格梁防护，第四、第五级边坡设计为锚杆框格梁防护，第六、第七、第八级设计肋式拱形骨架防护。

施工过程出现情况：开挖过程中，边坡出现局部滑塌（如图 7-1），第一时间邀请各方到场勘察，发现坡顶局部出现牵引式裂缝。

图 7-1 滑坡体

地质勘探滑坡原因：岩性为页岩、粉砂岩、炭质页岩交替出现，受风化影响，岩石颜色比较杂。按照风化程度划分为两层，上部 2-1 层为全风化岩石 2～>8 m，下部 2-2 层为强风化岩石，可见厚度>3 m 未揭穿到底，页岩、粉砂岩夹少量炭质页岩，多见土黄色可塑偏硬状含碎（块）石黏土。现场勘察边坡土层情况主要为坡积状含砾粉质黏土，不稳定地质体沿着中等到较陡的基岩出露面滑落，路堑边坡施工过程中边坡自身失稳出现塌方，且坡顶局部出现牵引式裂缝，地下水丰富，是滑坡体主要组成岩体。

专家制定方案：对滑塌坡面进行刷坡卸载，第二至第八级边坡坡率根据现场地形暂定为 1∶1～1∶1.5，平台宽度为 2～4 m，第一级边坡防护维持原设计，第二级边坡防护调整为锚杆框格防护，第三至第五级边坡调整为实体式护面墙，六级以上边坡采用挂网植生（如图 7-2）。

第一部分 公路滑坡边坡处置技术

图 7-2 竣工现场图

方案实施过程：边坡局部出现裂缝，丰富地下水未引起重视，实体护面墙的泄水孔虚设，未发挥排水作用，排水系统不够完善。

根据观测数据，已完成的边坡数月后出现位移现象，经现场察看，决定在已完成的路堑挡土墙、第二级、第三级设置预应力锚索锚固，并且锚固入岩深度符合规范要求，确保锚固效果，目前边坡防护已完成，持续对边坡设置观测点，保持实时位移观测。

7.2.2.2 某段边坡右侧

该段边坡为五级高路堑边坡，第一级边坡设计为路堑矮挡墙，第二级边坡设计为实体护面墙防护，坡比为 1∶0.75，第三级边坡为肋式拱形骨架防护，坡比为 1∶1，第四、第五级为路堑挂网植生防护。

原设计开挖：如图 7-3，该边坡施工时未做到随挖随护，边坡防护未同步进行，排水系统未完善，该段边坡因地质多为膨胀土，长期暴露，较为密集的降雨，给边坡滑塌提供了条件。

231

图 7-3 K8+200 右侧边坡

地质勘探滑坡原因：该处边坡表覆残坡积土及全风化层，厚度 7～11 m，下为强风化层，厚度 7～16 m，往下为中微风化层岩层，力学性质较差。通过设计单位勘察资料分析可以判定该边坡按滑动面埋深分类属中层滑坡，按滑坡动力学特征分类，前部为牵引式、后部为推移式工程滑坡。该滑坡的形成条件、影响因素主要有：

（1）地形：边坡坡率 1∶0.75～1∶1.5，坡较陡，形成较陡临空面。

（2）岩土性质：该段边坡上覆残坡积含碎石粉质黏土，厚度 3～12 m，下伏全风化页岩，全风化页岩力学性质差，边坡开挖路基标高后，由于上部岩土层的自重及卸荷回弹等因素影响，首先在第一级边坡顶产生小型张裂拉缝，然后逐渐向上牵引，造成第二、第三、第四、第五级边坡均产生拉裂，呈叠瓦式破坏；同时，由于变形积累，五级坡坡面裂缝宽度较大，为坡顶残坡积粉质黏土、碎石土失稳创造良好临空面，且全风化页岩顶面较潮湿,力学性质差,坡顶表覆残坡积土层沿着全风化页岩顶面发生滑动,呈圆弧形破坏。

(3)地质结构:页岩趋势产状为320°<30°,为顺向坡,全风化页岩层面中夹有一层灰白色黏土矿物,厚度一般为3~10 mm,力学性质及水理性质相对更差,进一步降低坡体稳定性。

(4)水:该段边坡上覆残坡积含碎石粉质黏土,渗透性相对于下伏全风化页岩较好,以致降水易于在全风化页岩顶面汇集,故勘察期间全风化页岩顶面厚2~3 m土体相对较潮湿,雨季可能进一步软化为软塑状态,形成软弱带。

专家制定方案:自该边坡出现滑塌,项目部积极组织各方专家到场勘察,详细分析地勘成果,总结出处置方案。

第一次变更,采取卸载挖方,放缓坡率,加宽平台,同时在第一级平台增设抗滑桩,第三、第四级增设钢管桩,施工过程中,未对施工质量层层把关。

该项目属"交净地"施工模式,地方政府需要得到设计变更批复文件后才能征地,政府完成补充征地后,现场开始施工。由于此间经历的时间跨度较长,边坡长期暴露,经过雨水侵蚀,现场滑坡状态进一步发展。

根据方案施工,现场如图7-4。施工过程如图7-5、图7-6,施工过程中经过长时间下雨,由于膨胀土作用,经过观测,发现整体坡面出现推移,平台出现多条裂缝。为防止雨水侵入,采用彩条布覆盖裂缝,经过一周的发展,平台裂缝逐渐加大,为了防止裂缝向纵深发展,经设计现场勘查暂停四级平台钢管桩施工,优先施工三级平台的钢管桩。在三级平台钢管桩施工完成后,滑坡还在持续发展,第三、第四平台下沉 0.8 m，钢管桩和坡面锚杆同步向外滑移 1 m 左右，经监测发现滑动面仍为原有的滑动面，经变更图放坡卸载后，还是在滑动牵引面所在位置发生持续牵引滑动。

图 7-4　K8 右侧边坡

图 7-5　施工现场（1）

图 7-6 施工现场（2）

为了保障山体稳定，项目部利用有利天气及时在一级平台提高 5 m 土层的基础上施工抗滑桩，施工采用隔桩开挖，同时从两侧土质较好的地方往中间合拢施工，抗滑桩施工完成后，稳定了山体整体滑动，根据观测数据，只有第二、第三、第四级边坡的局部滑动。

此后的施工过程中，山体仍在不断的发展位移滑动，根据现场勘察，专家组分析，确定抗滑桩冠梁顶面增设 3 m 挡墙。

滑桩挡墙施工完成后，第四级坡已基本稳定，但是第五、第六级边坡还有较小的位移滑动痕迹，后续采用坡体 15 m 以上深度排水管降低山体水位。第二、第三级坡面后续有小范围的坡面土体膨胀滑坡，后续采用带拉筋地盘的植生袋码砌边坡，环环相扣形成整体植生袋结构。植生袋已连接整体但是有一定的柔性，当土体膨胀时不容易被滑坡。施工完成后（如图 7-7）。监测未发现位移情况，起到明显效果。

图 7-7　施工后现场图

最后，该边坡顺利完成施工，除路堑挡土墙保持原设计外，还增加的措施有：放缓坡率，增加抗滑桩、钢管桩，以及将第二、第三、第四、第五级边坡防护变更为锚杆框格梁，并按要求设置位移观测点，定期观测位移变化。

7.2.2.3　ZYK55+435～YK55+740 右侧

原设计情况：该段边坡，如图 7-8、图 7-9，为五级路堑边坡，第一级边坡设计为路堑矮挡墙，第二级边坡设计为注浆导管框格梁防护，坡比为 1∶1，第三级边坡设计为注浆导管框格梁防护，坡比为 1∶1.25，第四、第五级边坡设计为植草灌绿化，坡比为 1∶1.5。

图 7-8　边坡现场（1）

图 7-9　边坡现场（2）

按设计施工：该边坡坡面成形后，由图 7-10 可见，未做到随挖随护，边坡防护跟进缓慢，降雨量增加边坡出现滑塌，滑塌后一直未处置，坡顶多处裂缝。

特殊地质路段处置技术

图 7-10　边坡现场（2）

地质勘探滑坡原因：根据踏勘数据，原始斜坡总体坡向 130°，坡度 20°～30°，在坡脚（开挖）后，形成四级半边坡，使临空面更陡。造成该边坡已产生多处裂缝及局部滑塌，局部滑塌体位于坡面，为浅层滑塌，滑坡区地处某地隆起的东侧，构造面貌非常复杂。该隆起区内褶皱断裂构造发育，在某地基底褶皱存在三期叠加，早期为近东西向至北东东向大规模向南倒转的大型平卧倒转皱，第二期为北北西向剪切褶皱，第三期为近南北向开阔的背形或向形褶皱。盖层褶皱总体为复式背斜构造，燕山晚期转化为隆滑构造，两翼盖层相背向两侧大规模滑脱，在某地南部形成了高州—安福滑脱带。其他断裂以北东至北北东向断裂组为主，一般多成带出现，延长 30～50 km，且多属阶梯状正断层。

专家制定方案：将滑塌边坡进行卸载、放缓坡率，在第一级平台增加抗滑桩，在杨梅一隧道右侧洞顶靠山体侧增加抗滑桩。

方案确定后，进行开挖卸载，首先卸载完第三、第四、第五级坡，在卸载第二级坡的时候，三级以上平台及坡面均出现裂缝，随着时间推移，裂缝不断扩大，直至滑塌（如图 7-11）。

图 7-11　滑塌边坡

专家制定方案：因在实施过程中出现裂缝，再次请设计院专家及项目办领导到现场勘查，由设计院出具补充方案。并重新组织专家评审，制定施工方案，在第一级平台设置抗滑桩，同时在隧道设计线处设置钢管桩，增加第一、第二、第三级边坡浆砌片石满砌防护。

按照此方案进行施工，首先完成抗滑桩、钢管桩等其他防护施工，后因出现连续降雨，雨水渗透土体，山体内侧往下挤压，边坡再次滑塌，路堑墙及抗滑桩系梁出现了位移。随着时间的推移以及断断续续的降雨，路堑墙及抗滑桩系梁位移非常明显，根据沉降观测数据显示，截至 2022 年 4 月底，系梁最大位移量 2108 mm，路堑墙位移量 870 mm，路堑挡墙出现约 3 cm 宽贯穿缝（如图 7-12）。

特殊地质路段处置技术

（a）

（b）

图 7-12　路堑挡墙及宽贯穿缝

专家制定方案：设计院专家及各级领导一同现场勘查，由设计院出具补充方案，并重新组织专家评审，制定施工方案，在第一级平台原来位置另外新增 38 根抗滑桩。

最后，现场排水设施、挡土墙、抗滑桩、边坡挂网植草施工完成（如图 7-13）。根据设置的观测点反馈数据，处置效果达到相关要求。

图 7-13 处置后的现场图

7.2.2.4　YK69+460～YK69+900 左侧

原设计情况：该段边坡为 2 级路堑边坡，左侧上边坡原设计为 2 级坡，坡率都为 1∶1.5，防护形式为植草灌绿化。

施工开挖坡面导致山体开挖土体应力释放、雨水侵入、边坡裂隙发育，导致边坡产生浅表性滑移（如图 7-14）。

图 7-14　边坡滑移

地质勘探滑坡原因：滑坡的原因与其地形地貌、地层结构、岩土性质、水（降雨和地下水）、人类活动等因素密切相关。该滑坡的形成条件、影响因素主要有：

（1）地形：坡脚高程约 218 m，坡顶高 230～310 m，该边坡位于斜坡坡脚，坡顶高度较大，为雨季地下水位较高提供了有利地形条件。

（2）断层：K69+460～K69+900 段左侧边坡南东侧 10～200 m 处发育一条逆断层，与路线小角度相交，该断层的发育，导致断层附近岩体破碎，节理裂隙密集。一方面风化层厚度较大；另一方面断层破碎带是储水构造，为地下水提供储存与径流的通道，导致该山体地下水较丰富，且水位较高。

（3）岩土性质：该段边坡坡顶上覆残坡积含碎石粉质黏土，厚度约 7.5 m，下伏全风化页岩，全风化页岩水理性质差，遇水长期浸泡后呈软塑状，力学性质大幅降低。

（4）水：由于边坡南东侧断层的发育，及该地区降水量较大且主要集中在雨季，故该边坡地下水较丰富且水位较高。

专家制定方案：通过组织参建单位召开 K69+460～K69+900 左侧边坡塌方处治专项方案评审会，制定出专项施工方案，将滑塌坡面进行卸载，并增设挡土墙，同时加强地下排水措施，第一级坡面使用窗孔式护面墙，第二、第三级坡面防护使用植草防护，最后完成边坡处治（如图 7-15）。

图 7-15 施工后现场图

此后,因频繁大雨且降雨量大,加之边坡土质原因,使得坡面再次失稳,产生裂隙及滑移,造成 48 m 挡墙推移,部分护面墙损坏,其他防护排水工程损坏(如图 7-16)。

(a)

图 7-16 坡面失稳

(b)

图 7-16 坡面失稳（续）

因此处地质情况复杂，边坡土质遇水成泥浆，有流动性，坡面裂缝持续发展，边坡塌方愈演愈烈。收到专家组意见后，在变更图纸未出之前，经理部组织人员机械清理倒塌挡土墙，卸载垮塌边坡土，卸载过程中，发现山体坡面地下水系发达，发现多处前两次刷坡未见的泉眼，水流量大，坡面边刷边塌。现场立即增加路堑坡面排水管（如图 7-17），并采用砂浆封平台沟，增加临时排水沟等措施，但收效甚微。坡脚挡土墙增加泄水孔，使用路堑坡面排水管释放山体地下水。

图 7-17 路堑坡面排水

此后，组织召开 K69 左侧路堑边坡专项施工方案专家论证会，继续采用卸载加挡墙的方案相结合，将已倾覆的挡土墙进行拆除后重新施作，采用桩基挡墙方式，挡墙尺寸及厚度适当加大，加强处治地下水、地表水的处治措施，最后完成边坡滑塌处治（如图 7–18、图 7–19）。

图 7–18　施工现场

图 7–19　工后实景

根据观测点数据反馈，结合初期密集降水量天气情况，该边坡已基本稳定，排水设施完善，有效的排出地下水与地表水，坡面植草绿化已完成，局部出现少量滑塌，已封闭平台出现的多条沉降裂缝，及时采取措施，用水泥浆进行灌缝，高强度砂浆进行修复裂缝。设置常态观测点,进行动态观测,恶劣天气及时复测,如出现位移,分析原因,采取有效措施。

7.2.3 处治过程中采取的措施

(1)加强主要技术管理人员对地质知识的了解,要熟悉设计地质勘察资料,开挖后及时与图纸勘察资料对应,及时补充勘测,采取有效措施。

(2)紧抓有利天气,加大人员、设备投入,加快边坡防护施工,如遇临时强降雨,采取隔水膜或彩条布,对边坡进行临时隔水。

(3)及时施工临时排水设施,确保开挖过程中地表水、地下水有序导排,平台、坡面不能出现积水现象,紧抓有利天气施工,且边坡开挖与边坡防护施工一定要结合非常紧密。挖一坡、护一坡,并且严格按照设计实施图纸排水设施。

(4)设计的截水沟一定要按照设计图纸施做,而且尽量往上做,就是尽量贴着红线边做,离坡面开挖线距离符合设计。截水沟可以将尺寸进行加深加大,这类土质会从山顶在未扰动情况下,遇到雨水就会向下渗。地下水非常丰富。截水沟一开挖,就必须马上开始施工,不能一直暴露,特别是在雨季。

(5)针对这种全风化页岩一定要避免做注浆导管框格梁,以及护面墙等硬防护,根据处置经验,已施工的边坡就是典型的例子,做完护面墙以及框格梁,由于排水不及时,加上本身硬防护,造成边坡荷载加大,加大坡面失稳概率,路堑挡墙是很有必要设置的,根据设计,加深基础埋置深度,加大墙身截面尺寸,提高墙身混凝土强度等级,或像K69边坡路堑挡墙就采取了钢管桩加挡土墙形式加固,在施工过程中严格进行地基承载力检测,并且控制挡墙质量,特别是泄水孔布置(如图7-20)。以及反滤层施工,必须按图施工,确保坡面积水顺利排出。

图 7-20 泄水孔布置

（6）遇到大面积边坡，有必要将边坡分段开挖，按 50 m 间距设置，在间隔位置设置临时集水槽，使水能集中排出，对坡面减少冲刷，在 K69 边坡施工过程中，采取设置支撑渗沟加人字骨架。坡面先挖层渗沟，将水从坡面渗到设置的渗沟里，埋设塑料盲管，再施工人字骨架。塑料盲管将坡体水排出，人字骨架排地表水，取得良好效果（如图 7-21、图 7-22）。

图 7-21 工后实景（1）

图 7-22 工后实景（2）

（7）做好边坡平台的闭水措施，在平台上铺设大于 10 cm 厚的高标号砂浆（M10）进行闭水。同时平台沟必须按图施工，和截水沟连通，保证施工质量，使地表水顺利排入永久排水体系。

7.3 路基滑坡防治的有效措施

7.3.1 做好现场勘察和设计服务工作

7.3.1.1 与设计加强融合

项目开工前期，要求地勘与主体设计对施工单位进行设计交底，内容一定要包含不良地质和特殊地段的交底，参建各方应对特殊、不良地质引起重视，同时能让施工单位主要技术人员对特殊地段及不良地质有概念性的认知。

7.3.1.2 提升设计服务

总承包不应局限于主体设计的几个设计代表，应结合工程重难点，增加各领域设计专业技术人员，尤其是地勘方面技术专家，提供技术咨询服务，为重难点施工项目，提供设计技术保障。

7.3.1.3 重点对待不良地质以及特殊地质边坡的设计

在进行高边坡开挖过程中，当开挖 1～2 级边坡时，施工单位要及时与设计进行沟通，邀请专业设计人员到现场进行勘察，对比是否与地勘结果一致。如出现变化时，及时现场处治，出具修改施工方案意见，真正地落实动态设计管理，同时要求施工单位必须严格按照施工方案进行施工，尤其是在季节性施工，更要落实专项施工方案进行施工，杜绝方案与施工"两张皮"现象。

7.3.2 做好现场施工管理工作

7.3.2.1 高度重视不良地质现场施工管理

（1）K67 段特高压边坡（如图 7-23）。可能是位置处于敏感点，如哪一块出事，就会造成很严重的后果，所以经理部从上到下都很重视，从边坡开始施工，到过程中位移观测，都做得非常仔细，挖一级、护一级，严格按照施工方案进行施工，做得很好，但是其他边坡就没有这样用心，为了赶进度一次性把坡挖到位，防护不做，尤其是组织安排，防护队伍跟不上。长时间暴露，对于不良地质边坡有极大的滑塌风险，几乎所有的边坡都是以这种施工方式完成边坡开挖。

图 7-23　K66-67

（2）经过本项目吸取的教训之一是处治成本高，项目经理部应严格落实加强管理，结合各方技术力量，在项目前期，应对不良地质边坡建立台账，从施工方案编制，到现场施工管理，做到层层把关。

7.3.2.2 施工班组管理

（1）根据特殊边坡具体情况，由项目部直接交给有经验的施工班组进行施工，结算直接通过经理部，相应的利润也会提高，更有利于特殊边坡处置，尽量避免通过分包队伍进行转包，从安全、进度、质量方面项目部无法直接进行管理，执行力较差。

（2）将边坡处置施工方案向施工班组进行安全技术交底，严格落实施工方案进行施工，对特殊地质边坡要有明确的认识，要求不因边坡防护的质量问题，失去支挡作用，而导致边坡出现位移。

7.3.2.3 边坡责任制

对于高边坡、不良地质（膨胀土）边坡设立边坡责任制，一坡一人负责，党员示范边坡监督实施，挂牌公示。

7.4 总结

本项目的高边坡、膨胀土边坡、全风化页岩边坡，成了本项目的最大风险点，随着宜遂高速项目工程基本完工，某高速SSA段路堑边坡多处出现滑塌、推移等情况。为了吸取教训，同时为了减少或避免这种现象发生，总结出了具有代表性路基边坡滑塌处置案例，对以后项目具有参考意义。

第二部分

软弱隧道坍塌处置技术

第二部分 软弱隧道坍塌处置技术

第 8 章 软弱隧道塌方分类及塌方机理

8.1 隧道坍塌分类

王毅才根据塌方发生速度与机制的不同将塌方分为蠕变型塌方和崩塌型塌方；按塌方的位置可将塌方分为拱顶塌方、侧壁塌方和掌子面塌方；根据塌方形态的不同，塌方可划分为局部塌方、拱形塌方、异形塌方、膨胀岩隧道塌方和岩爆。关宝树根据塌方发生机理的不同将隧道塌方分为危岩滑动型、松散介质垮落型、软岩蠕变型和硬岩岩爆型。张悼元等按岩体的破坏形式和作用机理，将公路隧道施工过程中的围岩塌方进一步划分为 5 种主要类型：重力坍塌型、碎裂松动型、张裂塌落型、弯折内鼓型、剪切滑移型。

8.1.1 按控制因素

根据造成塌方的因素不同，可将塌方分为岩性控制型塌方、结构面控制型塌方、破碎带控制型塌方和混合型塌方。

8.1.1.1 岩性控制型塌方

岩石是构成隧道及其地下洞室的物质成分，其岩性的好坏直接关系着围岩的稳定性。例如，岩浆岩、石灰岩、砂岩等坚硬的岩石构成的洞室，岩石本身强度高，稳定性好；而有些岩性较差，如片岩、炭质岩、页岩、千枚岩、泥岩等，由于其自身强度低，故稳定性就差些。尤其是岩石含有绢云母、滑石、炭质等软化矿物成分较多时，围岩的稳定性将会大大降低。若岩体为含有蒙脱石、伊利石、高岭土石等矿物成分的泥岩、页岩、云母类岩石，它们在水的物理化学作用下，体积将会发生膨胀，影响隧道的稳定性。

例如，在某高速公路的某隧道进口处曾发生多次塌方事故，其隧道围岩主要为绢云千枚岩和砂质千枚岩，属一级软岩，且千枚岩遇水软化变形，加上岩体破碎和地下水较发育，导致塌方事故频发。而与之相邻的某隧道，围岩主要为砂岩，其岩性较好，虽然区域构造条件相同，但其塌方事故相比之下就少得多。

8.1.1.2 结构面控制型塌方

隧道开挖后的岩体并不是单一的均质体，其中往往分布和发育着各种不同成因类型、不同规模、不同形态和不同性质的结构面（如层理面、软弱夹层、各类构造破裂面等）与被结构面分割成的岩石块体（岩块），即结构体。

由于岩体由结构面和结构体组成，故岩体稳定性自然取决于结构面和结构体力学特征。一般来说，结构面往往是软弱面，其力学强度远低于结构体的力学强度，所以岩体稳定性主要取决于结构面的本身特征、组合性质及其所在工程部位。只有当结构面很小或结构体强度小于结构面强度，或者结构面间距远远大于工程建筑范围时，才能认为岩体稳定性取决于结构体的强度。因此，在评价岩体稳定性时，应充分注意岩体结构，并全力调查研究结构面的性质、类型、组合形式和所在的工程部位，观察它有无剪切面、滑动面和滑动空间。

大量塌方事故表明，隧道的稳定性往往由其软弱结构面所控制。由于有软弱结构面的存在，在隧道开挖过程中，拱顶和拱腰部位岩体将会沿着软弱结构面发生滑移塌落。除了软弱结构面，结构面的组数和密度、空间位置和方位也关系着围岩岩体的强度。

8.1.1.3 破碎带控制型塌方

破碎带是裂隙破坏的岩石带，裂隙可能由矿物充填，呈网状脉络，也可能大致相当于断裂带。同断层相伴生的破裂带内充填有由断层壁撕裂下来的岩石碎块、碎石和断层作用而成的黏土物质。

破碎带是在隧道开挖过程中常见的不良地质现象之一。在多数情况下，断层破碎带处的围岩具有低强度、易变形、透水性大、抗水性差的特点，与其两侧岩体在物理力学特性上有显著的差异。隧道穿越断层破碎带时，岩层的地质成因复杂，施工事故具有突发性。

例如，某高速公路上的某隧道出口右洞 K64+434、K64+427 塌方，由于该段围岩受到构造力的强挤压，形成了破碎带，并夹有泥质软弱层，使得围岩层面间结合性极差，岩体呈散体结构，无自稳能力；加上地下水的冲刷作用，不能自稳，从而形成塌方。

8.1.1.4 混合类型塌方

由于地质条件的复杂性，塌方发生的因素往往是多种多样的，并不是单一因素控制的。

例如，某隧道进口右线处塌方，引起该隧道塌方的主要因素有：掌子面左侧近垂直前倾洞口竖向节理裂隙发育，层间结合差，受结构面控制；同时，隧道右上部为薄层泥岩，两类围岩交界面间为强风化的粉质泥岩，裂隙中泥岩遇水后软化，又受岩性控制。

8.1.2 按诱发因素

按诱发因素不同，可将塌方分为施工诱发型塌方、涌水诱发型塌方和震动诱发型塌方。

8.1.2.1 施工诱发型塌方

施工中的不规范施工是导致塌方的重要因素之一。目前，公路隧道施工队伍的技术、管理及施工水平参差不齐，加之一些建设环节的操作不规范，有的施工企业及人员对"新奥法"原理缺乏深入学习、认识、研究和应用，导致不规范施工现象较为普遍。

由于施工单位对地质情况掌握不够，选择了不合适的施工技术（如不恰当地急于进洞、炸药用量过多、支护不及时不牢靠、围岩暴露时间过长、爆破方法选择不恰当等），或选择了不合适的围岩情况的施工方法（如本应小断面开挖，结果采用了大断面开挖法，或应先拱后墙法，而采用了先墙后拱法等），并且未采取其他补救措施，故而会造成围岩塌方，甚至由于塌方处理不当而造成再次塌方或引起更大的塌方。

隧道在开挖过程中，没有及时对开挖后的围岩进行初期支护就直接开始下一断面的开挖，掌子面的爆破开挖对周围围岩会造成扰动，从而造成塌方事故的发生。挖掘机和人工风镐无法开挖时应控制药量，采用小药量预裂爆破开挖围岩，以减少对围岩的扰动。

8.1.2.2 涌水诱发型塌方

地下水是造成隧道塌方的不稳定因素之一，围岩遇水后强度降低，岩体颗粒间的有效应力减小，岩土的抗剪强度减小。围岩空隙中的地下水（孔隙水水源、裂隙水水源、岩溶水水源）、地表水水源在压力作用下涌出，称为涌水。涌水的危害性极大，隧道涌水，特别是在高地应力下有补给充足通道流畅的涌水，具有水压高、水量大、持续时间长、危害严重等特点，若处理不当，将会发生塌方事故。

8.1.2.3 震动诱发型塌方

震动诱发型塌方一般是指由于地震引起的隧道震动破坏，这种震害可分为两种：一种是由于围岩变位而在地下结构中产生强制变形所引起的破坏，如衬砌的剪切位移；另一种是结构在地震惯性力作用下而产生的破坏。隧道震害造成的具体破坏形式主要表现为衬砌破损开裂（纵向裂损、横向裂损、斜向裂损、底板裂损）与剪切移位、隧道坍塌、边墙变形等。

例如2008年5月12日，四川汶川发生了8.1级大地震。此次大地震导致四川省境内的多条隧道遭受严重破坏，都江堰至汶川高速公路上的控制性工程龙溪隧道也在地震中遭受巨大破坏，多处发生大规模的塌方、衬砌破坏、仰拱起鼓等灾害。在右线进口端K21+640处拱顶坍塌，封堵隧道。塌腔宽15～18 m，高约30 m，沿隧道洞轴线延伸长度达67 m；多处衬砌发生严重开裂及脱落。

8.1.3 按塌方形态因素

根据塌方形态的不同，隧道塌方可划分为局部塌方、拱形塌方和异形塌方。

8.1.3.1 局部塌方

局部塌方一般出现在隧道的拱顶部位或者拱腰部位，主要发生在块体结构的岩体中。由于岩体被结构面切割后形成不同形状的危岩体，洞室开挖后，危岩体向洞内滑移而发生坍塌。这种类型的坍塌规模较小，高度一般在0.5～2.5 m，易发生在Ⅱ级和Ⅱ级以上的硬质岩体中。统计资料表明，局部坍塌在Ⅰ级围岩的塌方中占总塌方的75%，在Ⅱ级围岩的塌方中占总塌方的52%，在Ⅲ级围岩的塌方中占塌方的36%。可以采取局部锚杆和加喷混凝土的联合支护措施来预防这类塌方。

8.1.3.2 拱形塌方

拱形塌方一般发生在层状岩体或碎块岩土中。按照塌方范围，拱形塌方可以分为两大类：仅出现在拱部的塌方和侧壁崩塌在内的扩大的拱形塌方。在Ⅴ级以下的破碎岩层中易出现这类塌方，对于浅埋隧道，由于埋深较浅，岩体较为破碎，塌方往往通顶；对于深埋隧道，将会出现摩擦拱效应，塌方规模较大，高度多在 4～20 m。采用系统锚杆加格栅支撑加喷射混凝土，或者施作超前支护或注浆等方法来预防这类塌方。

8.1.3.3 异形塌方

异形塌方主要是因为隧道在开挖过程中遇到特殊地质条件，如溶洞、陷穴、浅埋和偏压等。塌腔没有固定的形态，塌方的形态和地质条件密切相关。在进行隧道施工时，应注意查明溶洞或陷穴的规模与隧道的关系，以及填充物的性能。

8.1.4 按机理因素

结合工程施工中常见的塌方案例，根据塌方发生机理的不同可对隧道塌方的类型作出分类（见表8-1、表8-2）。

表8-1 塌方分类表

类型	塌方描述	岩性条件
危岩滑动型塌方	因结构面均匀交切而产生不利于岩体稳定的组合，形成危岩体，在开挖扰动或地下水等因素影响下，滑动剪切力大于抗滑力而导致沿滑动面滑落。	多发生于节理较发育的中硬岩或坚硬岩体中，岩块尺寸差别很大
松散介质垮落型塌方	自身强度低，承载能力小，开挖后没有受到足够支护抗力时，在自身重力作用下发生位移不稳定增长而最终导致垮塌	多发生于节理很发育或极发育的中硬岩或松散岩体中
软岩蠕变型塌方	塌方之前往往有一段较长的过渡期，但当软岩应力越过门槛值后，变形突然加速而最终导致塌方	页岩、片岩等低强度、高膨胀性岩石

表 8-2　塌方分类综合表

分类依据	类别划分
塌方形式与规模	冒顶大塌方、塌高 >3 m 的大塌方、边挖边塌方、小塌方（塌高 <3 m）、洞顶掉块
塌方速度与机制	蠕变型塌方、崩塌型塌方
塌方原因	不良地质造成的塌方、地下水造成的塌方、地压造成的塌方、设计和施工不当造成的塌方
塌方形态	局部塌方、拱形塌方、异形塌方、大变形的隧道塌方和岩爆
塌方部位	洞口塌方、掌子面塌方、进出口和拉中槽发生的塌方（洞中交叉部位塌方）、坍塌处蔓延性塌方
塌方机理	危岩滑动型、松散介质垮落型、软岩蠕变型和硬岩岩爆型
破坏形式和作用机理	重力坍塌型、碎裂松动型、张裂塌落型、弯折内鼓型、剪切滑移型

8.2　规模与基本形式

8.2.1　塌方规模

隧道施工中发生的塌方，其规模大小目前还没有明确的界限，一般按下列 3 种情况进行划分。

①小型塌方：塌方范围高、宽 3～5 m，一次塌方量小于 50 m^3。

②中等塌方：塌方范围 1～2 倍洞径，一次塌方量大于 50 m^3 而小于 500 m^3。

③大型塌方：塌方范围 2 倍以上洞径，一次塌方量大于 500 m^3，并包括坍穿地表的塌方。

小型塌方是指塌方量小，塌方后不会再扩大而较稳定；中等塌方的坍碴堆至起拱线附近，不及时处理就有可能造成扩大；大型塌方的坍碴将靠掌子面的已施工段全部堵塞，塌方往往不断扩大，开挖前不先采取措施或出现塌方后未迅速采取有效措施，将会造成严重后果。

8.2.2 塌方形式

根据不同的塌方类型，选择几种标志性的塌方形式做一介绍。

8.2.2.1 拱顶塌方

隧道拱顶塌方主要是由于隧道顶部围岩失稳造成的，其塌方位置如图 8-1。

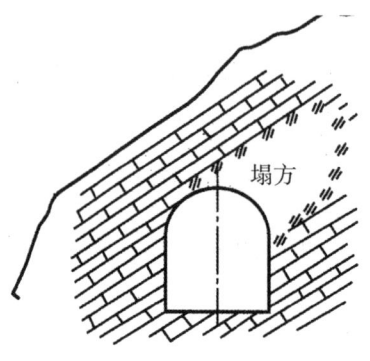

图 8-1 拱顶塌方示意图

8.2.2.2 墙部塌方

隧道墙部塌方主要是拱腰部位出现围岩失稳造成的塌方，其塌方位置可如图 8-2。

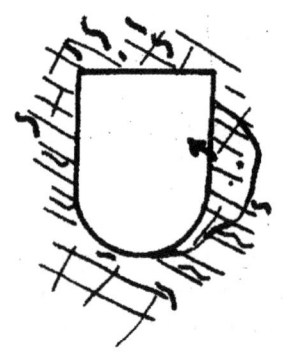

图 8-2 墙部塌方示意图

8.2.2.3 掌子面塌方

掌子面塌方主要是指在隧道掘进工作面围岩失稳造成的塌方。其塌方位置如图 8-3。

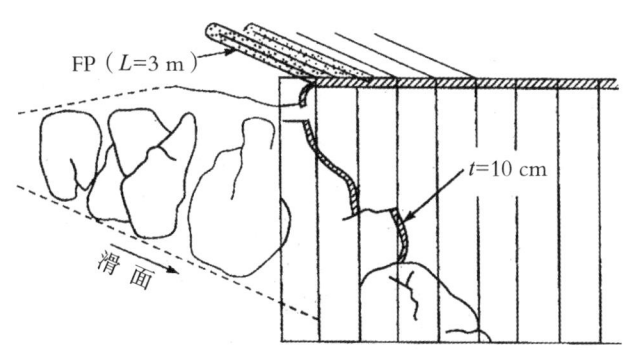

图 8-3 掌子面塌方示意图

8.2.2.4 坍穿地表塌方

坍穿地表的塌方主要是指隧道拱顶或墙部塌方较为严重，造成地表沉陷，形成冒顶的塌方如图 8-4。

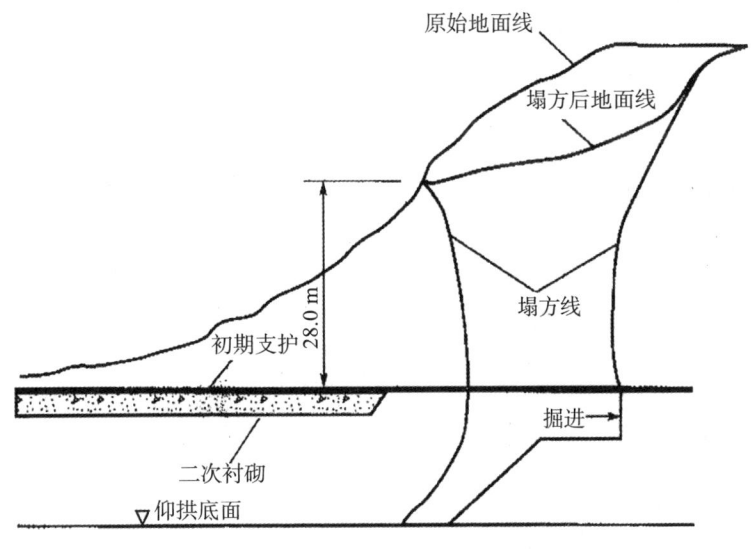

图 8-4 塌方坍穿地表示意图

8.2.2.5 突水、突泥、突砂石的塌方

突水、突泥、突砂石的塌方是因地下水泄漏造成涌水、涌泥、涌沙而形成的塌方,如图 8-5。

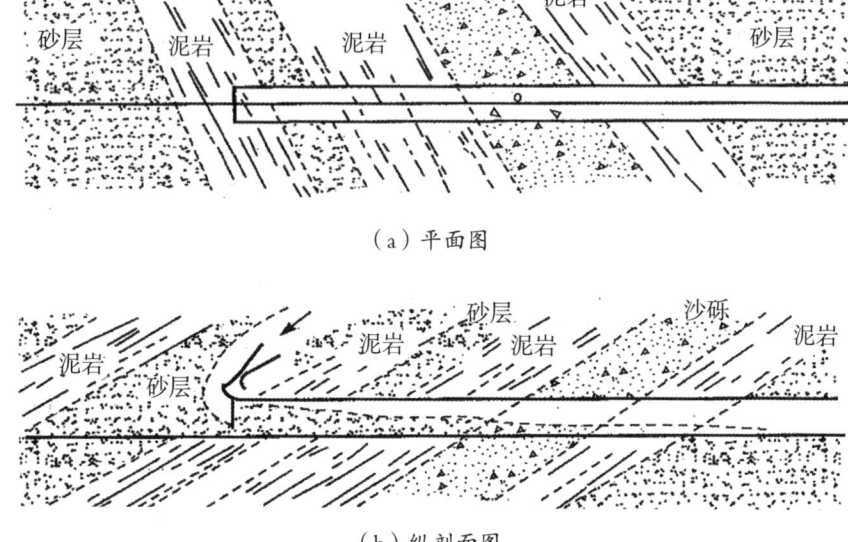

图 8-5 突水、突泥、突砂石塌方示意图

8.2.3 塌方现象与规模

(1) 在断层中,由于断层的破碎程度不同,可产生小规模的塌方,也可能出现很大规模的塌方。塌方可能出现一次,也可能多次出现。

(2) 在互层围岩中,崩塌塌方一般是小规模的。例如,第三纪的砂岩、页岩互层,可能因少量涌水使固结度低的砂岩瓦解流失,残留的泥岩也会呈现块状剥落。塌方的程度因砂岩的固结度、层理面间隔、层理面的固结度、滞水量和水压等情况的不同而不同。塌方多在涌水状况有急剧变化的时期发生。

(3) 在强风化的围岩中,往往会产生较大的塌方,有涌水时塌方

规模还会更大。

（4）当围岩层理面容易发生塌方时，往往在层理面强度低、涌水量大，几小时内会产生多次崩塌，瞬时发生大规模塌方的情况也不少。

（5）在无水砂岩地层中，多发生小规模和中等规模的塌方。在没有涌水的沙砾地层中，掌子面可能自稳，但会从拱顶发生小规模坍塌。当砂质地层遇涌水或有承压水时，则会因泥沙流失而塌方。

（6）有涌水时，往往会加速崩塌，扩大崩塌规模。大量涌水或突发涌水可造成更大的工程地质灾害。

8.2.4 典型塌方事例

根据隧道围岩地质条件和众多的塌方资料，典型塌方事例见表8-3。

表8-3 典型塌方事例表

围岩		塌方形态、状况和原因	
土砂	图例	砂层随地下水流出（不透水层/黏性土层）	干燥砂的崩落，用井点降低的水位，风管
	说明	下部黏土层为不透水层，上部滞留的地下水随开挖流出并带出土砂，地层因开挖后失稳及土砂流失掏空而塌方	因排水或降水使砂层疏干，丧失凝聚力而崩塌

续表

围岩		塌方形态、状况和原因	
软岩	图例	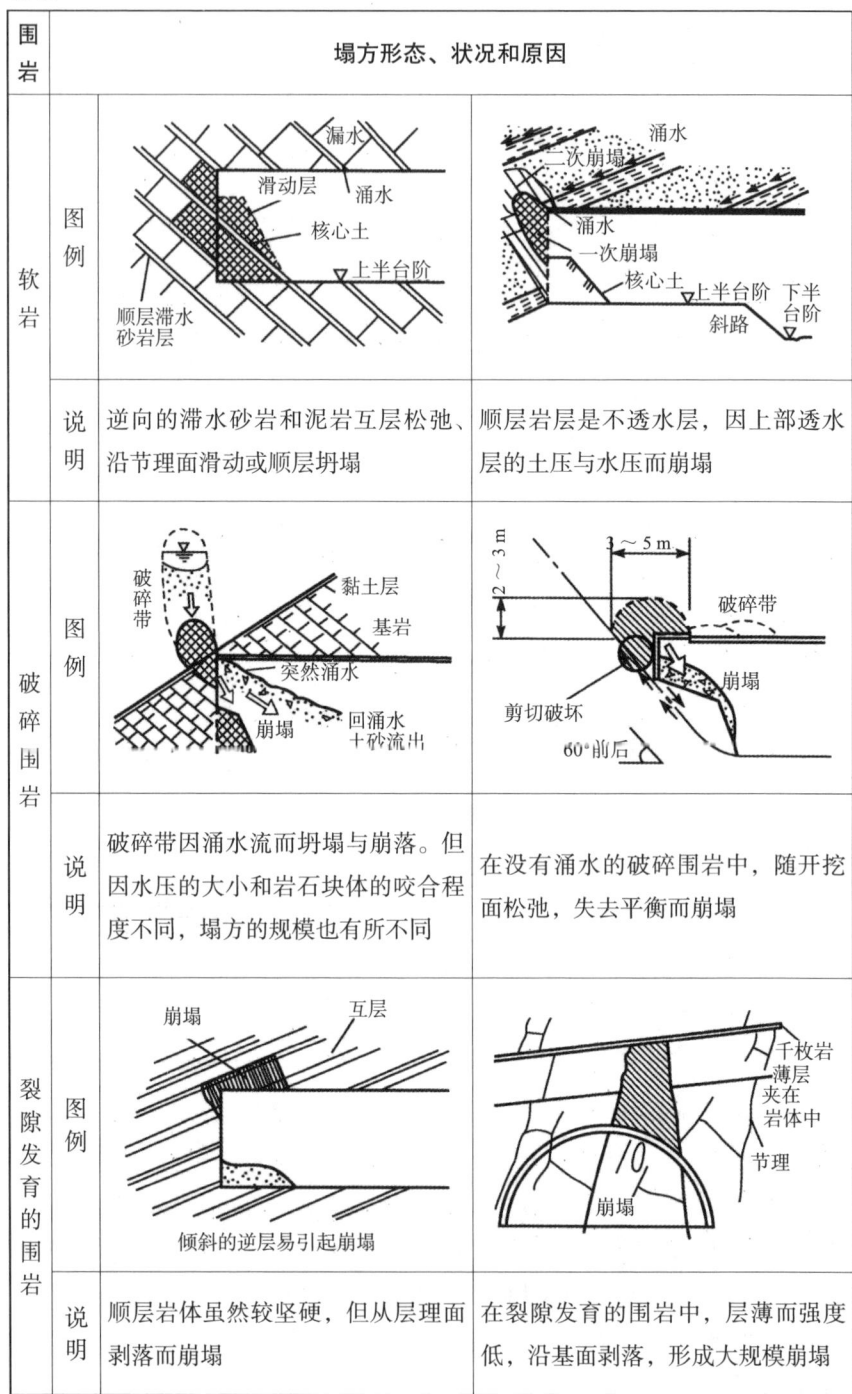	
	说明	逆向的滞水砂岩和泥岩互层松弛、沿节理面滑动或顺层坍塌	顺层岩层是不透水层，因上部透水层的土压与水压而崩塌
破碎围岩	图例		
	说明	破碎带因涌水流而坍塌与崩落。但因水压的大小和岩石块体的咬合程度不同，塌方的规模也有所不同	在没有涌水的破碎围岩中，随开挖面松弛，失去平衡而崩塌
裂隙发育的围岩	图例		
	说明	顺层岩体虽然较坚硬，但从层理面剥落而崩塌	在裂隙发育的围岩中，层薄而强度低，沿基面剥落，形成大规模崩塌

8.3 隧道塌方机理

8.3.1 岩体塌方机理

岩体经历了地质构造运动的变形与破坏，形成各种结构面的复杂地质体。隧道的开挖打破了原本的平衡状态，使围岩发生卸荷回弹和应力重分布。如果围岩足够强固，不会因卸荷回弹和应力状态的变化而发生显著的变形与破坏，那么开挖出的隧道就不需要采取任何加固措施而能保持稳定。但是有时或因隧道围岩应力状态的变化大，或因岩体强度低，以致围岩适应不了回弹应力和重分布应力的作用而丧失其稳定性。当隧道的开挖随着隧道掘进面向前推进，隧道围岩的破坏因隧道开挖卸荷而产生的围岩应力重分布及岩体的应变软化而渐进出现。隧道开挖时，因土压等作用和地层出现临空面后的应力调整，在软弱围岩内产生裂缝或破坏，或者是由于围岩内已有的层理和节理等松弛、剥离，使岩石和泥沙等发生大量塌落的现象称为塌方。塌方是和剥落相类似的现象，但塌落的规模比剥落大。

塌方过程大致为：开挖→围岩塑性变形→支护过大变形→支护局部破坏→支护与围岩破坏失稳→塌方。隧道开挖时、开挖后、施工支护后，甚至在衬砌之后，都可能发生隧道塌方。

从塌方现象与原因分析，隧道作为典型的地质工程，地质条件存在不确定性。在施工过程中，岩石即开挖对象，而洞室周围部分与支护又组成共同承载体。岩石开挖后，原有的岩石结构和受力平衡被破坏，岩体在自重的作用下产生应力重分布，形成新的受力平衡体系，有一定的自稳能力（自承能力）；如果不及时支护或不支护，在重力、高地应力（包括自重应力）、不对称荷载（偏压等局部荷载）的作用下则会发生塌方。

首先,分析洞口塌方的受力状况:洞口仰坡变形破坏主要是在变形过程中产生强烈的松动,并在边坡的坡顶附近产生一系列的拉张裂缝。由于边坡岩体一般较为破碎。在隧道开挖产生变形破坏后,并不出现清晰的底滑面,而是表现为破坏区岩体的强烈松动变形。边坡岩体的松动变形与隧道开挖所提供的变形空间密切相关。

其次,分析隧道内洞身塌方的受力状况:从结构观点出发,如把喷层与部分围岩组合在一起,视作组合梁或承载拱,或把锚杆看作固定在围岩中的悬吊杆等。从围岩与支护的共同作用观点出发,它不仅把支护看作承受来自围岩的压力,而且反过来也给围岩以压力,由此改善围岩的受力状态,从而提高围岩的承载能力。但是,往往由于支护时机不当或支护强度不够,满足不了围岩稳定的需要,不能有效地控制围岩变形,导致围岩失稳。

影响隧道围岩稳定性的因素主要有地质环境因素和施工因素,前者包括围岩特性、节理裂隙的发育程度、地下水状况等,后者包括施工方法、爆破方式、支护方式(超前、初期、二次)支护参数和支护设置时机等。隧道围岩破坏模式是上述因素中的一个或若干个综合作用的体现。

目前对隧道塌方问题的研究主要集中在事后的治理措施及事故原因分析方面,对隧道塌方破坏机理尚无系统的研究。此外,从规范制定情况来看,我国铁路隧道设计规范采用的是由大量工程实际总结出来的塌方公式作为设计荷载,而公路隧道设计规范仅是沿用铁路隧道的规定,尽管公路隧道在断面形式与大小上与铁路隧道有显著的不同。

引起隧道塌方的原因有多种,概括起来可归纳为:自然因素,即地质和水文地质条件及其变化;工程因素,即在平衡稳定或未平衡稳定的岩土体中进行隧道施工时引起地质和水文地质的变化；人为因素，即不合理，不适当的设计，不合理、不适当的施工方法等。

8.3.2 隧道围岩大变形形成机理

围岩的变形破坏首先取决于围岩性质，其中包括围岩体的岩性、结构条件，其次受到围岩的环境条件即地应力的大小、地下水的发育分布状况的影响，同时也与围岩的支护条件密切相关。围岩大变形演化机制总体上可以归结为以下方面。

8.3.2.1 软岩的塑流

开挖导致围岩应力的调整，应力调整引起的扩容使岩体中原本闭合的结构面张开滑移，以及围岩岩体进一步碎裂化，在改变岩体应力状态和强度的同时，围岩中地下水沿张开裂隙渗流和软化作用，导致塑性流动使围岩产生较大的收敛位移。鹧鸪山隧道软岩段在地下水渗出后发生的拱顶下沉、边墙内鼓就属于高应力强度比引起的软岩的塑流。

8.3.2.2 软岩的膨胀变形

岩石膨胀的必要条件是膨胀性岩石、水和应力。膨胀性岩石含有大量的蒙脱石、绿泥石和高岭石一类的片状膨胀性矿物。对于膨胀岩地区的地下工程，开挖卸荷导致径向应力大幅度降低，以致于在无支护情况下，即在洞壁附近达到了围岩膨胀的应力条件；另外，爆破产生的裂隙、原有裂隙张开滑移甚至应力调整过程新产生的裂隙均为水的进入提供了必要的通道。在这两方面作用下，膨胀性围岩随即发生膨胀变形，导致作用在支护上的荷载缓慢增加。

8.3.2.3 板梁的弯曲变形

对于在层状（特别是薄层状）岩体中的地下洞室，其变形破坏机制可以用弯曲来加以解释。尤其在高地应力区的卸荷条件下，岩体更易发生弯曲变形以致破坏。由于地下洞壁的径向应力降低而切向应力增高、层状岩体以板的方式在横弯或纵弯作用下发生挠曲变形。由于洞室开挖和应力重分布，层状岩体发生弯曲，引起洞壁侧向变形。而在底板和洞顶，则可在水平应力作用下发生垂直方向的弯曲引起压顶和底鼓。

8.3.2.4 塑性楔体

节理化岩体塑性变形最终导致既有结构面形成滑移面，这些滑移面在洞室围岩空间内组成了塑性楔体并向洞内剪切滑移。随着主应力方向以及侧压力系数的不同，塑性楔体可出现在洞周不同的部位，从而引起这些部位围岩及支护结构的破坏。

8.3.2.5 结构性流变

在地下工程中，尤其开挖高地应力裂隙化岩体中的地下洞室，围岩所表现的大变形特征和长期监测资料表明，自洞室开挖至数月或数年内，围岩的变形和应力分布均随着时间而发生变化，具有明显的时间效应特征，这种变形就是结构性流变围岩具有的特征。

8.3.2.6 累进松脱扩展

处于浅表生改造带遭受过浅表生作用改造的岩体，围岩岩体较为破碎，但在围岩中存在地应力。隧道工程在这类围岩中通过，围岩的变形破坏表现为松动圈累进性扩展特点，如支护不及时或支护措施不当，将导致大变形的发生。

8.3.2.7 差异性的松脱

在遭受近地表浅表生作用改造的移动变形体下部的隧道工程，围岩地应力已经释放，围岩岩体为近散体结构特征，围岩变形破坏的扩展过程很快，可以一直发展到地表。

8.3.2.8　倾斜沉降变形

隧道工程下部的地下采空煤层的分布为倾斜时，由于沉降变形而导致顶板岩层平衡条件被破坏，产生弯曲、塌落，塌落通常是突发性和持续性的，塌落引起采空区上部整个地层的破坏和向采空区移动，以致地表产生变形和破坏。

8.3.2.9　垂向沉降变形

隧道工程下部地下采空煤层的分布为近水平时，采空区顶板产生弯曲、塌落，塌落引起采空区上部整个地层的破坏和向采空区移动，导致上部隧道围岩和隧道结构的弯曲破坏。

第9章 软弱隧道塌方原因分析

9.1 不良地质条件原因

9.1.1 不良地质构造

由地质因素引起的塌方可归结于不同的原因,首先是地质条件评价的准确性,其次是岩石构造因素。如果错误地评价了围岩分类指标而导致塌方,从现象上看似乎是由于地质条件而引起的,但实际上应归结于不正确的设计,这种塌方有时是完全可以避免的。岩石的构造因素包括倾斜岩层、褶曲等。

(1)隧道穿过断层及其破碎带,或在薄层岩体的小褶曲、错动发育地段,一经开挖,潜在应力释放快、围岩失稳,小则引起围岩掉块、坍落,大则引起塌方。当通过各种堆积体时,由于结构松散,颗粒间无胶结或胶结差,开挖后多引起坍塌。

(2)因岩层构造原因发生的塌方。Ⅲ级围岩拱部无支护时,可产生小塌方,爆破震动过大时易塌方;Ⅳ级围岩拱部无支护时,可产生较大的塌方,侧壁有时失稳;Ⅴ级围岩易塌方,处理不当会出现大塌方,侧壁经常小塌方,浅埋时易出现地表下沉和塌方至地表;Ⅵ级围岩极易塌方，极易变形，有水时会发生流泥流沙，浅埋时易塌方至地表。地质多变地段容易发生塌方，尤其在软硬岩交界和地质突变处更容易发生塌方。

（3）褶曲构造对隧道塌方产生的影响：①隧道在向斜层开挖，多出现掉块和坍塌；②隧道在平行褶曲轴通过，易产生较大偏压；③向斜构造中，一般在轴部多储存大量地下水，且多有承压性质，施工中常遇较大的突然涌水。

9.1.2 软弱围岩大变形

软弱围岩大变形也是导致隧道塌方的主要原因。在复杂地质条件下（如在断裂带影响下）或者含有高岭土或者蒙脱石、伊利岩矿物化学成分时，岩层具有膨胀性，隧道施工遇到围岩大变形时易发生塌方。隧道围岩大变形是围岩岩体在地应力、工程扰动和地下水活动等环境下的一种变形破坏现象，其实质是由于围岩开挖引起的地应力重分布超过岩体的屈服强度而使岩体发生塑性变形，围岩自承能力的丧失或部分丧失，变形得不到有效约束，围岩发生塑性变形破坏，从而使围岩支护遭到不同程度的破坏。

软弱围岩的变形破坏机制主要有应力释放和围岩回弹、塑性楔体流动变形、围岩膨胀以及扩容挠曲等。对于软岩，主要存在围岩塑性流动挤出和膨胀挤出两种观点：一种认为地下工程开挖引起的重分布应力达到屈服面后围岩处于塑性状态，发生塑性变形并引起围岩应力的进一步调整，最终形成剪切滑移面并组成塑性楔体向洞内滑移；另一种认为含膨胀性矿物的软弱围岩，在一定条件下，其岩体产生膨胀，引起围岩变形。

围岩大变形的机制可以从以下两点进行分析：

（1）软岩的塑性流动。通常表现为强的塑性或者流变性。在隧道开挖前，岩体在高围压的作用下处于紧密和干燥状态。在隧道开挖后，由于岩体受构造和风化作用影响严重，岩体松散、破碎，自稳能力极差。当进行初期支护后，由于岩体完全松散、破碎，围岩体不能发挥其自承能力，此时将可能产生一个塑性区域，作用于初期支护上的围岩压力将特别大，随着时间的推移，岩体将产生一定的塑性流动，当初期支护难以抵挡塑性区域内作用于其上的围岩压力时，初期支护将产生变形破坏，此时就会产生隧道围岩大变形。

当围岩结构比较均匀时，产生大变形的形状以及围岩的塑性流动区，一般来说比较规则，作用于初期支护上的荷载呈对称分布，因此表现在隧道初期支护上的大变形也比较规则；当围岩结构不均匀或者松动岩体仅构成局部围岩时，则表现为局部偏压或者侧鼓现象，呈现局部大变形现象。

（2）软岩的膨胀变形。岩体发生膨胀变形的必要条件是膨胀性岩石和水的存在。例如，云岭隧道的片岩（如绢云母石英片岩和绿泥石英片岩）都属于典型的膨胀性岩体。膨胀性软岩的成分与泥质有关，而泥质的主要成分为黏土矿物。黏土矿物是指具有片状或者链状结晶构架的铝硅酸盐，其主要分为高岭土、蒙脱石和伊利石。绢云母石英片岩具有弱膨胀性，黏土岩具有较强的膨胀性，它们在云岭隧道现场是以互层的形式出现，因此对隧道围岩的变形也会造成较大的影响。由于围岩的膨胀变形与水和时间有关。因此，膨胀压力是随着时间缓慢增加的，并且具有膨胀性的岩体在变形时往往伴随着其他机制的影响。

9.1.3 不利的地形、地貌因素

（1）隧道穿越地层覆盖过薄地段，如在沿河傍山等偏压地段、沟谷凹地浅埋和丘陵浅埋地段，都极易发生塌方。

（2）隧道穿越地表水源，如水塘、水库、沟槽、冲沟等地段。

（3）隧道穿过地面建筑物，而且埋深浅，如城市地铁隧道、城市过街隧道等。

（4）影响隧道洞口安全与隧道洞身稳定的不良地质和特殊地层：崩坍、错落、岩堆、滑坡、人为坑洞、泥石流、断层、流沙、膨胀岩、岩溶、岩爆等。这些都是常常引发塌方的地质条件。

9.2 地下水因素

水是造成塌方的重要原因之一。地下水的软化、浸泡、冲蚀、溶解等作用加剧岩体的失稳和坍落。岩层软硬相间或有软弱夹层的岩体，在地下水的作用下，软弱面的强度大为降低，因而发生滑坍。地表水源对围岩的长期作用，如降雨、降雪，雨水和冰雪融化后渗入土体引起塌方。

根据相关统计资料可以看出，地下（表）水是引起隧道塌方的第二大主要因素，且塌穿型塌方多数受地下（表）水影响。地下（表）水对塌方的影响见表 9-1。从表中可以看出，受地下（表）水影响的拱形塌方的塌方高度与隧道跨度的比值（h/B）较大，塌方程度较严重；塌穿型塌方相对埋深（隧道埋深/隧道跨度（H/B））及地表陷坑宽度与隧道跨度的比值（W/B）较大，破裂角 φ 较小，隧道塌方程度较严重。

表 9-1　地下（表）水对隧道塌方的影响

地下（表）	拱形塌方	塌穿型塌方		
	h/B 平均值	H/B 平均值	W/B 平均值	φ 平均值
受地下（表）水影响	1.67	3.53	2.02	85°
不受地下（表）水影响	1.10	2.38	1.64	92°

围岩岩体中地下水赋存条件与活动状况既影响围岩的应力状态、围岩的蠕变力学特性，又影响围岩的强度，进而影响隧道围岩的稳定性。围岩中地下水状态一般可以分三级，即干燥、有渗水、潮湿。实践证明，只要隧道围岩是干燥的，即便是通过软弱的或破碎的岩层时，围岩的稳定性总是较好的或危害比较微弱，并且易于克服。当隧道处于含水层中或隧道的围岩透水性较强即隧道围岩中的地下水状态为有渗水或潮湿时，地下水对隧道围岩稳定性的影响比较明显。

地下水的不利作用大体上有以下几个方面：

（1）隧道开挖形成了新的自由面，对有一定透水能力的围岩来说，附近的地下水有了新的排泄通道，因此在洞周产生了渗压梯度。这属于一种指向洞内，而且经常是不对称的附加体积力，增加了周围岩石向洞内运动的推动力；

（2）静水压力的作用，饱和水部分岩体的裂隙或有孔隙的岩石母体中有效压应力都减小，因此无论对裂隙或岩石母体，其应力状态均趋于恶化，即抗剪强度减弱；

（3）地下水的活动，增加了围岩中含水量和饱和度，大大降低了某些岩石的变形模量和强度，有时还引起剧烈的膨胀，使某些岩石屈服点下降、黏性增加，对裂隙面则使摩擦系数降低和黏聚力减小，因此加剧了围岩的破坏及变形；

（4）加快了围岩中的侵蚀及泥化作用。在地下水的通道上，由于溶解、搬运或某些矿物成分的化学分解以及与其他因素综合引起的物理、化学变化等，围岩的强度状况通常会进一步恶化。

对软弱围岩，在地下水的冲刷或进入细微裂隙时，岩石产生软化或泥化，降低了岩石强度，使岩体呈不稳定的状态，易产生塑性变形或崩解，引起塌方。对破碎的围岩来说，由于围岩中饱含地下水而裂隙水压力增大，围岩（尤其是拱部围岩）的自重荷载也增大，增加了破碎围岩发生塌方的可能性。在弱胶结砂岩和断层带糜棱岩中，由于地下水的活动，可能产生流沙和溶蚀，易形成泥沙石流状的塌方。对软弱结构面，地下水的活动使黏聚力和摩擦系数减小，结构面的抗剪强度降低；裂隙水压力不仅降低了结构面上的抗剪强度，而且地下水的流动会将软弱结构面中的充填物带走或使岩体处于饱和状态，使结构面上的黏聚力几乎消失，促使有滑塌趋势的块体发生沿软弱结构面滑塌，从而发生塌方事故。

地下水对围岩（主要是软弱围岩）的溶解、溶蚀、冲刷软化，会产生静水压力，或引起膨胀压力等，改变岩体物理力学性质，破坏岩体完整性，降低岩体强度，从而引起围岩变形破坏、失稳塌方以及由地下水引起的隧道涌水。

9.3 设计或施工因素

9.3.1 设计不当

在隧道工程的预设计中，不仅要研究断面形式、施工方法以及超前支护等内容，还应研究初期支护、二次衬砌、仰拱等结构的形式及参数等。隧道的断面形式是由隧道所处路线的设计要求决定的，而施工方法，超前支护，支护结构的方式及参数就有了很多的人为因素，主要表现为：

（1）设计条件与施工条件的差异。

（2）地质调查不细，未能作详细的分析，或未能查明可能塌方的因素。一旦隧道施工开始，也未能补钻补勘。

（3）由于设计所提供的地质及水文地质资料不详，或与实际出入较大，引起施工指导或施工方案的失误。

（4）设计支护方法不适合围岩，支护设计强度、刚度不够。

（5）设计未能跟着围岩变化走而滞后。对于NATM设计与施工的隧道，设计与施工仍然脱节。

（6）由于塌方是发生在施工阶段，故设计往往忽视了对塌方的预防。

9.3.2 施工不当

不规范施工也是导致塌方的重要因素之一。就我国现状来说，施工单位众多，隧道施工队伍的技术水平发展不平衡，管理及施工水平参差不齐，加之一些建设环节的操作不规范，"新奥法"岩承理论要求洞室开挖后及时提供支护反力限制围岩的松弛和变形，也正是在此过程中实现围岩的自承和自稳。反之，若在隧道开挖后不能及时地喷射混凝土予以封闭，围岩因为有了新的临空面而应力重分布，使松弛范围逐步扩大，从而不仅加大了荷载，与"新奥法"理论的初衷相悖，而且极易产生塌方等工程事故。当前在公路隧道施工中，在局部围岩相对较好的情况下，有些施工单位因为疏于管理或大意，喷射混凝土往往滞后于开挖掌子面10 m，甚至上百米，这不仅仅是导致塌方等安全事故的隐患，更对整个支护体系的受力极其不利。再如，按照施工规范的要求，超挖部分要用同强度等级混凝土或喷射混凝土回填密实，但有些施工单位只注重表面效应，只在表面用喷射混凝土喷射圆顺，超挖部分并没有回填密实，这使得初期支护与围岩之间产生了空洞，最终导致塌方。另外，对地质情况掌握不够，从而选择了不合适的施工技术，如不恰当地急于进洞、爆破方法选择不当或者选择了不合适的施工方法（如本应小断面开挖的，采用了大断面开挖；或应先拱后墙法的，而采用了先墙后拱法等）也会引起塌方。

施工措施不当主要包括在施工中该架设钢支撑的地段没有架设支撑或者即使架设了支撑但是支撑间距过大；锚杆长度不够，数量不足，角度不对；该挂设钢筋网的地方没挂网，或者是喷射混凝土的厚度不够；用模注混凝土代替喷混凝土，对围岩裂隙不能充填，甚至不能保证和开挖面密贴，不能形成喷层和地层的共同作用；台阶法施工时，上台阶的支护不成封闭环，用格栅拱时，未设锁脚锚杆，下部开挖使其失去支撑点，台阶过长；衬砌滞后、掘进过长，初期支护不及时，或初期支护暴露时间太久，二衬未及时跟上，初期支护未达到设计要求，强度不足；初期支护不到位，未及时封闭成环；在围岩类别有变化时，未根据实际情况及时调整初期支护方案等。

9.3.2.1 施工方法、施工顺序和施工技术、工艺方面的因素

（1）不适合围岩的施工方法与施工顺序：

①开挖方式、开挖方法不适合实际围岩类别；

②施工顺序不适合实际围岩类别；

③支护方式与方法不适合实际围岩类别、支护闭合时间过长；

④断面选择不当，如应选择小断面分部开挖，而不恰当地选择大断面开挖；

⑤二次衬砌施作时间选择不当，施作二次衬砌时间过迟，初期支护变形过大或部分失效，而发生塌方；

⑥施工作业安排不当，围岩暴露时间过长，而未能及时支护。

（2）不恰当的施工技术与不良的操作：

①钻爆法开挖不采用光面爆破方法，炸药用量过大；

②洞口未能严格执行"早进晚出"原则，洞口仰坡、边坡未处理好

就盲目进洞，引起严重塌方，甚至发生"关门"灾害；

③洞口刷方过高以及地表水处理不当引起塌方；

④地质条件发生变化，没有及时改变施工方法；工序间距安排不当；施工支护不及时，支撑架不合要求，或"先拆后支"等不正确抽换；地层暴露过久，引起围岩松动、风化导致塌方；

⑤喷锚支护不及时，喷射混凝土的质量、厚度不符合要求。钢支撑接头及纵向连接质量差，钢支撑与岩壁存在空穴不密贴，喷混凝土、锚杆、钢支撑不能起到共同作用；

⑥对危石检查不重视、不及时，处理危石措施不当，引起岩层坍塌；

⑦不能按照实际地质条件控制开挖进尺，进尺过大引起塌方。

（3）施工技术和工艺方面：

①发现塌方预兆未能及时处理；

②开挖方法转换时不注意支护变化；

③工序脱节、突击开挖、衬砌落后太多；

④小塌方之后采取措施不力；

⑤由于贯通面压力较大，而贯通面支护较弱、进尺较大而引起塌方。

9.3.2.2 施工管理方面的因素

①施工组织中没有地质超前预测预报和防止塌方的计划方案、技术措施和防塌物资、器材、机械、机具以及支护材料的准备；

②施工管理上不顾地质条件好坏，只追求进度，在该采用短进尺循环的地段不采用而引起塌方；

③采用"施工规范"或"施工组织设计"中明文规定不准使用的施

工方法和不适当的施工顺序而引发塌方；

④由于没有严格的施工管理，针对工点的施工技术方法与措施不能及时保质保量地兑现，结果造成塌方；

⑤由于没有严格的施工管理，随意变更施工组织设计和施工技术措施而造成塌方，如规定"先护后挖"地段随意改为"随挖随支"或"先挖后护"造成塌方；

⑥采用 NATM 法施工，但对"新奥法"的认识不完整，甚至误解。在实施过程中缺乏管理，致使即使采用了 NATM 法也未能制止塌方。变形监测与控制就是 NATM 法重要的一环，但往往缺乏系统监测，或者有监测无控制，结果虽然发现了变形明显增大，或变形量大大超过管理值时，未能及时进行补强，未能变更设计，最后控制不住变形，使初期支护和围岩失稳而塌方；

⑦施工操作管理不严，施工操作质量差或操作违章不能达到施工工艺要求，往往"因小失大"而造成塌方。例如，钻爆法过量装药则破坏了光面爆破技术；对于网格支撑，喷混凝土作业不能达到工艺质量要求，存在露筋或喷混凝土不饱满，致使网格支撑不能达到应有的作用，一旦受力，网格支撑发生失稳，造成塌方；

⑧在施工管理方面，未能贯彻以总工程师为首的技术责任制，技术责任不清，技术管理脱节，不能从技术上发现塌方预兆去主动防止塌方发生。

9.3.2.3 判断失误与个人行为方面的因素

①施工人员不懂工程地质，不懂支护作用，不能判定围岩的稳定，对自稳能力估计过高，不能判断支护的稳定性。

②施工技术管理人员技术水平较低，缺少防坍经验，缺乏判断和应

变能力，尤其是对地质复杂的长大隧道缺乏地质专业技术人员，往往对地质判断分析发生差错或判断分析不准确，使施工方案发生错误而引起塌方。

③施工管理人员个人主观意识太强，存在侥幸心理，迷信自己的经验，不顾客观状况，作出不切合实际的决定，自认为不会发生塌方。这种心理障碍往往造成不必要的塌方，可谓因个人因素引起塌方。

④虽然为数不多，但造成危害极大的是存在"内行"和"外行"的管理负责人的瞎指挥或野蛮操作，他们往往为"眼前利益"所驱动，严重违反"施工规范"和防坍施工组织与技术方案，冒险组织施工，最后造成不可收拾的大塌方。

⑤在较好的岩层中，施工人员忽视了岩层节理面与软弱面的存在，尤其是不掌握工程地质的施工人员只认岩石软硬，不认其岩层结构。而岩层节理面与软弱面的存在，使得隧道开挖临空面形成后，在节理面的大块切割下，岩层沿软弱面滑出形成塌方。此类塌方的特点是具有突然性，它比软弱围岩还来得突然。

⑥名为 NATM 法施工，实际没有把变形量测作为一道工序，未能形成完善的监测与反馈体系，不能及时提供围岩的变形及其发展趋势；量测虽已反映出了变形趋势，但却未加重视，没有及时判断处理，造成施工与量测脱节，有量测、无行动，达不到防坍的目标。

⑦只注意了评价围岩总体属于几级围岩，忽视了对容易发生塌方的岩性（岩质）分析判断，从而产生了判断上的错误，造成突然塌方。

⑧按 NATM 法施工，没有按规定进行量测，或信息反馈不及时，决策失误，措施不力。不是根据数据决策，而是凭个人经验或想象主观决策。

9.4 爆破扰动影响分析

岩石爆破的作用过程可以从两个方面来解释：一方面，爆炸产生的高压气体在炮孔周围迅速形成一个强应力场，使岩石破裂，随着高压气体的膨胀，其气楔作用和鼓包作用使裂缝延长，裂隙张开，岩石破碎；另一方面，爆炸产生的巨大冲击波到达粉碎中心区的岩石后，迅速衰减，形成应力波向四周传播，造成岩石裂缝，在某些界面反射产生拉应力，造成破坏。

爆破震动是炸药在岩体中爆炸时，爆破地震波对岩体产生扰动，这种扰动以应力波的形式传播，在爆源近区和中区，由于应力波峰值高于岩石的抗拉强度，岩石被破坏，形成压碎区、裂隙区或爆破损伤区；在爆破远区，应力波峰值低于岩石强度，形成弹性应力波，即爆破地震波，使岩体产生弹性震动或损伤，对隧道围岩产生震动危害。爆破地震波的作用使围岩中的原岩应力发生变化，剪应力增加，使原生构造面、构造结构面、原有的裂纹、裂隙扩展和延伸，甚至产生新的爆破裂纹和微裂纹，从而影响围岩的整体稳定性。

爆破对工程岩体稳定性的影响主要体现在两个方面：一方面使岩石的力学性能劣化，使岩石的强度和弹性模量降低；另一方面在岩体内产生裂纹或使岩体原有裂纹扩展等，从而影响岩石的完整性。爆破对围岩的影响程度与距爆破点的距离及装药条件和爆破参数密切相关。随着距炮孔距离的增加，对岩石强度和弹性模量的影响逐步减弱，即围岩受损伤或受爆破影响的程度减弱。

爆破是一个施加动荷载的过程，它的特点是加卸载速度快，带有冲击性质。岩体破坏不仅决定于介质力学性质差异，还与加载性质、加载速率明显相关。研究及工程实践表明，动、静荷载对岩体破坏性态是不同的。动应力破坏不受岩土中最薄弱部位控制，破坏可瞬间在多处发生。

爆破使岩石力学参数向不利于围岩稳定发展的影响主要表现在三个方面：

（1）多次爆破，反复加载。反复爆破对围岩整体来说，加载的位置是逐渐变化的，加载量或爆破规模有规律，在工程中形成进尺循环或周期，这样产生的岩石疲劳或累积效应使岩石的塑性变形降低，而裂隙又不断变化扩展，对围岩稳定性不利。

（2）加载方向的影响。室内试验研究表明，加载方向对裂隙影响明显。工程实际中必须考虑爆源位置、爆破开挖的空间顺序对层理弱面形状、方位、倾向的影响。岩石强度受到垂直于层面的加载比受到平行于层面的加载要大很多。

（3）大量拉应力的产生。爆破产生的弹性波使软弱层的拉应力加大，裂隙末端造成拉应力破坏。

岩石作为一种脆性损伤材料，存在着大量的微裂隙、微裂纹等缺陷。爆破对岩体基本质量的影响和破坏过程是由于其内部大量微裂纹的成核、长大和贯通而导致岩石宏观力学性能的劣化乃至最终失效或破坏的过程。杨小林等提出了爆破影响岩体基本质量指标的概念，基于损伤力学推导了爆破对 BQ 值影响系数的表达式，从而可以定量地分析爆破对围岩质量的影响及损伤程度。见式 9-1：

$$\eta = 1 - \frac{3\Delta R + 250D}{BQ_0} \quad (9-1)$$

式中，ΔR 为爆破前后岩石的单轴抗压强度之差；D 为根据弹性波速定义的损伤变量，$D = 1 - (V_{PB}/V_{PO})^2$。其中，$V_{PB}$、$V_{PO}$ 分别为爆破前、后岩体的弹性纵波波速；BQ_0 为爆破前岩体 BQ 指标。

在矿山井下岩石大巷的掘进爆破试验结果表明，爆破对围岩质量的影响范围超过了 25 倍，在该范围内的影响系数 η 为 0.7～0.9，即岩体基本质量指标 BQ 减小了 10%～30%。

爆破冲击荷载的作用造成围岩的抗压强度降低，进而直接导致其承载能力降低。相关人员的研究表明，炮孔附近区比例距为 10 的部位降低幅度最大达到 39.5%，而在比例距为 40 的部位降低幅度最小有 2.8%。

爆破对隧道塌方的不利影响主要表现在以下几个方面：隧道施工时，爆破作业不合理，使隧道周边围岩频繁受到强烈的扰动，严重影响了围岩的稳定；光面爆破效果差，周边参差不齐，导致初期支护的格栅拱架或工字钢拱架不能与岩石密贴，减弱了支护作用。

第 10 章　隧道坍塌处理技术

隧道发生塌方后应及时进行治理，避免造成后续施工安全问题和影响工期。塌方的机制不同，部位不同，引起塌方的原因不同，其相应的塌方处治方案也不同。不过，都要满足以下条件。

（1）安全：塌方的处理必须保障施工人员的安全，做到万无一失。

（2）保质：保证工程质量，确保施工过程的质量要求和长期效果，不留任何隐患。

（3）快速：处理时间短，保证工程进度。

（4）经济：在安全、保质、快速的前提下，费用最低。

实践证实，塌方发生后在一段时间内就会趋于稳定，形成自然拱，而自然拱的高度、宽度与普氏平衡拱理论计算结果基本相符，以普氏平衡拱理论和"新奥法"原理为依据来指导塌方处理经实践证明是行之有效的。

根据塌方的不同位置和塌方段的地质情况，其处理的方法也不一样。常用的方法有管棚法、小导管注浆法、三台阶开挖法、二次衬砌加强法及回填法等；当然还有各种方法的组合形式以及一些新的施工工艺，如对拉锚杆在塌方中的应用，从而形成了一系列塌方综合技术处理措施。

目前对于各种塌方处治方法原理的研究是个热门课题，这方面的研究工作主要集中在对管棚、注浆法等超前支护措施在塌方破碎带地层的加固机理分析。已有的研究成果表明，管棚支护的力学效应主要有梁拱效应、环槽效应和强化岩体效应三个方面。通过注浆加固围岩后，隧道拱顶以上被加固密实，形成结实体，从而达到整体稳定的效果。陈亚林和马涛将管棚和注浆法相结合，进行超前预加固后，加固圈将起到承载拱的作用，承载拱上部岩层的重力形成塌方区的加固圈，达到有效治理塌方的目的。

洞身的塌方处治主要表现在以下几方面：

（1）塌方量较小时的处治。小规模塌方采用在原支撑拱架上部立小拱架的方式，用拱架把坍塌面支撑起来，同时对坍塌面用锚网喷进行封闭。然后再对原断面进行喷射混凝土施工，原断面初期支护施工时要在坍塌位置的拱部预留注浆管。待支护稳定后第一次对坍塌的空腔压注砂浆或泵送混凝土进行填充。

（2）塌方量很大或通顶时的处治。隧道塌方一般的治理原则是"先加固、防扩展、后处理"，要求有条件的情况下"宁早勿迟、宁强勿弱"。根据隧道开挖揭示的地质条件，以及初期支护下沉、开裂的实际情况，充分考虑复杂层状围岩岩体结构相互关系。

（3）地表有沉陷的处治方法。地表及时回填并夯实（或喷混凝土封闭），可预埋注浆管，搭防雨棚，挖排水沟；对塌方相邻段作强支护，以控制塌方的发展和蔓延；塌方体处理，洞内塌体用钢轨或小钢管棚超前支护，立钢拱架，在排与排之间施焊钢筋连接，使之成为整体。塌碴处理，随挖随撑，超挖部分用同强度等级混凝土回填；进行监控量测；循序渐进，往前施工；衬砌按钢筋混凝土结构进行特殊施工。

（4）膨胀岩的塌方处治方法。排除膨胀岩形成的塌方，常常是一种艰难的任务。排除膨胀岩形成的塌方最好的办法，是逐步开挖和支护法，另开挖一旁通道来实现，如果该地区的地层材料固结性很低，在通道掘进进入该地区前，为了减少孔隙压力，必须在顶板上方高处钻一些长的排水孔。

（5）洞内有大量涌水的塌方处治方法。施工中应注意隧道的水文地质情况岩层裂隙倾向及地表水补给情况，有针对性地采取水的处理措施；坚持"以排为主，截、堵、排相结合"的处理方法。

（6）洞内溶洞的处治方法。在石灰岩地区修建隧道工程时，岩溶问题是不容忽视的。加固已开挖段的支护，在距洞内泥屑流段稍远处对正洞进行铺底和拱墙衬砌，对靠近洞内泥屑流段的正洞进行压浆和初期支护，布置纵环向钢筋网喷混凝土，并设置量测点，加强变形监测；排水降压，开挖平导进行排水。对大型溶洞，可能要采取梁跨的措施，采取横梁和支墩支托纵梁，纵梁上再做隧道边墙，纵梁采用钢筋混凝土板梁以支撑边墙，板梁分别置于悬臂横梁上，悬臂的固定端埋入钢筋，增加稳定性。对中小型溶洞应作清除溶洞内充填物和悬吊钟乳处理；沿洞周边打锚杆，布设钢筋网，喷混凝土；施作二次混凝土衬砌；溶洞空穴回填密实等。

10.1 隧道洞口地段防坍技术

隧道洞口地段一般地质条件差，且地表水汇集，施工难度较大，如何进洞和做好洞口工程，也有一个方法问题。施工时要结合洞外场地和相邻工程的情况，全面考虑、妥善安排、及早施工，为隧道洞身施工创造条件。

防止洞口段塌方，必须选择正确的施工方法和相应的工程措施，并正确估计工程地质因素的不良影响。"早进洞，晚出洞"是隧道的设计原则，必须遵守，要采用弱爆破，减少爆破震动影响，地表要及时加固并防护，同时要加强地表和洞内位移测量。

由于每座隧道的地形、地质及线路位置不同，要很明确规定洞口段的范围是比较困难的。在一般情况下，可以将由于隧道开挖可能给上坡地表造成不良影响的洞口范围称为洞口加强段。每座隧道应根据各自的围岩条件来确定洞口段范围。

隧道洞口工程主要包括边，仰坡土石方，端墙、翼墙等洞门坞工，洞口排水系统，洞口检查设备安装，洞口段洞身衬砌（洞口工程中的洞门施工，一般在进洞后做好洞口环（一般为12 m）衬砌后尽快做，并应做好边仰坡防护，以减少洞门施工对洞身施工的干扰）。洞口段与隧道洞身相比有许多不同之处，应注意处理比洞身更难的问题。

10.1.1 洞口及洞口段工程地质特点

根据施工经验，隧道洞口段围岩一般较为破碎，地质条件差，隧道埋深浅，偏压现象也多在洞口段。同时，地表水和雨雪都可能渗入洞口段地层中，软化地层，增加施工难度；另外，还会遇到洞口附近水库或池塘蓄水的影响。开挖洞口边、仰坡时，常常破坏山体原有的平衡状态而失稳，发生坍塌。洞口段往往是软硬岩层交界的地方，处理不好也会引起塌方。特别应该引起注意和处理的地层有：

（1）软弱围岩浅埋；

（2）偏压地层；

(3)滑坡和顺层滑坍岩层;

(4)岩堆;

(5)泥石流沟谷;

(6)堆积层;

(7)厚层碎石土、块石、块土;

(8)地表可能储水或雨雪后积水的沟槽地貌。

10.1.2 隧道洞口段施工防坍技术措施与预加固方法

隧道洞口及洞口段防坍施工原则如下:

(1)必须非常重视隧道洞口和洞口段的施工,制定完整的进洞方案。应切实按照施工设计图、施工规范和施工组织中关于洞口及洞口段专门条款进行施工。

(2)必须强调洞口段施工严格执行"早进晚出"和"尽量保持边、仰坡稳定"的原则,这是我国经典性的隧道施工经验,也是防止洞口塌方的经验。隧道进洞顺延山坡坡度,尽量不扰动洞口段岩体的稳定,尽量不破坏岩体坡脚,尤其是处于滑坡或堆积层或有顺层滑塌危险的洞口,更应采取保护坡脚的施工措施。

(3)仰坡按设计分层开挖和防护。Ⅳ~Ⅴ级围岩宜分两层:第一层刷至起拱线,在上半断面进洞一段距离后再进行下面第二层的开挖,洞口处理稳当后再进行洞内下半断面开挖。仰坡坡度一次刷够,提前做好天沟,及时做好洞顶和洞口排水系统,避免积水。

(4)洞口段施工中最关键的工序是进洞开挖,应根据地质条件选择合理的预加固方案和方法,选择合理的开挖方式与开挖方法。

①采用钻爆法开挖,一定要坚持"短进尺,弱爆破"的光面爆破或预裂爆破。进洞开口开挖进尺不超过 1.5 m。

②洞口段围岩若为Ⅳ～Ⅴ级围岩，则地质条件较差。应采用台阶法施工，上半断面尽量采用预留核心环形开挖法；对于浅埋和偏压隧道，应采用地表预加固和围岩超前支护方法，做到"先护后挖"。

③洞口段围若岩为Ⅴ～Ⅵ级，则应采用特殊方法进洞施工。采用台阶法开挖，尽量采用人工配合机械开挖，要采取提高围岩强度和加固围岩的方法施工。开挖前应对围岩采取预加固措施，如采用超前预注浆，超前锚杆或超前小导管或采用管棚法施工等，钢架紧贴洞口开挖面进行强支护，再进行开挖作业。

（5）采用强支护，预加固围岩和超前支护等支护手段和辅助工法进行洞口开挖支护。

（6）台阶法开挖下部时，应采用两侧前后错开，不要中间拉槽对开马口，且应开挖一榀和接一榀钢架的方法，随挖随支随喷混凝土和打设锚杆。

（7）开挖台阶不宜过长，做到尽早成环，先做仰拱，尽早封闭。同时，应该尽早衬砌，首环衬砌长度不应小于6 m。

（8）隧道洞口衬砌不允许采用"先拱后墙"施工方法。

（9）尽早完成洞门工程，增强洞口段的稳定性，这也是洞门的功能。

（10）如有明洞，应采取先做好明洞后进隧道的施工顺序；相反，如先进隧道后做明洞，开挖边、仰坡时容易引起塌方。

10.1.3　防止洞口滑坡塌方技术方案

洞口滑坡带的存在对隧道施工和后期运营都有较大的影响，因此经过工程实践，对于滑坡塌方的治理已形成许多成熟的工艺方法，具体有：

（1）洞口增设抗滑桩（范围纵向、横向，依据其滑动方向，桩数量与长度根据滑坡规模与深浅而定）；

（2）接长明洞，不扰动滑坡体；

（3）反压回填；

（4）锚索（预应力锚索）；

（5）锚固桩；

（6）浅埋隧道采用地表注浆加固；

（7）大管棚进洞（嵌入）；

（8）抗滑挡墙；

（9）垂直搭接插板挡土；

（10）边坡设置加强型骨架护坡或者锚杆加地梁护坡。

10.1.4　不良地质条件下隧道洞口段防坍技术措施与施工参数

不良地质条件下隧道洞口段常用的主要防坍技术与施工参数见表10-1。复杂地质条件下隧道洞口段主要防坍技术与施工参数见表10-2。

10.2　浅埋隧道防坍技术

10.2.1　浅埋隧道的界定

关于浅埋隧道的界定，一直有许多不同的认识，有许多不同的观点，大都是从设计和施工所总结出的实际工程浅埋隧道围岩特性，支护与衬砌受力状态及其安全施工经验来考虑。

观点一：在施工中，不能保证形成承载拱的深度，可作为深、浅埋的分界深度。这是从松弛荷载角度确定的方法。据此，深、浅埋分界深度是隧道开挖宽度的2.0～2.5倍。

表 10-1 不良地质条件下隧道洞口段常用的主要防坍技术与施工参数

名称	方法					
	地表垂直砂浆锚杆	抗滑桩	锚索	减载反压	地表注浆	挡土墙
地形、地貌与地质条件	围岩为块石体、顺层陡坎、平缓山坡及浅埋隧道洞口顶竖向加固	浅层滑坡带、顺层带、偏压带或岩层间有塑性滑层时	大型深层滑坡体、顺层带、偏压带	滑坡体上陡下缓且基床稳定，或地表已有裂纹时	埋深不大于 30 m 的隧道	滑坡带及围岩破碎带
防护加固类型	系统锚杆、地表锚杆	钢筋混凝土桩、钢轨桩、桩间墙、混凝土钢轨桩	锚索束、锚索桩	刷坡减载、取土反压	常采用水泥－水玻璃双液浆	重力式、衡重式、填腹式、柱板式、锚杆式
施工参数	采用 20 锰硅螺纹钢或钢筋，Φ=16～22 mm，钻孔直径≥40 cm，L≤6 m，浅埋段洞顶加固时为地面至洞顶距离 @=1～1.5 m，梅花形布置，水泥砂浆强度等级 M20，200 号水泥	常采用钢筋混凝土形式，断面尺寸有 1.5 m×2.0 m，2.0 m×3.0 m。桩间距一般 7～12 m，最大不超过 15 m。护壁可采用混凝土、钢筋混凝土、喷混凝土等	长度 10～50 m，预应力可 400～1500 kN。锚索孔一般采用 115 mm 孔径，锚索采用 6 Φ15.2 mm 高强度低松弛钢绞线，抗拉强度不小于 1860 MPa，全孔注 350 号水泥砂浆，注浆压力为 0.4～1.0 MPa	施工后坡面应平整密实，并做好排水设施	注浆孔按梅花形或矩形布置，钻孔垂直于地面，孔间距为 1.4～1.7 倍扩散半径，孔深至起拱线位置为宜，纵向长度超过不良地段 5～10 m	基础应埋入基岩不小于 0.5 m，土质不小于 1.5 m，基底多为反坡或台阶，背后应设必要的排水设施；施工时应分段开挖，随开挖随下基随砌筑

续表

名称	方法					
	地表垂直砂浆锚杆	抗滑桩	锚索	减载反压	地表注浆	挡土墙
加固方法						
加固范围	横向宽度大于1~2倍洞跨，纵向长度为2倍洞跨	对施工、运营有影响的滑动带、顺层带、偏压段	锚索安设范围内	减载反压及其牵引带范围内	隧道周边围岩	挡墙范围内
技术要点	根据边、仰坡度和自稳能力、岩层走向确定有关参数及锚杆施作角度	确定滑动面位置，滑动方向和滑动力大小	确定滑动面位置、范围、滑动力大小	确定减载反压的最佳部位，避免引发深层滑动	操作技术决定注浆效果	根据滑动体推力确定挡墙高度及厚度

表10-2 复杂地质条件下隧道洞口段主要防坍技术与施工参数表

项目	套拱	掌子面封闭	超前锚杆法	注浆小导管法	超前深孔注浆法	长管棚法
适用条件	浅埋段、地表有建筑物段	掌子面自稳性差，具有崩塌危险；无胶结岩层，松散岩层	V级围岩及IV级较破碎围岩	较干燥的、凝结力差的岩层、断层带、类软弱围岩无水带	I级和II级围岩、断层破碎带、富含地下水段、塌方和涌水事故段	浅埋段、地表建筑物密集段、含水破碎带、对地表下沉控制严格地段，及II级以下围岩段

续表

项目		洞口段加固技术				
		套拱	掌子面封闭	超前锚杆法	注浆小导管法	超前深孔注浆法	长管棚法
施工参数		C20混凝土或钢筋混凝土，水灰比0.55~0.6，厚度50~100 cm，每次施过6 m，人工施工	喷射混凝土加入速凝剂的C20混凝土，水灰比0.45~0.6，锚杆采用Φ22 螺纹钢，长1.5~3.5 m	Φ18~24 mm螺纹钢，钻孔直径大于40 mm，L=3~6 m，@=30~60 cm，外插角不大于15°，拱部钻孔位于开挖轮廓线外10~20 cm，两排之间搭接长度不小于1 m，充填M20早强砂浆	采用热轧花管，Φ=42~50 mm，L=3~5 m，@=25~50 cm，外插角10°~30°，搭接长度不小于1/3管长，注浆配合比 0.5:1.0，注浆压力0.5 1 MPa，扩散半径0.6~0.8倍导管间距	注浆孔间距小于2.5 m，破碎带一般不大于6 m，注浆半径1~2倍洞跨，注浆盘长度20~50 m，止浆盘5~10 m，材料采用水泥浆（42.5级#普通硅酸盐水泥），水灰比0.5:1~2:1	采用热轧花管，Φ80~180 mm，L=10~80 m，@=30~50 cm，外插角不大于3°，搭接长度不小于1:1.5 m，注浆压力2.5 MPa左右
加固类型		混凝土或钢筋混凝土预衬砌	喷射混凝土封闭、正面锚杆封闭	一般砂浆锚杆、自进式锚杆、注浆长锚杆	小导管、小导管棚注浆	工作面预注浆、利用辅助坑道向正洞注浆	加强型大管棚（内含钢筋笼）
加固范围		拱部范围为6 m，1或2环即间	掌子面范围	拱部，1~1.2倍拱部弧长，墙部，视围岩而定，其间距可比拱部间距大一些	埋深≤0.5倍洞长；埋深0.5拱；2/3 跨度；1倍跨度，埋深>1倍洞跨；0.5倍洞跨拱长	隧道跨度的1~2倍，断层破碎带扩大至1.5~3倍洞跨	拱部范围（起拱线以上，中心圆120°~180°范围）
技术要求		洞口有一定的混凝土生产场地	确定掌子面自稳时间	控制外插角，避免出现大超挖现象	控制外插角及注浆压力	确定注浆压力、注浆量	控制外插角及注浆压力

观点二：隧道开挖所造成的围岩松弛影响范围不能达到地表的深度，可作为深、浅埋的分界深度。据此，深、浅埋分界深度为隧道开挖宽度的 1～2 倍。

对于软弱围岩地段，为了较准确地判断隧道埋深的性质，可以通过荷载实测试验，应用实测压力（P）与垂直土柱重（γh）之比来确定隧道深、浅埋分界线。其判别标准可参考下列经验值：当 P/（γh）≤0.4 时，为深埋隧道；P/（γh）>0.4 时，为浅埋隧道；P/（γh）>0.6 者，定为超浅埋隧道。

根据国内外的工程实践，较为合适的认定是，将覆土厚度（H）和隧道开挖宽度（D）的比值大于或等于 2.0 作为深、浅埋分界深度，即隧道覆盖层厚度小于或等于隧道开挖宽度 2 倍的区段属于浅埋隧道，应按照浅埋隧道施工方法进行施工。

目前在浅埋施工中，由于对施工方法选择的需要，根据工程特点，又将浅埋分为浅埋和超浅埋两种。一般认为，上面覆盖层有发生整体下沉可能性的，属于超浅埋隧道；或者当覆盖层厚度与隧道开挖宽度的比值小于 0.4 时，也认为是超浅埋隧道。

在防坍技术中，要特别关注的不仅是埋深，更要关注在此埋深地段的岩层软弱问题。作为施工单位，判断隧道是否浅埋：①可依据施工设计图，②进行现场核对来确定。

10.2.2　浅埋隧道防坍技术要点

10.2.2.1　山岭隧道的浅埋段

山岭隧道的浅埋段多出现在洞口段、傍山隧道与低山隧道。城市交通隧道，过道隧道，地铁也往往属于浅埋和超浅埋，城市浅埋地下工程的特点主要是覆土薄、地质条件差（多数是未固结的土砂、黏性土、粉细砂等）、自稳能力差、承载力小、变形快，特别是初期增长快，稍有不慎极易产生坍塌或出现过大的下沉。浅埋隧道地层垂直压力大。施工中开挖的影响波及地表。常常发生地表开裂和地层整体下沉，发生地表沉陷变形。地表下沉量、开挖支护后拱顶下沉量较大。在变形量方面，不仅由于开挖直接引起围岩的沉降变形，还由于围岩的作用引起支护体系的柔性变形及施工各阶段中基础下沉变位而引起结构整体位移。超过一定限度整体失稳发生塌方。与变形量相对应而存在的地层塑性区的发展，还削弱了围岩的稳定能力，使施工更加困难。

10.2.2.2 采用刚性支护或地层改良

浅埋隧道施工支护时间要尽可能提前，尽可能地早期防止围岩松弛。支护的刚度应加大，以便抑制地中及地表的变形沉陷。为防塌方，必须对前方围岩实施改良加固及超前支护的基本措施。

浅埋与深埋相比，主要是难以形成承载拱。同时，在这种情况下多数会有地形偏压、表层软弱堆积物、风化带等对隧道开挖有很大影响的特殊问题。所以，在不同浅埋地段，根据地质条件会出现下沉急剧增大、地表开裂等变异，有时也会出现掌子面不稳定等现象。因此，要采取掌子面稳定措施和控制地表下沉措施。

地表下沉与埋深有密切关系。埋深大时，在隧道横断面内形成了承载拱，开挖引起的下沉局限在隧道周边；而埋深小时，没有形成承载拱，开挖下沉会直接达到地表面。在这种情况下，埋深小的隧道，因不能期待形成承载拱，故为防止支护下沉、增强支撑力而应采取必要的措施，采用注浆加固、垂直锚杆等辅助施工方法。控制与减少地表下沉量，减少沉陷槽宽度，提高自然拱的作用，减少下沉速率。

浅埋隧道掌子面前方的先行下沉很大，会造成很大的地表下沉，甚至坍穿地表。因此，采用前方地层的改善、管棚、水平高压旋喷等辅助施工方法是必要的。

在能够形成承载拱的条件下，可以采用"新奥法"施工；否则，不适用"新奥法"施工，尤其是超浅埋隧道。

10.2.2.3 浅埋暗挖法施工基本原则

浅埋暗挖法是依据"新奥法"的基本原理，开挖中采取多种辅助施工措施加固围岩，先护后挖，先加固后开挖；开挖后及时支护，封闭成环，使其与围岩共同作用形成联合支护体系，有效地抑制围岩过大变形的一种综合施工技术。该方法也是一套防坍的完整技术，现在已广泛推广应用。

（1）开挖方式。

施工中尽量减少对围岩的扰动，优先采用人工开挖或机械开挖。采用爆破开挖时，短进尺、弱爆破。对于单线铁路隧道断面（$\leqslant 60 \text{ m}^2$），采用台阶法开挖；对于大跨度（$\geqslant 10 \text{ m}^2$）、大断面（$\geqslant 80 \text{ m}^2$），按实际情况选择采用以下方法开挖：

①上台阶临时中柱法，适用于较好岩层；

②上台阶临时仰拱法，适用于一般岩层；

③眼镜施工工法，适用于较弱岩层和大跨城市地铁车站，地下停车场、地下商场；

④CD施工工法，适用于较浅或超浅埋隧道、地铁车站隧道；

⑤CRD施工工法，适用于软弱围岩和较浅、超浅埋隧道、地铁车站隧道、大断面隧道。

（2）相关措施。

①浅埋隧道容易受雨雪和地表沟槽、水塘、水库渗漏水的影响，因此要注意解决地表排水、截水问题；

②对于地下水丰富的浅埋隧道，应采取洞内井点降水和周边围岩注浆等措施来改善施工条件。在地表允许的情况下，也可结合深井降水和地面预注浆堵水等措施进行水的综合治理，以减少水的危害，对确保围岩的稳定、防止塌方都有效果。

（3）施工基本原则：

根据国内外的工程实践，浅埋隧道的施工基本原则有以下几点：

①管超前。采用超前支护的各种手段，提高掌子面的稳定性，防止围岩松弛和坍塌；

②严注浆。在管超前支护后，立即进行压注水泥浆或其他化学浆液，填充围岩空隙，使隧道周围形成一个具有一定强度的壳体，以增强围岩的自稳能力；

③短开挖。一次注浆，多次开挖，即限制一次进尺的长度，减少对围岩的松弛；

④强支护。在浅埋的松软地层中施工，初期支护必须十分牢固，具有较大的刚度，以控制开挖初期的变形；

⑤快封闭。在台阶法施工中，台上台阶过长时，变形增加较快，为及时控制围岩松弛，必须采用临时仰拱封闭，开挖一环封闭一环，提高初期支护的承载能力；

⑥勤量测。对隧道施工过程进行经常性的量测，掌握施工动态，及时反馈，是浅埋暗挖施工成败的关键。

10.3 暗挖隧道施工防坍技术

10.3.1 暗挖隧道工程与力学特征

暗挖隧道工程特征主要指其所在的地质特征、结构型式与跨度等内容，其力学特征主要指施工荷载等方面，具体表现在：

（1）地质特征：暗挖隧道往往通过松散地层、回填土层。

（2）埋深：主要是浅埋、超浅埋，特别是过街隧道一般都要求在不间断道路行车条件下施工。因此，采用暗挖法施工。

（3）结构形式有两种：

①矩形框架结构。

②平拱直墙式结构。

（4）跨度。

①小跨度：跨度小于 8 m。

②中等跨度：8～12 m，包括单跨或中间隔墙分跨。

③大跨度：跨度大于或等于 12 m，包括单跨或中间隔墙分跨。

（5）施工荷载。

①静荷载：一般应将整个覆盖层作为施工荷载来考虑。同时，街道两旁的建筑物静载作用也要考虑在内。

②动荷载：主要是车辆荷载，按通过最大货车活载来考虑。

③承载力：不能按 NATM 法考虑围岩自承能力。

（6）内部结构施工。

一般情况下，钢筋混凝土结构施工在过街隧道贯通之后进行。

10.3.2 暗挖隧道施工防坍技术要点

暗挖隧道施工风险较高，它的施工防坍贯穿于工程整个阶段：

（1）采用承重式临时支护结构，多选用刚度大、强度高的型钢支撑或网构支撑。

（2）需要作超前刚性支护，常规办法是采用大管棚或大管棚刚性预支护，并辅以注浆水导管。当考虑荷载较小时，才许可仅使用注浆小导管。

（3）必要而且允许，在确认注浆有效时，采用地表注浆、掌子面周边或全断面预注浆，达到堵水和固结松散地层的施工目的。

（4）开挖断面尺寸的选择，对于大跨、大断面，应化大跨为小跨，化大断面为小断面，合理分部开挖，做到及时封闭成环。

（5）施工工作面选择单向施工还是双向相对施工，应多以防止过大下沉和防止塌方的角度来考虑。因为一般情况下工期不是问题，主要问题是施工安全、防坍问题。对于较长的过街隧道，双向相对施工对于管棚法来说更为有利一些。

（6）充分考虑和监测开挖过街隧道对街道两旁的建筑物，确保施工中对其无危害发生。

10.3.3 暗挖隧道施工防坍技术措施

10.3.3.1 开挖方式

人工开挖。不宜使用反铲或挖掘机开挖。遇岩层需要钻爆法开挖时，必须采用弱爆破切割法开挖。

10.3.3.2 开挖断面选择考虑因素

（1）覆盖层地层状态。

（2）覆盖层厚度。

（3）过街隧道的设计高度和宽度。

（4）地面行车对过街隧道施工的要求。

（5）支护结构形式。

10.3.3.3 可供选择的分部开挖方法

（1）跨度在 6～8 m，采用台阶法开挖（如图 10-1）。

（2）跨度在 8～12 m，变大跨为小跨，采用 CD 工法开挖或 CRD 工法开挖（如图 10-2～图 10-6）。

（3）跨度在 12～15 m，变大跨为小跨，变大断面为小断面，采用双侧壁导坑法开挖（如图 10-7～图 10-9）。

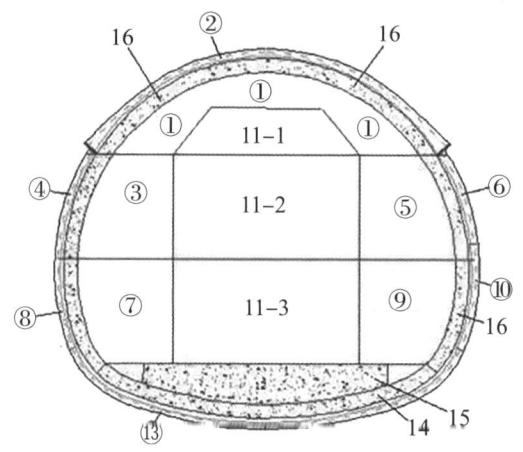

图 10-1 三台阶法施工示意图一

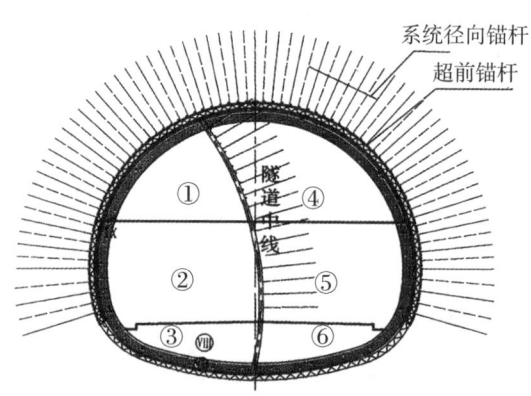

图 10-2 CD 工法施工工序示意图

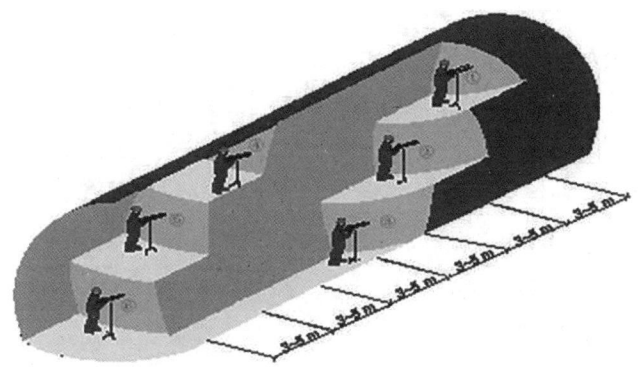

图 10-3　CD 工法施工示意图

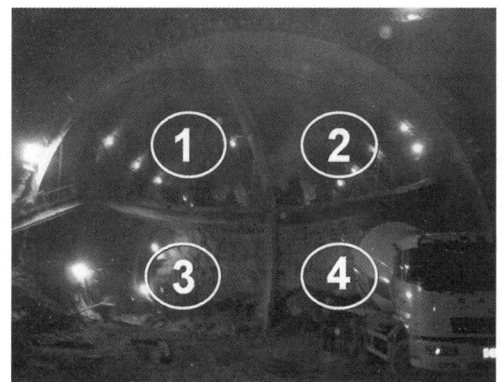

图 10-4　隧道 CRD 工法施工

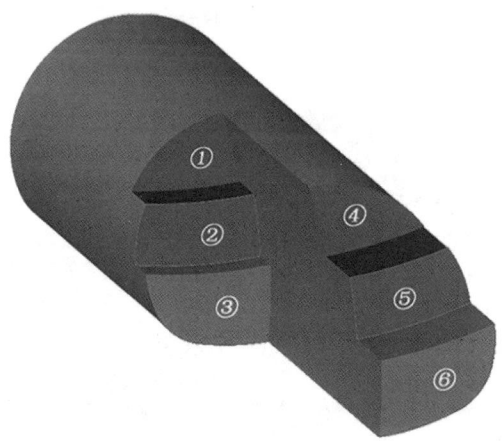

图 10-5　CRD 工法开挖示意图

图 10-6　大断面隧道 CRD 工法施工图

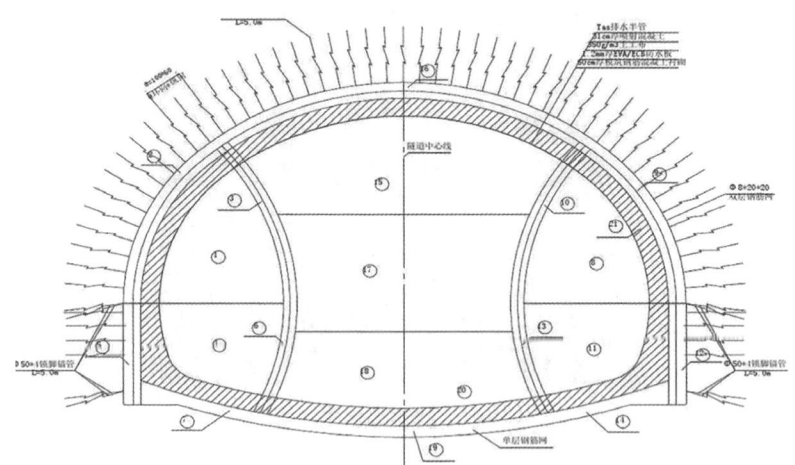

图 10-7　双侧壁导坑法示意图

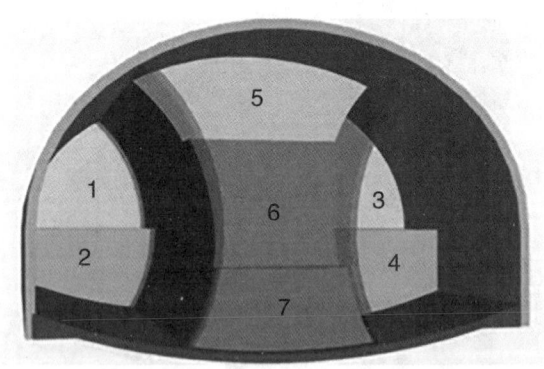

图 10-8　双侧壁导坑法工序示意图

图 10-9 双侧壁导坑法

10.3.3.4 预支护

（1）大管棚刚性预支护。

对于大跨度、大断面、承重荷载大和管棚长度大的采用 Φ114.3 mm 以上大管棚预支护，如果仅使用大管棚，开挖仍有塌方可能时，可辅以注浆小导管超前支护。

（2）一般管棚预支护。

对于中跨，承重荷载较大，采用 Φ89～Φ108 mm 钢管棚预支护。

（3）注浆小导管超前支护。

对于小跨和承重荷载较小时采用注浆小导管超前支护方法；同时，也作为周边或全断面注浆固结地层后的超前支护手段。

（4）管棚钢管增强。

为增强管棚钢管的强度与刚度，在钢管中插入钢筋束并注入水泥砂浆。

（5）大钢管一次顶进全程防护。

在荷载特别大，又不能采用顶管法施工时，长度较短的过街隧道可以采用水平顶进型钢或 Φ300 mm 以上大钢管一次顶进形成全程防护。

型钢或钢管贯通后,型钢或管棚两头支撑在洞口型钢框架上,然后再选用上述开挖方法施工。

(6)预注浆固结地层。

对于含水或有地下水的地层,开挖时可能发生流泥、流沙。特别松散地层即使采用管棚法加注浆小导管超前支护也不能防止坍塌时,应该采用预注浆方法固结地层,以防止塌方。预注浆方法可采用较低压力(0.5～1.0 MPa)注浆,具体可分为以下三类:

①周边预注浆法;

②全断面预注浆法;

③如有必要和可能,采用地表预注浆法。

(7)短开挖、支护紧跟。

边开挖边支护,短进尺,挖一榀支一榀,台阶长度一般控制在3～5 m,以防止过大的地面下沉。

(8)准确监测指导。

必须进行准确的地面下沉监测和洞内量测,并以此指导施工,防止塌方。

浅埋、超浅埋过街隧道开挖过程中发生地面下沉是必然的,地面下沉观测数据信息能真实地反映开挖、支护过程中的问题,而且非常敏感。监测的范围应包括地面下沉观测范围、预计沉陷槽范围及街道两侧的建筑物。

10.3.4 施工参数

10.3.4.1 管棚预支护参数

(1)管棚设置范围。

①圆拱直墙断面,管棚覆盖从拱顶到拱脚以下 1.0～2.0 m;

②矩形断面，管棚覆盖水平方向从顶部设计轮廓再向两侧延伸 1.0～1.5 m，竖直方向向下延伸 1.0～1.5 m。

（2）管棚选用无缝钢管尺寸如下：

①跨度 12 m 以上，管棚长度 20 m 以上，钢管尺寸选择 Φ114.3 mm 以上（管壁厚 6 mm 以上）；

②跨度 12 m 以下，管棚长度 20 m 以下，钢管尺寸选择 Φ89～Φ108 mm（管壁厚 6 mm）；

③钢管中插入 Φ10 mm 钢筋束，根数按钢管直径选择，并注入水泥砂浆。

（3）管棚钢管间距 35～40 cm，仰角 1°～3°。采用大直径钢管其间距可增至 45～50 cm。

（4）管棚搭接长度为管棚长度的 1/3 以上，但不少于 3 m。

10.3.4.2　注浆小导管选择

（1）注浆小导管长度为 3.0～3.5 m；

（2）注浆小导管直径为 Φ32 mm、Φ42 mm；

（3）注浆小导管间距为 35～40 cm，外插角为 5°～7°。如与大管棚配合，其设置位置与大管棚错开，位于相邻管棚之间。

10.3.4.3　预注浆

（1）注浆材料：一般采用单液水泥注浆，必要时采用水泥水玻璃双液注浆。

（2）注浆范围：开挖轮廓线周边外 2 m，底板以下 1.0 m。

（3）浅孔注浆：Φ32 mm 或 Φ42 mm 花管，长度 5 m 内。

（4）注浆压力：一般为 0.5 MPa，可注性差或存在地下水时可选择 0.5～1.0 MPa。

（5）注浆孔间距：按地层渗透系数和浆液扩散半径而定。

10.3.4.4　开挖进尺与台阶长度

短进尺 $0.5\sim1.0$ m，挖一榀支一榀；台阶长或左、右导坑相错距离不应超过 5 m，以减小地面下沉。

10.3.4.5　临时支护或初期支护

过街隧道不按复合式衬砌设计，施工开挖支护为临时支护；按复合式衬砌设计，则开挖支护为初期支护，其支护强度和支护工艺要求则要高一些。

（1）钢支撑。

①型钢。工字钢 I22，H 型钢 H200，当采用网构支撑时，主筋不小于 $\Phi 22$ mm，常使用 $\Phi 25$ mm，钢支撑节点连接采用螺栓连接，不采用焊接。

②钢支撑间距：选择 $0.5\sim1.0$ m。

③底板钢支撑的设置：当开挖高度较大、地层松软时，应设置底板钢支撑，使用 I16 或 H150，间距 $0.5\sim1.0$ m。

（2）钢筋网的设置：对于过街隧道设置钢筋网是必要的，采用 6 mm 或 8 mm 钢筋，网格为 150 mm×150 mm 或 100 mm×100 mm。

（3）喷混凝土等级 C20，厚度一般为钢支撑横断面的高度加 $3\sim5$ cm。

（4）做好开挖轮廓应力集中处的支护，如起拱线处、矩形断面直角处。

（5）若采用 CD 工法、CRD 工法或双侧壁导坑法开挖，在施作二次衬砌时应注意拆除临时支撑时间与顺序。纵向应分段拆除、分段衬砌，防止初期支护变形。

10.3.4.6 地表防护

暗挖隧道施工时,可在其上路面开挖影响范围内设置厚钢板,以均布行车动荷载,钢板厚度采用 8～10 mm。

10.3.4.7 地表下沉控制值

地表下沉控制值一般要求不大于 30 mm,但地表开裂也往往会发生,应与地表下沉观测联系起来,采取相应措施,防止开挖期间发生塌方。具体的地表下沉控制值应按各地区的规定标准执行。

10.3.4.8 贯通后到钢筋混凝土衬砌

暗挖隧道开挖、支护贯通后,应全面检查支护受力与变形情况,发现问题及时加固,确保全程施工安全。

10.4 特殊地层防坍技术

10.4.1 关于特殊地层的界定

10.4.1.1 特殊地层的概念和种类

特殊地层的概念和不良地质围岩的概念一样,国内外都有十几种定义,但都无确切的定性与定量的定义,并存在一定矛盾。往往使用描述性的定义或从工程角度作出岩体的判断来定义。

我国铁路、公路隧道"设计规范"和"施工规范"以及"工程地质学"对"特殊地层"和"不良地质围岩"都没有明确界定,可以将两者分述,也可以将两者统称为"不良地质围岩"。根据隧道施工现场的习惯和设计、施工规范以及施工设计文件的表述,将以下 7 种地层归纳为"特殊地层"。

(1)膨胀岩。

(2)溶洞、岩溶。

(3)黄土。

（4）高地应力围岩。

（5）岩爆。

（6）煤系地层。

（7）流沙。

10.4.1.2　对特殊地层的理解

这些地层的地质性质和由这些地质条件引起的工程问题比较复杂，而且特殊地层的地质现象表现的规律性还不易为人们所掌握。主要问题有：

（1）引起工程问题的地质成因比较复杂。

（2）围岩变形大，速率大，发生事故具有突发性质。

（3）围岩压力大，不但有垂直压力，而且有大的侧压力和底压力，开挖后容易变形坍塌。

（4）工程地质力学问题复杂，其重力、构造应力、膨胀力、水作用力等力的大小和作用范围难以确定。施工方法与支护方法、支护强度对特殊地层的影响和效果也难以确定。

（5）对这些地层的准确判断还缺乏经验。

10.4.1.3　隧道通过特殊地层地段施工时应特别注意处理的问题

（1）一定要做好地质超前预测预报工作，注意了解其范围与围岩特性，尤其是对围岩含水和地下涌水状态的预测。

（2）注意和处理围岩低强度，围岩应力应变，围岩可能的突变，蠕变、挤压变形、大变形等引起塌方的工程力学问题，并强调力学量测。

（3）对涌水的处理是避免塌方和顺利施工极为关键的一环，原则上是排堵结合。

（4）综合应用好辅助工法，选择合理的开挖工序间距。同时，要注意台阶过长会引起围岩过大变形而导致塌方。

（5）支护与衬砌要求：采用超前支护和强支护，刚柔结合，早成环，早做仰拱，尽早完成二次衬砌。

10.4.2 膨胀岩防坍技术

10.4.2.1 膨胀岩防坍技术要点

（1）膨胀岩层开挖之后，岩块迅速风化，坑道周边围岩向内挤入，压力很大时，钢支撑都会发生扭曲、变形甚至折断。膨胀岩层的压力与变形的主要特点为：围岩开挖暴露后，初期变形发展快、压力大，以后逐渐减小、变缓；温度越高，膨胀速度及压力增加越快；吸收水分后，或本身含水或围岩有渗流水，压力增长很快。同时，随含水量的变化，压力也会有所变化。在中强膨胀岩中，开挖后，不仅在顶部，同时在两侧及底部都有较大压力。膨胀岩层因围岩开裂和台阶法开挖，坑道下部承载力较低，发生下沉；在围岩压力和膨胀压力叠加作用下，岩体局部被破坏，内裂缝发展到出现溜塌，逐渐牵引周围岩体连续破坏，从而形成塌方。其力学特征是：

①岩石单轴抗压强度低。

②围压比大（地应力/单轴抗压强度）。

③自然含水比大。

④膨胀压力。

（2）基于膨胀岩层的工程力学特性、工程实践经验以及测试结果，采用的开挖方法应不分部或少分部，原则上采用台阶法开挖、"新奥法"施工。在岩层较坚硬时，采用全断面开挖。

（3）为控制变形，应尽快施作支护，约束位移，并要求尽早闭合成环，及早做好仰拱。

（4）防止膨胀岩层过大变形发生塌方的非常有效的方法是，使用较长锚杆；除系统锚杆外，在适当部位如拱脚附近增设锚杆。

（5）一般情况不需要超前支护，只有在下列情况时采用超前支护。

①强膨胀压力的情况。

②拱顶有塌方可能的情况。

③掌子面不稳定，可能塌方的情况。

（6）为适应围岩的流变特性，采用可缩性结构的钢架支撑。

（7）应强调进行膨胀岩围岩变形和围岩压力以及支撑内力的量测工作。

（8）地质超前预测预报应提供膨胀岩基本物理指标、基本力学指标、膨胀岩粒度分析和化学分析，以便确定膨胀岩类型。

10.4.2.2　膨胀岩防坍技术方法

（1）设计上优化断面形式，为单线铁路隧道采用圆形隧道断面；不可能采用圆形断面形式时，应尽可能采用曲率大的曲墙与仰拱。

（2）采用"新奥法"施工。

（3）开挖方式：为了减少对围岩的扰动，尽量采用短进尺的人工开挖或风镐开挖，有条件时，采用机械开挖；如需采用钻爆法开挖时，必须选用短进尺的预裂爆破或光面爆破。开挖方法为，为了减少多次扰动围岩和控制变形，采用少分部或全断面的开挖方法，原则上采用台阶法开挖。跨度大于10 m或断面大于50 m²时，可根据岩层条件选用侧壁导坑法或"眼镜法"开挖。

（4）强支护：以喷锚网支护和刚性支撑作为主要支护形式。对于中膨胀岩层和强膨胀岩，应选用较长锚杆（$L=4\sim 6$ m）或长锚杆（$L=9$），必要时采用可缩式钢架支撑。

（5）防止底鼓发生的方法：采用适当长度的锚杆或仰拱钢支撑封闭。

（6）减少围岩含水量的变化。在隧道开挖后，立即喷射混凝土封闭洞壁以及掌子面，封闭透水层向膨胀性围岩中的通路，防止透水层中的地下水向膨胀围岩中流动。对此，在透水层和膨胀围岩的交界处进行注浆，以形成止水围幕，隔绝地层，使其不产生水压的变化；必要时在邻近交界处的透水层中设置排水孔。

（7）特殊支护手段。

对于强膨胀岩，已出现或可能出现掌子面显著挤出或有可能发生坍塌现象，选用如下特殊支护手段：

①加固掌子面锚杆，可采用玻璃纤维锚杆 $\Phi 28$ mm，$L=3$ m；1.5 根 /m^2，以支护掌面，保持掌子面稳定。

②掌子面喷混凝土，C20，厚 5～8 cm，支护掌子面。

③掌子面核心钻孔桩，起到锚固掌子面作用。这是应对掌子面最严重变形的方法。在掌子面上使用中等孔径的钻机钻孔，$\Phi 80$ mm，深 10～12 m，孔中放入钢筋笼并填充混凝土。一般上半断面 25 m^2 左右打 3 或 4 根桩。

（8）防止拱顶塌方，选用超前锚杆或超前小导管。

（9）台阶法开挖防止上半断面钢架支撑下沉，采用增打和加长拱脚锚杆的方法。严重时，采用临时钢架仰拱。

（10）控制变形，及时闭合仰拱。

（11）所用锚杆皆应加锚杆垫板，使用螺帽与岩壁锁紧密贴，必要时采用预应力方法。

（12）掌子面观察。掌子面观察内容包括：

①掌子面地质素描及对前方地质的判断。

②涌水点位置与涌水量的变化。

③掌子面附近喷混凝土有无裂缝。

④钢支撑变形、可缩部分的滑动状态。

⑤锚杆断裂、支承板变形和断裂状态。

（13）地质超前预测预报的重点。

①拱顶下沉量测。

②内空变位量测。

③锚杆轴力量测。

④喷混凝土应力量测。

10.4.2.3 施工参数

施工参数根据隧道开挖断面和开挖方法进行选择，包括支护尺寸和间距，详细内容见表10-3。

表10-3 膨胀岩施工支护参数表

围岩级别			Ⅲ～Ⅳ	Ⅳ～Ⅳ
膨胀岩类别			中～强	弱～中
支护参数	型钢支撑	规格	I22 或 H200	I16～I22 或 H150～H200
		间距	1.0～0.5 m	1.0 m
	格栅支撑	规格	20 cm×20 cm，Φ22～25 mm	20 cm×20 cm，Φ22 mm
		间距	1.0～0.5 m	1.0 m
	可缩式钢拱架	规格	强：I22	—
		间距	强：0.5 m	—

续表

围岩级别			Ⅲ～Ⅳ	Ⅳ～Ⅳ
支护参数	喷射混凝土	规格	C20、C30、双层网喷	C20
		层厚	20～25 cm	20～25 cm
	喷射钢纤维混凝土	规格	C20、C30、钢纤维含量50～65 kg/m³	—
		层厚	20～25 cm	—
	钢筋网	规格	Φ8 mm	Φ8 mm
		网格	20 cm×20 cm～10 cm×10 cm	20 cm×20 cm
	锚杆	规格	Φ22 mm、Φ25 mm、Φ32 mm 自钻式锚杆	Φ22 mm、Φ25 mm
		长度	3～6 m	3 m
		布置	1.5 m×1.5 m～1 m×1 m	1.5 m×1.5 m～1 m×1 m
	特殊支护手段	方法	采用核心钻孔桩法：掌子面打入桩径Φ60～Φ80 mm钢管，管内插入钢筋笼灌注混凝土	—
		适用范围	特别严重的膨胀岩，岩层强度特别低，不大于5 kgf/cm²	—

10.4.3 岩溶、溶洞防坍技术

10.4.3.1 岩溶、溶洞的工程特征

岩溶是隧道施工中经常遇到的一种地质现象，它容易导致开挖面涌水，突泥，围岩及支护结构变形、坍塌、影响施工进度，危及施工安全，破坏周围环境。

岩溶是地表水和地下水对可溶性岩层（碳酸岩类，硫酸岩类、卤盐类等）进行化学侵蚀、崩解作用和机械破坏搬运、沉积作用所形成的各种地表水和地下水溶蚀现象的总称。岩溶产生主要有三个条件：①可溶性岩石是岩溶产生的物质基础。石灰岩、白云岩、泥灰岩、石膏、芒硝、岩盐等地层时，受地下水作用可能出现溶蚀现象，石灰岩以溶解作

用为主，白云岩则主要通过渗透—溶蚀—分解—淋滤—崩解作用发生破坏。②地质构造与地层结构的千差万别确定了岩溶类型的多样性。岩体构造以及岩层产状、接触关系、层厚、断裂、褶皱、节理、裂隙、软弱夹层，风化程度等地质特征决定了岩溶发育程度和规模的不同。一般情况下，向斜构造岩溶比背斜构造岩溶发育强烈，向斜构造的核部岩溶比两翼岩溶发育强烈，背斜构造的两翼岩溶比核部岩溶发育强烈；当隧道穿越可溶岩地层的节理、裂隙、断层等结构不连续面时，易遇到溶隙、溶管、溶洞、溶腔或暗河。③地表水和地下水补给、径流、渗透和循环是岩溶形成和发育的必要条件。山谷、洼地、岩溶盆地、竖井、漏斗落水洞部位，地表水汇集、下渗，容易在地层中形成水平径流带、垂直渗流带和深部滞留带，从而造成地下水补给和循环，给岩溶形成了必要的条件，当地下水中游离或侵蚀性的 CO_2 等含量较大时，岩溶的发育增强。

当隧道穿过可溶性岩层时，有的溶洞岩质破碎，容易发生坍塌。有的溶洞位于隧道底部，充填物松软且深，使隧道基底难以处理。有时遇到填满饱含水分的充填物溶槽，当坑道掘进至其边缘时，含水充填物不断涌入坑道，难以遏制，甚至使地表开裂下沉，山体压力剧增。有时遇到大的水囊或暗河，岩溶水或泥沙夹水大量涌入隧道。有的溶洞、暗河迂回交错、分支错综复杂、范围宽广，处理十分困难。

10.4.3.2 岩溶、溶洞可能造成的地质灾害

（1）溶洞位于隧道顶部，围岩容易坍塌，洞穴处理困难。

（2）溶洞岩质破碎，常发生塌方，有时遇到大的水囊或暗河，岩溶水或泥沙夹水大量涌入隧道，造成突水灾害。

（3）隧道遇到填满饱含水分充填物的溶洞时，一旦挖穿，含水充

填物突然涌入隧道内，造成突泥灾害难以遏制，严重的会造成地表开裂下沉，山体压力骤然增大，大量破坏支护结构。

10.4.3.3　岩溶、溶洞开挖隧道发生塌方、突水、突泥的主要原因

（1）对岩溶、溶洞的工程特征和可能造成的地质灾害认识不清。

（2）受勘测手段的限制，设计中获得的地质资料与实际不符。

（3）施工中未作超前地质预测预报，或由于超前地质预测预报的方法不善，造成预报不准确。

（4）采用的技术手段不当，该"排"的未能"排"，该"堵"的未能"堵"，该"隔"的未能"隔"，支护与衬砌结构该强的不强，衬砌该早做未做。

（5）虽采用的技术手段得当，但急于求成，管理上欠缺，未能将措施坚持使用到通过岩溶全地段。

10.4.3.4　对地下水和填充物的处理

隧道通过溶洞地段最关键的问题是对地下水和填充物的处理。必须根据预报的地下水实际状态，正确选择排、堵或排堵结合的自理方案，防止突水，防止涌流、涌砂。

（1）隧道通过岩溶、岩洞的处理原则。

根据国内大量岩溶隧道施工经验和运营工程中出现的问题，并参照国外有关岩溶处理的经验，岩溶处理应遵循以疏为主、堵排结合、因地制宜、综合治理的原则。

以疏为主，就是尽量不改变岩溶水的径流和渗流路径，保持地下水的原始循环和储存状态，从而减少地下水的流失，保证施工、结构和环境安全。

排堵结合，就是根据隧道内涌水量大小，所含泥沙程度，并考虑隧

道运营安全和环境的影响，将堵水和排水结合起来，决定治理方案。堵就是对于可能或已经涌出掌子面的岩溶水或充填物进行封堵，改善围岩的力学性能，提高围岩的抗渗能力，保证开挖安全和隧道建成后的防渗漏等级。但堵并不是全堵，只要能阻断岩溶水向隧道渗透的主要通路即可，其加固范围一般为隧道开挖轮廓线外（1～2）D（D为隧道跨度）。对于规模较大的干溶洞或暗河，当封堵困难时，可采取在隧道外部修建排水洞或在隧道中开挖迂回导坑绕行、修建涵管或桥梁进行跨越，既达到了排水目的，又保证了施工的运营安全。

因地制宜，综合治理就是根据隧道所处的工程地质和水文地质条件及周围条件，采取多种方法进行综合治理。当大量的水被封堵在隧道开挖范围以外后，对于隧道的局部渗漏水，可采取以堵为主、限量排放的措施，并通过超前管棚、径向注浆和喷锚支护等辅助手段加固隧道顶部的围岩，防止坍塌；通过换填、钻孔桩、粉喷桩、注浆等方法加固隧道底部的松软地层，提高其强度和整体性，防止基底沉降。

（2）大面积渗漏和局部渗漏岩溶水的处理。

对于大面积漏水、局部滴漏水或小股状岩溶水，如水量 $2.0 \text{ m}^3/\text{h} \leqslant Q < 10 \text{ m}^3/\text{h}$ 和水压 $0.2 \text{ MPa} \leqslant P < 0.5 \text{ MPa}$，且泥沙含量不大，一般采用径向注浆、局部注浆，补充注浆等方法进行封堵。

①径向注浆。

隧道周边存在大面积湿渍或渗漏水现象，采取径向注浆进行封堵。注浆加固范围一般为隧道开挖轮廓线外（0.5～1.0）D。

②局部出水的注浆封堵。

如果岩层的溶隙、软弱夹层的局部有股状涌水现象，出水比较清澈，受大气降雨影响不大，其处理方法为直接封堵法和间接封堵法。

a. 直接封堵法。

对于涌水压力 $P \leqslant 0.5$ MPa 的股状出水点，如果来水方向可以确定，则可采用直接封堵法进行处理，沿着出水部位和出水方向直接钻孔，孔间距应控制在 0.5～1.0 m，钻孔深度应为开挖轮廓线外（0.5～1.0）D。

b. 对于涌水压力 0.5 MPa<$P \leqslant$ 1.0 MPa 的股状出水点，或来水方向不能明确判断的出水部位，可采用间接封堵法进行处理，在围岩表面距离出水部位 0.5～1.0 m 处，向出水方向钻斜孔，孔间距控制在 0.5～1.0 m，钻孔深度与直接注浆法类似，大部分孔应穿过出水岩层，将水引出。

当涌水压力大于 1.0 MPa 时，且孔内出水点和与该出水点连通的管道距离孔口较远（一般情况大于 3.0 m），可选用高压泵（压力大于 10.0 MPa），利用水压或气囊式止浆塞深入孔内进行注浆。

当涌水压力大于 1.0 MPa 时，且孔内出水点或与该出水点连通的管道距离孔口较近（一般情况下小于 3.0 m），采用喷射混凝土很难起到很好的止浆作用，同时将涌水孔堵住后，由于压力太大，水沿纵向或环向流动，可能从隧道其他薄弱部位冲开。此时，采用两种方法处理：①采用 C20 混凝土将出水部位及附近的隧道空间完全填充，进行超前注浆处理；②预留排水管待抗水压衬砌完成后进行处理。后一种处理方法带有相当大的风险，一旦封堵后，水压过高，可能导致二次衬砌破坏。

总之，隧道开挖后，对高压水的封堵是十分困难的。因此，在这种情况下，也应考虑排水方案。

（3）溶管水的处理。

①溶管连通方法。

为了不改变地下水的流动规律，溶管水的处理先选择连通方案。通过多种地质手段,探明隧道周围溶管的发育方向,对于流动路径比较明确的溶管水,如果确系隧道将溶管截断,则可以通过在拱顶、边墙或底部适当部位增加辅助通道将溶管连通,不改变地下水总的流动趋势。由于溶管水一般含有大量泥沙并且可能受大气降雨影响,因此这样的辅助管道一方面应有较大的过水断面,另一方面应有一定的坡度防止泥沙淤积。

采用疏导方法的优点有:①可以避免采用各种封堵方法引起的工程造价成倍增加和工期延误;②可能防止隧道周围水压力升高,使结构产生附加应力。

②注浆封堵法。

隧道在岩溶地段施工时,超前探孔表明掌子面前溶管比较发育,当探水孔出水量和水压较大时,为了防止突水、突泥,根据溶管发育的位置和方向,采用局部预注浆截流和全断面预注浆封堵。

如果任一个探水孔出水量 $Q>20\ m^3/h$ 或水压 $P>1.0\ MPa$,则采用全断面注浆封堵。

如果任一个探水孔出水量 $10\ m^3/h<Q\leqslant 20\ m^3/h$ 或水压 $0.5\ MPa<P\leqslant 1.0\ MPa$,则采用周边预注浆和掌子面局部注浆进行封堵。

如果任一个探水孔出水量 $2.0\ m^3/h<Q\leqslant 10\ m^3/h$ 或水压 $0.2\ MPa<P\leqslant 0.5\ MPa$,则采用开挖后周边预注浆和局部注浆、补充注浆相结合的方法进行封堵。

③限量排放法。

当探水孔流出清水,$Q\leqslant 2.0\ m^3/h$ 且 $P\leqslant 0.2\ MPa$ 时,当能够确认隧道排水不会影响施工进度以及周围环境、相邻建筑物的安全时,采用排水系统排水。但随着隧道运营时间的延长,隧道背后的排水系统中泥沙越积越多，常常堵塞，尤其在严寒地区由于冻胀作用，排水系统堵塞现象更加严重，因此对于寒冷地区，隧道内地下水的排放应制定更严格的标准。

（4）溶洞的处理。

①全断面注浆封堵方法。

溶洞规模较大，内部填充了大量的泥沙，且含有丰富的地下水，一旦揭穿，可能发生大规模的突水、突泥，采取全断面预注浆加固方法。注浆加固范围为隧道开挖轮廓以外（1～2）D，注浆段长取20～30 m，注浆孔孔径取Φ90～Φ108 mm，注浆终止压力为水压力的2～3倍，浆液扩散半径为0.5～1.0 m。根据注浆压力，第一循环混凝土止浆墙厚度应为3.0～5.0 m，注浆方式可根据水压大小、成孔难易采用袖阀管后退式注浆和安装孔口管分段前进式注浆，注浆材料可选用水泥——水玻璃双液浆和普通单液浆及超细型注浆材料，注浆后必须检验注浆效果。当达到开挖要求时，每循环可开挖15～22 m，留5～8 m作为止浆墙。如果开挖后存在薄弱部位，那么采用长管或短管进行局部补充注浆。如果前一循环开挖过程中发生涌水，那么后一循环注浆开始前同样应施作3.0～5.0 m的止浆墙。

②置换注浆方法。

掌子面为含水的粉细沙或致密的黏土、砂黏土，采用渗透注浆、挤密注浆、劈裂注浆都十分困难时，可采用置换注浆法，即在掌子面进行注浆过程中，距离注浆孔2 m左右预留几个排泄孔并安设孔口管和阀门，将泥沙适量排除，用浆液充填其留下的空隙，起到加固地层的目的。此方法可以降低注浆压力，促进浆液的扩散。

③填充封闭。

如果隧道拱部、边墙或底部存在小型干溶洞或空腔，内部几乎无充填物，无水，那么可采用砂石料，浆砌片石、干砌片石、水泥砂浆、混凝土等粗细骨料全部充填，必要时可进行注浆加固；如果空腔内有少量水流动，则填充不应完全阻断地下水的过水通道。

④基底处理。

隧道底部为松散或软塑状的黏土沉积物，为了防止列车运行过程中结构产生固结沉降，应加强对基底的处理。隧道底部的处理可根据实际情况选择注浆加固、换填、桩基等方法。

a. 基底换填。

基底溶洞充填物的厚度小于 2.0 m 时（2.0 m 以下为基岩或微风化地层）采用换填法，换填材料选用浆砌片石、混凝土等。

b. 基底注浆加固。

基底溶洞充填物的厚度小于 20.0 m，采用垂直注浆加固法。钻孔深度应深入基岩 3.0 m 左右，孔间距为 0.5~1.5 m，注浆管选用无缝钢管，为 $\Phi76\sim\Phi108$ mm，注浆材料选用普通水泥或超细水泥浆，注浆压力不应大于 2.0 MPa，注浆管上端应和仰拱相连，以提高支护结构的强度和刚度。

c. 桩基处理。

基底溶洞范围超过 20.0 m，采用挖孔桩、钻孔桩或粉喷桩等进行加固。

⑤地面注浆方法。

浅埋隧道或埋深在 30 m 内，通过地表钻孔、水化学分析、连通试验、地面沉降和地下水位变化观测等手段，确定溶管或溶洞的位置和方向；岩溶发育情况比较简单，可通过地面局部注浆、帷幕注浆等方法阻断岩溶水下渗的通道，并对地层进行加固，保证隧道开挖不受岩溶的影响。

⑥放水减压方法。

岩溶水是从坚硬、完整的基岩中流出，几乎不含泥沙，水量、水压不大，能够确定溶洞水排放对周围环境和隧道结构安全不会造成太大的影响，采用掌子面直接排放或利用平行导坑、排水洞、横洞、迂回导坑排水等方法进行放水减压。如果在溶洞中泥、砂含量较大或与地面存在较强的水力联系，长时间排水可能影响周围环境，隧道稳定性和运营安全，不宜长期、大量排放。

⑦迂回导坑绕行。

溶洞大小及发育情况能够探明，从隧道周边位置开挖导洞，绕过溶洞，从另一方向截断水流或进行处理。开挖导洞时，要加强支护，防止突水、突泥、塌方。

（5）暗河的处理。

①小体积溶洞、溶腔。

如果隧道底部存在小体积的溶洞、溶腔或流量小的暗河（宽度与深度较小），则在隧底下部设置满足原过水能力的涵、管，隧道从溶洞、溶腔或暗河上跨越。

如果隧道顶部存在溶洞、溶腔，并有水流过，则在隧顶设置暗管过水。

②穿越暗河。

如果隧道顶部存在暗河，则需专门设计临时排放和隧道如何穿越的方案。

隧道在施工中必须做好突水预案，防止不必要的事故发生。隧道衬砌结构按全封闭防水进行设计。

③跨越暗河。

如果隧道底部存在大体积的溶洞、溶腔或暗河，则视情况采用桥梁跨越，或采用专门的方案通过。

10.4.3.5 通过岩溶、溶洞的开挖、支护和衬砌

（1）施工基本方针：先钻探、管超前、弱爆破、短进尺、强支护、快封闭、勤量测、早衬砌。

（2）超前支护：根据填充物和围岩需要加固改善的要求，根据目前的施工技术水平，选择注浆小导管、大管棚（可注浆）、超前自进式注浆锚杆，布设范围至少从拱顶到起拱线。

（3）开挖：尽量少扰动围岩，采用非爆破的人工开挖或人工配合机械开挖。如果需采用爆破法，则应为弱爆破。开挖循环进尺结合拱架间距，并不超过 1 m。50 m² 左右的断面采用台阶法开挖，再大的断面则采用 CD 工法或双侧壁导坑工法开挖。此外，上半部宜采用环形开挖。

（4）支护：采用喷锚网和钢支撑支护，选择强度高、刚度大的型钢（不小于 I18）或网构支撑（主筋不小于 $\Phi 22$ mm，断面小于 18 cm），尽量采用高强度钢纤维喷混凝土。必要时，初期支护后进行补充注浆，使支护整体强度进一步加强，从根本上控制围岩变形。

（5）开挖封闭：对于突水、突泥危险地段，开挖后的掌子面必须迅速用喷混凝土封闭，初期支护尽快封闭成环。对于台阶法，初期支护距开挖面 15～20 m 时必须封闭成环；对于 CDI 法和双侧壁导坑法，其距离为 20～30 m。

（6）衬砌：初期支护封闭成环后即进行衬砌，确保工程安全。

10.4.4 高地应力软弱围岩的防坍技术

高地应力条件下的软弱围岩具有挤压变形、断面缩小、拱顶下沉、拱腰侧墙开裂、基底鼓起的特点。开挖初期变形绝对值很大,而且位移速度也很快。如果不加控制或控制不及时,则会造成围岩失稳,造成塌方。

10.4.4.1 高地应力软弱围岩防坍技术要点

(1)高地应力软弱围岩的力学特性:地应力较高而岩石强度较低即出现高"应力比"(σ_θ/Ra= 应力比);侧压力系数较大,接近1或大于1。开挖后围岩出现大范围塑性破坏区,岩体"剪胀",加快挤压,从而出现大变形甚至围岩失稳塌方。

(2)对于高地应力大变形量的定量描述:如果实际施工时初期支护(喷锚)位移,对于单线铁路隧道大于或等于25 cm,对于双线铁路隧道大于或等于50 m,则认为发生了大变形。

(3)初期支护变形值的大小与以下因素有关:地应力,地层的岩性,开挖断面大小与形状,施工方法,支护强度与刚度。因此,必须认真观察和分析多种因素对变形的影响,并采取特殊手段来控制变形。

(4)支护变形量大,流变性明显,收敛时间长。因此,二次衬砌应在达到预期变形量后进行施工。

(5)对于高地应力软弱围岩大变形地层的设计与施工经验为:加固围岩,改善洞形,先柔后刚,先放后抗,形变留够,加强底部。

10.4.4.2 高地应力地层防坍技术措施

(1)开挖断面尽量接近圆形,加大预留变形量。

(2)施工支护采用"先柔后刚,先放后抗"的原则。

(3)采用长锚杆是特别有效的技术措施。对于挤压大变形,围岩采用长锚杆柔性支护，既释放一部分地应力，又加固围岩。机理正确，实践成功。

（4）采用二次初期支护法，包括增加第2道钢支撑。

（5）仰拱喷混凝土加钢支撑和锚杆，仰拱混凝土加厚。

（6）增加二次衬砌厚度，强度等级提高到C30。

（7）二次衬砌时间根据设计受力要求和变形量测结果来确定。

10.4.4.3 施工参数

（1）开挖进尺。

①全断面开挖，尽量圆顺，弱爆破，循环进尺寸为 1.0～1.5 m；

②台阶法开挖，尽量圆顺，弱爆破，循环进尺寸为 1.0～1.5 m；

③机械或风镐台阶法环形开挖，循环进尺寸控制在 1.0 m 以内。

（2）支护结构形式。

喷混凝土 + 刚性支撑 + 注浆长锚杆。

① C20 喷混凝土厚度为 25～30 cm；

②刚性支撑。

a. 型钢 H200、I22。

b. 格栅 200 mm×200 mm～250 mm×250 mm，4 根主筋直径不小于 22 mm。

③周边包括底部打设注浆长锚杆。经验表明，应采用不加垫板的全长黏结型自进式锚杆，并配上止浆塞。使用注浆压力为 1.5～2.0 MPa。锚杆长度采用塑料区厚度加 2 m，一般为 8～12 m。家竹箐隧道（单线铁路隧道）采用的锚杆长度见表 10-4。

表 10-4　家竹箐隧道采用锚杆长度表

λ	1			2		
应力比	σ_z/Ra			σ_z/Ra		
	3.3	5.0	10.0	2.5	3.3	5.0
锚杆长度间距	5 m @=1.0～1.5 m	5 m @=1.0～1.5 m	5 m @=1.0～1.5 m	5 m @=1.0～1.5 m	5 m @=1.0～1.5 m	5 m @=1.0～1.5 m

注：1.@ 为锚杆间距（纵、横相同），采用 1.0～1.5 m。2.λ 表示侧压力系数。3.σ_z 表示地应力（kgf/cm²），Ra 表示岩石单轴抗压强度（kgf/cm²）。

④超前注浆小导管：一般不使用超前注浆小导管。如围岩破碎，必要时才增打超前注浆小导管，根据岩层具体条件可选用单液（水泥）或双液（水泥—水玻璃）注浆。

（3）二次衬砌与掌子面间距为 40～60 m。

（4）变形量预留。

①拱部：45 cm；

②墙部：25 cm。

10.4.4.4　量测与监控

围岩与初期支护变形量测的主要项目有：

（1）拱顶下沉量测与监控。

（2）周边位移量测与监控。

（3）钢支撑应力量测与监控。

（4）锚杆轴力量测与监控。

10.4.5 流沙、突水、突泥地层防坍技术

10.4.5.1 流沙地层描述

流沙是砂土或粉质黏土在水的作用下丧失其内聚力后形成的,多呈糊浆状,对隧道施工危害极大的地质灾害。流沙可引起围岩失稳坍塌,使支护结构变形,甚至破坏引起大塌方。

10.4.5.2 流沙地层防坍技术要点

流沙地层不能自稳,没有强度,不具备开挖条件。防坍的技术要点就是要使其由没有强度变为有一定强度,具备开挖条件。

(1)砂层的稳定靠其颗粒重量和颗粒间的摩擦力来维持。当砂层中含水且超过一定限度时,其内摩擦角就减少,砂体发生坍塌。因此,在隧道通过流沙地段施工时,必须先治水,以减少砂层含水量为主。

(2)坚持调查,超前钻探,了解流沙规模与特性。十分注意分析砂土层本身含水量、地下水状态、地表水补给状态。

(3)隧道通过流沙地段,处理地下水问题是解决隧道流泥、流沙和突泥、突水引起塌方的首要关键技术措施。施工时,因地制宜,采用"防、截、排、堵"的综合治水措施。

①防。建立地表沟槽导排系统及仰坡地表局部防渗处理,防止降雨和地表水下渗。

②截。在正洞之外水源一侧,采用深井降水,将储藏丰富的构造裂隙水通过深井抽水排走,减少正洞的静水和动水压力,对地下水起到拦截作用。

③排。有条件的隧道在正洞水源下游一侧开挖一条洞底低于正洞仰拱的泄水洞,用以降排正洞的地下水或采用水平超前钻孔真空负压抽水的办法,排除正洞的地下水。

④堵。采用注浆方法充填裂隙，形成止水帷幕，减少或堵塞渗水通道。

以上几种施工方法，应根据工程地质、水文地质条件和地下水的性质、类型、赋存部位以及工期要求和经济效益等因素综合分析，合理选用。

（4）对于隧道通过浅埋流沙地层地段，有条件和必要时可采取冻结法施工。

（5）开挖过程中必须采用喷混凝土随时封闭，不使砂层涌流溢出。

（6）由于砂层垂直土压力和侧压力都很大，因此支护要强，要加强支撑刚度。

（7）施工基本方针为：先治水，先护后挖，随挖随封闭，刚性支护加强，尽快成环，仰拱先行，衬砌紧跟。

10.4.5.3 流沙地层防坍技术措施与施工参数

（1）流沙地层防坍技术措施。

①隧道通过流沙地层地段，应根据工点实际条件选择下列开挖方式：人工开挖，风镐开挖，机械开挖。严禁采用钻爆法开挖。

开挖方法原则上采用台阶环形开挖法或其他分部开挖方法，分部断面要小，循环进尺要短，自上而下开挖。不应采用下导坑方法自下而上开挖。只有当决定采用排水方案时，才允许采用下导坑开挖方法。经过比较认为必要时，大跨和大断面可采取侧壁导坑或"眼镜法"开挖。

②根据超前地质预测预报判断的流沙特性、地质构成、粒径、相对密度、塑性指数、地层滞水层分布、地下水透水系数与压力、地层承载力等制定先护后挖的预注浆和超前支护方案。

a. 预注浆方案。

（a）对于流沙处于流塑流动状态、无强度的地层必须采用全断面深孔或浅孔注浆。对于规模大、地下水压力在 1 MPa 以上的应该采用高压深孔全断面预注浆；而地下水压力较小，流沙范围较小的可采用低压浅孔全断面预注浆。

（b）砂层处于半固态或半固态至可塑状态、强度极低或无强度的地层可考虑选择低压浅孔全断面或周边低压浅孔预注浆方案。

b. 超前支护方案。

（a）对于有一定强度的半固态或固态砂层采用超前小导管预注浆法加固围岩。

（b）对上述预注浆方案的地层采用小导管超前支护或插板法超前支护。

③对掌子面喷 15 cm 及以上厚度的混凝土进行密封（尤其对流动状态的流沙），以防涌泥涌砂、突泥突水事故发生。

④采用台阶法开挖，上半断面设置临时仰拱，初期支护用刚性支撑＋喷混凝土。

⑤上半断面开挖后，为防止拱脚下沉造成坍塌，为了顺利地进行台阶下部开挖与支护，必须打设拱脚锁脚锚杆，必要时还应考虑打设拱脚锚桩。

⑥做好相关试验工作。

a. 注浆后作压浆试验检查。

b. 注浆后作注浆效果试验检查，确认是否已达到开挖后不涌砂、涌泥的程度。

c. 必要时做取岩芯的强度试验或点荷载试验。

⑦台阶法开挖下半断面时，采用两侧交错开挖法，严禁对开马口，要挖一榀支护一榀，挖好一边支护好一边，再挖对边支护对边，并尽快

挖底、封闭和早做仰拱。

⑧对于大断面必须采用侧壁导坑或"眼镜法"开挖时，必须按上述办法处理外，分部断面要尽量小些，做到步步为营，阶段成环，严格封闭。

⑨初期支护形式为：喷混凝土＋钢筋网＋系统注浆锚杆＋钢架支撑。要求支护尽早闭合，连成整体。对于初期支护必须强调钢筋网设置的重要性，一是流沙地层挂网可增加喷混凝土与砂层的黏结力；二是保证喷混凝土厚度达到设计厚度，才能起到封堵流沙的作用。对于喷混凝土后发生剥落的地方，要随即补喷加以封闭。同时，必须使用喷混凝土随时封闭掌子面。钢架刚度比一般地层要增大，最好采用型钢支撑。网构支撑往往在未喷上混凝土或喷混凝土强度未达到使用强度时，砂土压力可能会在支撑前发生变形、失稳。注浆锚杆必须加垫板，并随时拧紧螺栓。

⑩对于通过排水可以疏干流沙，增加强度，可以变流动状态为塑性或半固态的流沙地层，根据工程实际条件，选用以下排水方案：

a. 采用排水方案的原则是排水不会夹走大量砂土，不会造成围岩空洞，发生坍塌。对排水方案要慎重作可行性研究来决定。

b. 浅埋隧道、城市地铁隧道有条件的可在地面进行井点降水时，采用地表井点降水法。

c. 采用平导方法施工的正洞可采用平导先进排水方法。

d. 在隧道内可设中央下导坑、侧式导坑或其他辅助导坑进行排水。

e. 在掌子面使用钻机钻深孔进行掌子面疏水，与掌子面注浆结合在一起，起到排、堵地下水和加固围岩的作用。

f. 掌子面每次开挖之前，必须打超前探孔。一般可用风钻在掌子面打 2 个浅眼，超前 2 m 探明地层状态，以便决定是可以开挖还是要采取技术措施后再行开挖。

g. 在初期支护地段或掌子面发生流沙时，必须停止掌子面开挖，待封堵完好后再行开挖。初期支护变形超过预定管理值时，或初期支护发生大变形、折断等情况时，必须停止掌子面开挖。待找出原因，采取有效措施后再行开挖。

10.4.5.4　涌水处理方案

隧道通过的地层有含水、渗水、涌水和地下水水压都是客观存在的。地下水对隧道的危害主要有：对软岩的软化，土压增大；促使破碎带崩坍；黏土、土质岩和膨胀岩膨胀，围岩流变；无胶结围岩流动化，围岩崩坍，丧失稳定等。总之，地下水的存在会对软岩、土、砂层造成不稳定和增大荷载。大量地下水与高的水压常会酿成洞内突水、突泥，突砂及地面沉陷、地表水源枯竭等重大事故。

为了防止隧道施工中地下水引起灾害，必须根据隧道工点实际地质与水文地质条件和施工方法对地下水进行调查和有效控制。调查内容包括：地下水水位、动态、大小，水压、水质及补给方式等。根据调查结果，结合围岩条件、隧道埋深及周边环境等综合因素来选择涌水处理方案，并作出具体的施工设计。

有效控制地下水主要有两种方法，即排水和止水。止水方法常常与围岩的加固相联系。可供选择的主要处理方案见表10-5。

表 10-5 处理地下水的对策表

处理涌水对策	堵水	冻结	排水	排水	排水	降水	降水
方法名称	注浆工法（单液，双液）	冻结法	导坑排水	底设导坑排水	排水钻孔	深井降水	洞内井点降水
适用条件	可注性地层:(1)水量较小,水压较低;(2)浅埋隧道或深埋隧道掌子面深孔预注浆;(3)水量大、水压高时,水与排水相结合进行注浆	(1)饱和土层、砂土、淤泥;(2)城市地铁不允许地下水流失;(3)当无法采用注浆堵水和保持掌子面稳定,而冻结法成为唯一选择时应用	(1)利用碴坑道作为排水坑道;(2)水压力较高时,处理水设置侧导坑,兼作地质调查	(1)涌水量很大;(2)城市地铁不允许地下水流失;(3)当无法采用注浆堵水和保持掌子面稳定,而冻结法成为唯一选择时应用	(1)深埋隧道;(2)地层透水系数较大	(1)深埋或浅埋隧道通过含水地层时,且周围岩土有可能降水性能;(2)对埋深很大的隧道和复杂地质构造地层是否适用需经试验确定;(3)埋深在30 m以内较合适	透水系数大的地层,井深小于10 m
效果评价	(1)实用;(2)效果好,起到堵水与固结岩作用;(3)需要注意地层的可注性,根据具体情况采用单液或双液注浆	(1)有针对性地使用;(2)较难达到预期效果;(3)施工作业复杂	实用、有效	(1)实用、有效,能排除大量涌水,大大降低水压;(2)有稳定掌子面作用;(3)底部基本能达到无水作业条件	(1)实用、效果好;(2)同时起到探查前方地质作用;(3)有稳定掌子面作用	(1)实用、效果好;(2)底部基本能达到无水作业条件	(1)实用、有效。一般透水系数越大,效果越好;(2)底部基本能达到无水作业条件

特殊地质路段处置技术

续表

处理涌水对策	堵水	冻结	排水	排水	排水	降水	降水
工期	掌子面需停止施工	掌子面需停止施工，循环时间长，工期长	(1)掌子面与排水导坑可同时作业；(2)对掌子面施工有一定影响	掌子面与排水导坑可同时施工，互不干扰	掌子面钻孔与排水钻孔同时进行，几乎无干扰	对掌子面施工无影响	对掌子面有一定影响
费用	较大	大	小	很大	小	中等	小
方法使用说明	(1)在地面对浅埋隧道进行低压注浆，达到堵水与固结围岩作用；(2)对深埋隧道在掌子面进行深孔或浅孔预孔注浆，注浆压力要求较高；(3)当水量大，与排水相结合进行注浆，注浆压力按水压大小决定	(1)在掌子面打注浆管、测温管，使用专门冻结设备和化学材料，对掌子面前方地层进行冻结；(2)但需解决好稳定和解冻后变形两大问题	(1)在掌子面一侧打小导坑，超前一定距离，起到减压作用；(2)导坑自然排水	(1)在正洞底部打排水小导坑，并超前一定距离；(2)最好兼作永久排水导坑，导坑自然排水	在掌子面采用钻机打大孔径排水孔，同时下钢花管对掌子面前方进行疏水和排水，形成管道自然排水	在地面打深水井，使用高扬程潜水泵抽排涌水，起到降低地下水位，达到掌子面无涌水的效果	在掌子面附近打一些浅孔，用潜水泵抽地下水，起到降低地下水位和疏干掌子面的作用

10.5 提高土层和低强度岩层承载力的方法

10.5.1 土层和低强度岩层特征

土层包括黏土、亚黏土、砂土、回填土、碎石土等；低强度岩层指强风化岩层。土层和低强度岩层的单轴抗压强度小于等于 0.25 MPa，多具可塑性，一旦开挖后形成自由空间，就会迅速坍塌扩展。遇水软化流变后强度几乎为零，在黏塑性阶段时有一定蠕变。

土层和低强度岩层对水具有敏感性，隧道穿越这类岩层呈现拱顶与拱脚下沉，变形非常大，具有一定的压缩性。开挖支护后，下沉量往往超过一定范围（一般超过 200 mm）时，支护结构同样发生大变形而失稳，形成严重坍塌，塌方范围大多为一倍洞径。

过去许多失败的工程实例是错误地采用先拱后墙法施工或采用长台阶施工，支护成环时间太长，混凝土边墙衬砌不能紧跟而引起坍拱。另外，由于不均匀下沉，发生混凝土拱开裂破坏而坍塌。

过去，由于没有找到或没使用能够提高土层和低强度岩层承载力的有效防坍方法，或即使使用了高强度和刚性支护，方法不当也未能防止塌方。

10.5.2 承载力提高方法

隧道通过土层和低强度岩层遇到拱脚下沉量非常大的情况时，可采用下列提高岩层承载力的方法解决岩层承载力不足的问题。

10.5.2.1 大拱脚方法

加大拱脚断面，与拱部喷混凝土、钢支撑一起成型，钢支撑拱脚部位（起拱线 1.0 m 范围）加大断面。同时，增加锁脚长锚杆（$L=4\sim6$ m，$\varPhi=22\sim25$ mm）。

10.5.2.2 采用拱脚锚桩方法

在开挖上半断面与拱部支护的同时,打设拱脚锚桩。一般使用地质钻机或潜孔钻机钻孔,锚桩钢管直径 $\Phi 89$ mm 以上花管,在钢管中插入 $\Phi 10$ mm 钢筋束,注入水泥砂浆。根据岩层与隧道断面条件,锚桩长度为 6～8 m,按每 2 榀或每 1 榀钢支撑拱脚每侧 1 或 2 根进行布置。

10.5.2.3 双侧壁导坑先墙后拱法

双侧壁导坑先墙后拱法适用于大跨度、大断面隧道和岩层承载力特别小（≤ 1.0 MPa）的岩层。此法有别于双侧壁法,采用小导坑主要是达到能先完成侧墙衬砌的目的（如图 10-10）。

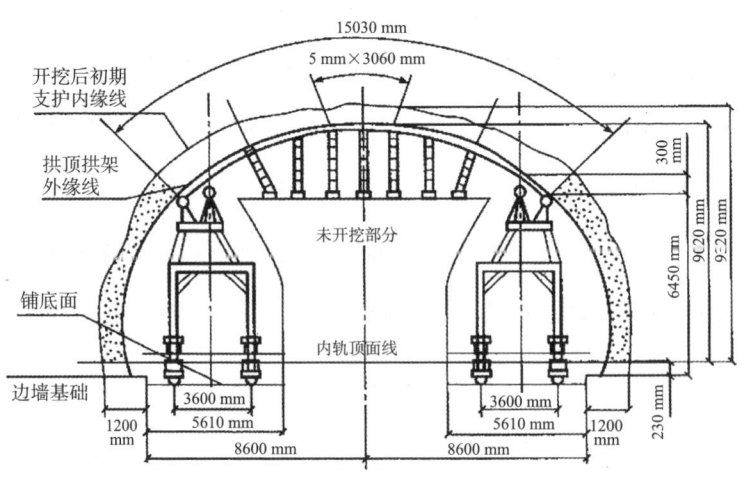

图 10-10 双侧壁导坑施工示意图

10.5.2.4 尽早衬砌封闭成环

无论使用哪种方法,都须强调尽快施作仰拱,尽早形成衬砌闭合,以尽快制止支护整体下沉变形。

10.5.2.5 采用注浆法加固拱脚岩层

采用纯水泥或水泥—水玻璃注浆固结拱脚到墙脚范围周边轮廓以外

1.0 m，注浆完成后，自上而下分部开挖。

采用深孔预注浆，一般孔深 10 m 以上，预留 2 m 注浆岩盘。

10.5.3 有关注意事项

对于富水软弱地质，则应先做封闭墙，注浆固结与降排水相结合，在提高岩体强度后再施工。每注浆加固一段施工一段，但必须保证注浆封闭质量。完成一段施工后，前面需留有足够封闭能力的固结段为下一循环注浆用，确保施工安全。另外，应根据具体情况设计对地层的加固方案，做到科学、合理、可靠。同时，在施工中应充分利用先进的量测手段和分析应用理论，做到有把握地进行施工。

10.6 防坍基本经验和基本原则

根据几十年积累的工程防坍实践经验、教训和技术资料与防坍科研成果，总结出防坍基本原则。

10.6.1 防坍四条基本经验

四条基本经验是工程实践技术经验的高度总结，也是应该遵循的基本要求。

（1）把地质超前预报列入隧道施工工序。

（2）采用合理的稳定掌子面的辅助工法和尽量保护围岩的合理开挖方式与方法。

（3）开挖后及时支护（自稳时间内完成支护），尤其强调初喷混凝土的作用。

（4）及时量测、及时反馈，采取相应施工技术措施。

10.6.2 防坍基本原则

10.6.2.1 防坍首先应从设计抓起

设计阶段在详细地质勘察的基础上，结合断面形式、规范、工程类比和必要的结构计算，提出结构设计；在采用 CD 工法、CRD 工法和双侧壁导坑法等分块开挖的大断面和特殊断面时，检算各施工步骤的初期支护强度和变形；提出施工注意事项和要点；使设计尽可能符合实际并对施工真正起到指导作用。在施工阶段根据实际开挖的地质条件和量测结果，实事求是地修正设计，使设计更完善。

10.6.2.2 工程地质与水文地质预测预报

做到"先知""深知""细知"。尽量采用各种现场最直观的预测预报手段、仪器仪表，进行从地表地貌、地质到隧道可能坍塌地段地质的调查分析，并作出评估。

隧道工程实际上是地质工程，因为隧道施工和地质条件有密切的关系。设计阶段和实际的地质条件有一定出入，施工阶段的地质工作和量测结果反馈能更进一步了解地质条件。根据以调整设计支护参数和施工方法，采取预防措施能防止坍方。因此，须将施工阶段的地质预报列入隧道施工工序。

10.6.2.3 预防坍方

做到提早防、提前防，未进入可能坍方地层之前就开始防，不是到了坍方临界状态时才去防，更不是坍方之后才去"治坍""防坍"。

10.6.2.4 早喷锚、强支护，尽快封闭成环

尽快进行喷锚，早强或控制开挖速度，提高初期支护的刚度和承载力，在喷混凝土未形成强度前提供抗力；在 1～1.5 倍洞径内封闭成环。特别指出的是，采用钢架可加强初期支护，为小导管注浆、长管棚提供支点；增加抗形变能力起着相当大的作用，是防坍的重要手段。

10.6.2.5 重视开挖手段和开挖方法的选择

尽量选取减少扰动围岩、减小围岩松动范围的机械开挖、风镐开

挖、手工开挖方式。采用钻爆法开挖时，必须不折不扣地实施光面爆破或预裂爆破方法与工艺，做到不破坏开挖面的稳定。

台阶法、CD 法、CRD 法、双侧壁导坑法等开挖方法采用的上下分层和竖向分块有利于保证开挖掌子面和顶、帮的稳定性。为配合上述开挖方法，分别采用环形开挖、控制台阶长度；掌子面喷混凝土封闭、锁脚锚杆、拱墙脚加固注浆等辅助施工措施，能使上述开挖方法更加可靠。

10.6.2.6 开挖控制

循环开挖进尺要短；关键工序间距要控制；有特别要求闭合成环时间的仰拱与开挖面距离要严格按计划规定控制，只能短，不能长。

10.6.2.7 量测制度

建立结合实际的有目的的量测制度，通过监控量测及时发现问题，正确判断量测结果，判断支护体系与围岩的受力和变形状态，采用量测成果检测防坍措施的效果，实现施工信息化。根据量测结果指导超前地质预报、设计和施工。

10.6.2.8 地下水处理

采用降、堵、泄等方法处理地下水，可以提高围岩的自稳能力，提高喷混凝土质量，起到防止流沙、突水、突泥，起到防坍作用。

10.6.2.9 地层预加固与改良

预加固地层与改良地层技术方案是稳定掌子面，提供开挖与开挖后支护条件的最合适的技术方案。应注意适用范围，才能做到可行、可靠、有效。

适用范围：松散、无胶结的岩层，低强度的岩层，开挖后会发生大变形的岩层；开挖后可能引起超过 200 mm 下沉的岩层；有可能发生突泥、突水的岩层。

10.6.2.10 应急资源准备

除普通机械、机具、材料之外，现场要有应急资源准备，如配备一套地质钻探和防坍专用机械设备、仪器、仪表；要按计划准备一定数量的专用支护材料、注浆材料及其他专用器材，随时做到拿来就用。

10.6.2.11 辅助工法掌握与应用

施工工程师必须熟练掌握与应用适用于应对各类可能坍方岩层的施工工法与辅助工法。重点工程应配备地质工程师来处理工程地质问题。特殊地层，特殊措施，综合使用辅助工法。

10.6.2.12 特殊方案处理

对于特殊工程，浅埋、偏压、扁平断面、大跨断面、超大断面等，结合实际，专门研究，采取特殊方案与技术进行处理。

10.6.2.13 施工管理与工程质量

（1）把防坍列为隧道施工的重点，防患于未然。

（2）正确决策，防坍的施工方案和措施贯彻宁强勿弱、稳中求快、稳扎稳打、步步为营、科学决策，不冒险施工。

（3）提高施工素质，严格按设计、规范和防坍措施施工，保证施工质量符合要求。

（4）不要轻易改变已做了充分准备的防坍技术方案与方法，否则会增加防坍实施困难或造成防坍的失误。

10.6.2.14 加固措施

对应力、应变超限的初期支护和其他坍方预兆及时采取加固措施。根据情况对需加固的初期支护分别采取以下加固措施：嵌钢架、加网喷（如果开挖净空有富余）、加锚、壁后注浆、提前施工模筑混凝土（必须时加钢筋）。必要时先采用临时对口撑、顶柱、扇形支撑再进行以上加固措施。

对于有可能塌方的地段，掌子面情况不清，掌子面不前进；变形量测显示有突变或大变形，变形原因未找出，掌子面不前进，变形原因已找出，加固措施未制定，掌子面不前进；加固措施未实施，掌子面不前进。加固措施实施后，再作量测信息反馈，以判断措施的可靠性。

10.6.2.15 支护原理与计算图表

以防坍支护原理与计算图表为基础，制订防坍技术方案。一切防坍技术方案与方法，要做到"可靠""有效"和"可行"。优先选取实施快的方案和方法。

10.6.2.16 总结与创新

不断实践，不断总结，不断提高，不断创新，开发出更实用、更有效、更先进、更经济的防坍技术与防坍机械设备、防坍器材，真正做到隧道施工不塌方。

第 11 章 公路隧道坍塌治理案例
——某高速公路某标段隧道浅埋软弱地质段塌方冒顶处理案例

在高速公路隧道洞口浅埋、偏压及软弱地质路段施工中，由于地质情况、水文、气候和施工技术运用或处理不当，常会出现隧道塌方或冒顶事故，由此造成的人身伤害、财产损失及工期延误等，本章结合某高速公路某标隧道浅埋软弱地质段塌方冒顶处理案例，阐述切实可行的隧道洞口段塌方处理处置方案，以供类似工程参考和借鉴。

11.1 工程简况

某隧道左线长 1261 m，起止桩号为：ZK8+845～ZK10+108，隧道右线长 1095 m，起止桩号为：K8+847～K10+108，为分离式隧道布置。隧道区以低山丘陵地貌为主，受华夏、新华夏系区域地质构造控制，区内地层及山脉总体多呈北东、北东东走向伸展，隧道斜穿的丘陵山体，隧道穿越段沿洞轴线地面标高为 202.3～335.8 m，相对高差约 134.1 m，地形起伏较大，山势陡峻，隧道进洞口自然坡度为 17°～28°，出洞口自然坡度为 18°～48°，山体植被总体较发育，以杉木、茶树、灌木林地为主。

某隧道浅埋软弱地质段处于桩号为 ZK8+940-960，明暗交界桩号为 ZK8+860，明洞 15 m，沿路线前进方向左洞右侧拱脚至拱腰部位地质为强风化碳质灰岩夹页岩，其余岩层均为黄色黏土。该段洞顶山体为右侧往左侧 45°角下坡趋势，洞顶埋置深度为 27.5～19.2 m。进口位于某村某水库东南侧山坳中，整体位于一低丘山脚，坡度 17°～28°，山体较陡峻，地形起伏较大，为丘间洼地，山体植被主要为茶树、杉木以及灌木等。地表覆盖层厚度较小，下伏石炭系石磴子段组灰岩、炭质灰岩夹页岩，与寒武系牛角河群地层断层接触，接触带附近因页岩多为赋水丰富，水理性差，围岩稳定性差，仰坡与两侧边坡开挖后，其自稳性较差，对施工建设影响较大，该地层岩体产状为 325°∠20°，其岩层走向与隧道轴线呈 27°小角度相交，倾角较小，对隧洞侧墙围岩稳定性不利；进洞口处于浅埋段，且洞口段多为全风化碎石土质围岩。因此，隧道入口的稳定性较差。超前地质预报分析：推断该区域范围内围岩破碎，裂隙较发育。ZK8+959～ZK8+952 内围岩，相对较破碎，可能存在破碎带，ZK8+942 附近可能存在岩性变化带。施工时注意采用超前钻孔方法对前方围岩破碎情况进行探明。预判 ZK8+974～ZK8+897 段为 V 级围岩，实际情况以隧道开挖揭露为准。

11.2 坍塌及施工处治过程

11.2.2.1 洞内初支开裂及地表裂缝（ZK8+945-ZK8+915）过程

施工至掌子面 ZK8+915（如图 11-1）。距离出洞还有 55 m，沿路线前进方向左洞右侧拱脚至拱腰部位地质为强风化碳质灰岩夹页岩，其余岩层均为黄色黏土。洞顶山体地形以路线前进方向右侧往左侧 45°角下坡，洞顶埋深为 27.5～19.2 m。进口端管棚施工完毕，使用上下双台阶开挖施工至掌子面 ZK8+915、仰拱 ZK8+935、二衬 ZK8+956，掌子面封闭之后，工程间歇一段时间。

图 11-1　ZK8+915 现场掌子面照片

间歇期结束后，将回填的掌子面的土体清除，雨雪天气之后，施工测量人员发现左洞 ZK8+946～915 段洞内拱顶均出现不同程度下沉（如图 11-2）。初期支护钢拱架出现大变形，监测的最大下沉量达到 75 cm 左右，同时该桩号段隧道外山顶上出现多条裂缝，最大裂缝宽 5 cm、长 4 m。

(a)

(b)

图 11-2 ZK8+920-945 段地表开裂及初期支护喷射混凝土开裂现象

（1）初支开裂及地表开裂原因分析。

ZK8+945-915 正好处于洞口软弱浅埋段，土石分界线地段，可能存在一定的滑移面，主要为黄色黏土，自稳能力差，受雨雪天气影响，雨水渗入山体内，致使岩土含水率饱和，洞口泥岩遇水后软化，自身稳定性下降，加上地下水的溶解、浸泡、软化等作用（如图 11-3）。岩体的稳定性变差。

图 11-3　雨水浸泡后的掌子面土体

在设计地质纵断面图中，ZK8+960-970 处于破碎带。但实际在开挖中 ZK8+960-970 未发现有破碎带迹象，在后续施工，未对此引起足够的重视，仍使用上下台阶开挖。

开挖施工工艺更改不及时，针对三车道的大断面隧道，且处于软弱浅埋地段，未按照设计的单 / 双侧壁导坑施工工序，而是采用双台阶法施工，开挖后临空界面过大，仰拱、二衬安全步距较大，造成洞顶应力全部作用在初支上，且应力不断叠加。

间歇期之前就发现初支出现开裂、掉皮，未做到相应及时的处理。间歇期之后，仅对掌子面做封闭处理，未对已成型初支做有效的临时支撑，长时间暴露及处置不当。

（2）初支开裂、掉皮拟定处治方案。

各方参建单位对先锋顶隧道进行了现场踏勘，为了保证洞内初支施工安全，同时确保后续二衬施工厚度，经各方现场会议商定如下：

临时支撑：左洞 ZK8+946-915 段洞内首先采用 I20 工字钢做临时支撑，先铺设横向工字钢，支撑于两侧拱腰处的钢拱架上，竖向工字钢与横向工字钢焊接，在竖向工字钢两侧各立一根斜向工字钢，并在斜撑之间加强联系工字钢加密并焊接牢固，与初期支护的每榀钢拱架对应支撑。支撑方法（如图 11-4）。

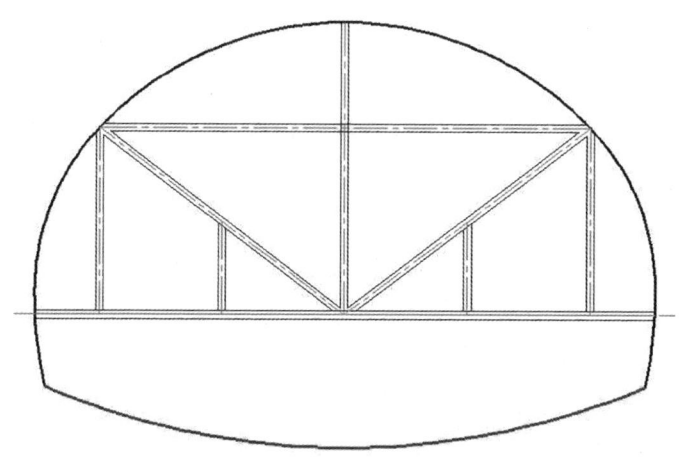

图 11-4 临时支撑示意图

注浆施工：洞内临时支撑完成后，开始进行洞内两侧岩体环向注浆，注浆里程桩号为左洞 ZK8+947.8-915。从路面设计高程以上 3 m 处开始注浆（拱脚软弱，特别需要在拱脚地基处进行注浆加固处理）。注浆管采用 4.5 m 长的 $\Phi 42$ mm 注浆小导管打入岩体内，环向间距为 80 cm，纵向间距为 120 cm。注浆导管按 25 cm 间距以梅花形布置孔眼，管头 1 m 范围内不需要打孔，其他位置均需要打孔。施工采用跳孔方式从拱脚两侧往拱顶开始注浆（浆液参数及注浆压力参照超前小导管施工）。

换拱施工：待注浆完成且强度达到要求后，方可进行换拱施工，在

换拱前先拆除2榀临时支撑，换拱时应遵循拆一榀更换一榀的原则进行施工（换拱前严禁仰拱施工）。（后期证明此做法是错误做法）

仰拱开挖及后续工作：换拱完成后方可进行正常仰拱施工。左、右洞后续开挖工作严格按照设计规定的施工方案（侧壁导坑工法）及要求步距进行施工。

施工期间加强跟踪监测工作，频率一般每天不少于两次，监测日报及时报给安全部及监理等有关部门。若发现异常现象，第一时间按照程序逐级报告，并召集有关部门人员进行会诊。同时加强施工安全管理，需要专门管理人员进行施工监控管理工作。

（3）处治过程。

洞外处理：在发现洞外山顶出现裂缝后，立即对裂缝防水处理：

裂缝缝隙采用人工用土夯实，防止外表水渗入，并用篷布覆盖（如图11-5）。

图11-5 篷布覆盖裂缝

根据现场裂缝分布情况及实际地形进行施作截水沟，截水沟采用人工开挖 40 cm×40 cm 土沟并进行砂浆抹面（如图 11-6）。

图 11-6　截水沟砂浆抹面

洞内处理：

采用 I20 工字钢对出现侵线的初支横向临时钢支撑（如图 11-7）。

图 11-7　横向临时钢支撑

洞内临时支撑完成后，开始进行洞岩体注浆（如图 11-8），注浆液参数及注浆压力参照超前小导管施工。在注浆过程中实时进行观测，观测情况未发生变化,此后完成注浆。

图 11-8　径向岩体注浆

然后进行仰拱开挖施工,当施工跟进到 ZK8+920 距离掌子面 5 m 时,监控观测沉降最大为 8 mm。

（4）监控观测处治效果评价及改进预防。

采用临时支撑后,利用强支护原理,使得初支沉降收敛得到稳定,数据未再出现大的变动。

针对处于软弱浅埋地段三车道的大断面隧道,应及时改变施工工艺,采用单/双侧壁导坑开挖。在施工时严格遵循十八字方针原则:管超前、严注浆、短开挖、强支护、快封闭、勤量测,做到防患于未然。

临时支撑（包括单双侧壁导坑临时支护）均应在和仰拱同时落底,拆除时间应控制在二衬铺设防水板前。

在施工中遇地下水丰富时,应及时采取超前预注浆,迫使水分流出,加固土体帷幕,避免土体应力叠加。

在施工重视超前预报及图纸的提示,碰到破碎带等特殊情况,即使已通过预报区域,也在后续开挖中时刻注意观察。及时调整施工工艺及工字钢节段,避免出现在应力最薄弱区域。

洞内第一次坍塌(ZK8+945-ZK8+915)过程:

仰拱已施工跟进到 ZK8+920,开始掌子面 ZK8+915 单侧壁导坑掘进,当已掘进 8 榀共 4.8 m 长。后发现 ZK8+915 掌子面左侧拱顶出现侵限,左洞右侧 ZK8+925-915 段钢拱架出现变形、拱顶掉块(如图 11-9)。

图 11-9　ZK8+925-ZK8+915 段钢拱架出现变形、拱顶掉块

此后,ZK8+945-ZK8+910 出现大范围掉土、塌腔,全断面钢拱架坍塌,地表出现直径约为 20 m 的大坑(如图 11-10、图 11-11)。

图 11-10　ZK8+925-ZK8+915 段钢拱架坍塌

图 11-11 地表塌坑

洞内第一次坍塌原因分析：

从坍塌位置来看（如图 11-12），坍塌呈"漏斗"形状，最早发生的位置在土石交界点。在临时支撑拆除后、再次开挖产生变形破坏，其潜在的应力再次被释放，累计叠加造成围岩失稳、承压快而坍塌。

图 11-12 坍塌位置

从第一次裂缝处治过程中分析，因左洞左侧钢拱架变形严重，左洞右侧变形量较小，仅对左洞左侧做注浆处理（如图11-13）。右侧未做处理（尤其在土石交界处未做加固处理）。

图11-13　注浆加固区域

从第一次拟定的方案分析，普通的径向导管注浆支护，受长度影响（管长4.5 m）及专业设备及人员限制但在软弱泥岩遇水软化后，普通注浆上压快，浆液无法扩散，未起到固化帷幕作用，进而造成支护承受压力过大，无法承受上部过大的压力，造成初支变形过大，受力由弹性变为塑性。

从出现变形、掉块位置来看，处于土石交界处（如图11-14）。且钢拱架接头也处于该位置，整体钢拱架。处于受力最大、最薄弱区域。

图 11-14 土石交界示意图

原设计 FS5 a 衬砌中工字钢型号为 I20 a，因截面尺寸均相对较高、较窄，故对截面两个主轴的惯性矩相差较大，只能直接用于在其腹板平面内受弯的构件，对轴心受压构件或在垂直于腹板平面还有弯曲的构件均不宜适用，在施做仰拱完成后，初支整体受力后，承载压力作用不足，发生扭曲（如图 11-15）。

图 11-15 工字钢扭曲

组织各参建单位共同确定了洞内第一次坍塌处置方案：

（1）进口端山体恢复截水沟，山体塌腔处进行回填土并掺入3%水泥，每米设置一层土工格栅。

（2）采用侧壁导坑掘进，ZK8+860-ZK8+920段工字钢，由原设计60 cm每榀调整到50 cm每榀，工字钢I20调整到I22，ZK8+920-ZK8+939段工字钢I20调整到HW200 mm×200 mm。

（3）ZK8+946-ZK8+860段，环向药卷锚杆调整为Φ42 mm×4 mm小导管，长度为6 m，间距调整为1 m。

（4）ZK8+860-ZK8+946先行洞加I22钢拱架基础连接纵梁。

（5）ZK8+946-ZK8+895段超前小导管调整为Φ108 mm×6 mm超前管棚，长度为9~12 m，采用跟管施工，搭接长度为3 m。

（6）ZK8+946-ZK8+956端初期支护进行注浆加固处理，环向注浆间距150 cm、纵向间距150 cm，注浆管采用Φ42 mm×4 mm，长度4.5 m。

（7）ZK8+946-ZK8+860段锁脚，由Φ42 mm×4 mm调整为Φ89 mm×6 mm钢管，长度调整为5 m。

（8）已侵限部位ZK8+946-ZK8+915段进行换拱处理。

施工处治过程：对洞内塌方处进行回填洞渣反压（如图11-16）。

图 11-16 洞内塌方处回填洞渣反压

对于山顶塌方坑，回填土已掺入 3% 水泥，回填完成（如图 11-17）。每米增加了土工格栅，完成回填并用篷布覆盖防止雨水渗入。

图 11-17 洞外塌坑回填

洞内采用 Φ108 mm 超前管棚施工，一次长度 12 m，搭接 3 m，计划分两次施作管棚（ZK8+946-938，ZK8+938-930）进行管棚超前支护（如图 11-18）。

图 11-18　ZK8+946 洞内 Φ108 mm 超前管棚顶管施工

采用预留核心土三台阶开挖支护（ZK8+946-938）。在开挖支护 ZK8+946-938 过程发现管棚顶管施工，在地质复杂软弱围岩易出现塌孔、成孔困难，方向难以控制，部分管棚难以保证有效长度。对于 ZK8+938-930，改用超前管棚跟管施工（如图 11-19）。以解决塌孔、成孔困难、方向难以控制的问题，保证管棚有效长度。

图 11-19　ZK8+938 洞内 Φ108 mm 超前管棚跟管施工

采用预留核心土三台阶开挖支护（ZK8+938-930）。施工至 ZK8+930 时，因管棚首尾两端没有套拱固定支撑，形成自由端，塌腔上方土体压力导致管棚下沉（如图 11-20）。初支上方失去支护作用，拱顶下沉过大，以成型初支出现沉降收敛数据加大。存在安全质量隐患，避免再次塌方，暂停开挖，距离出洞口还有 70 m。

图 11-20　管棚下沉

对掌子面（桩号 ZK8+930）回填反压并喷射 30 cm 混凝土封闭（如图 11-21）。

图 11-21　掌子面（桩号 ZK8+930）回填反压

因考虑到ZK8+946-930，沉降数据在持续增大，对侵线严重的初支进行换拱处理，增加临时环形护拱（此段仰拱已完成）（如图11-22）。

图11-22　临时环形护拱施工处治过程及调整

因管棚失去超前支护作用，ZK8+930-900改用WSS后退式帷幕注浆工艺注浆（如图11-23）。注浆长度一次为30 m长，分为三排注浆，注浆前塌腔体前封闭0.6 m喷射混凝土，保证注浆压力。顶部为第一排注浆孔，往上仰角15°左右注浆，稳固拱顶土体，其他两排水平往掌子面注浆，主要为了稳固掌子面土体稳定便于开挖，扩散半径控制在1.5～2.0 m，采用1∶0.5（水玻璃）双液浆进行注浆加固，注浆压力控制在1.5～2.0 MPa，持压2 min。以压注WSS无收缩AC浆液为主，借助注浆管的旋转和提升运动对围岩进行霹雳压密，辅以溶液型AB浆对围岩土体进行渗透固结同时兼做护壁封孔。

图 11-23 WSS 后退式帷幕注浆

此后,WSS 后退式帷幕注浆完成,开始掌子面(ZK8+930)预留核心土三台阶开挖支护(如图 11-24)。

图 11-24 ZK8+930 开挖后状况

为保证开挖稳定性,ZK8+923 开始使用单侧壁开挖(如图 11-25)。

图 11-25　ZK8+923 单侧壁开挖

处治效果评价：

超前管棚注浆在富含地下水土体中，上压快，浆液无法扩散，无法起到加固帷幕土体作用，只能起到有限的抵抗土体作用力，后期再次造成初支沉降收敛。在使用中应结合改变滑带土方法综合使用。

对 ZK8+930 段塌方体进行开挖，开挖揭示，使用 WSS 后退式帷幕注浆，掌子面土体较为密实，土体水分被强迫挤出。使用 WSS 后退式帷幕注浆土体中颗粒间的空隙充满浆液并使其固结，基本达到改良土层性质的目的。

11.2.2.2　洞内第二次坍塌（ZK8+913-900）过程

经过第一次坍塌处理后，采用预留核心土三台阶和单侧壁开挖 ZK8+930-915 段，施工中通过加强初支锁脚、拱脚铺垫枕木及纵向连接（如图 11-26）。在枕木上面再增设钢板，钢板尺寸为 80 cm×40 cm×1.5 cm，起到加强钢拱架支腿支撑稳定性的作用，且 ZK8+930-920 处仰拱已施做完成。在开挖支护较为顺利通过。

图 11-26 初支锁脚、拱脚铺垫枕木及纵向连接

开挖支护单侧壁小断面施工桩号至 ZK8+902，在开挖大断面 ZK8+910 时，发现大断面土体挤压侧壁临时支撑连接处开裂，对侧壁小断面做临时横向支撑成环及反压回填（如图 11-27）。

图 11-27 侧壁小断面临时横向支撑成环

侧壁小断面临时支撑成环及反压回填后，为加强初支受力整体性，加快闭合时间，暂停掌子面开挖，全力抢中、下导、仰拱、二衬施工。

ZK8+920-916段仰拱施工完成后,开始 ZK8+933-921二衬跳段施工(如图11-28),然后开始 ZK8+916-912段仰拱施工(如图11-29)。

图11-28　ZK8+933-921二衬跳段

图11-29　ZK8+916-912段仰拱施工

ZK8+916-912仰拱完成后,开始恢复掌子面单侧壁开挖施工。

单侧壁大断面开挖至 ZK8+905,开挖过程中,左侧拱腰位置发生高度 3 m 塌腔（如图 11-30），掌子面回填反压，对塌腔内进行超前小导管注浆，并完成注浆。

图 11-30　塌腔区域

注浆完成后，开始恢复掌子面单侧壁开挖施工，单侧壁小断面施工至 ZK8+897、大断面施工至 ZK8+900。发现大断面 ZK8+913-906 中下导初支钢拱架沉降过大，没有足够的时间施作仰拱，闭合成环，已严重侵线二衬轮廓。为保证已成型初支稳定性，开始 ZK8+944-937 二衬施工。此后，ZK8+921-913 二衬施工、ZK8+911-906 段换拱处理。

在进行 ZK8+911-906 的换拱施工中，掌子面 ZK8+900-906 段出现坍塌（图 11-31、图 11-32）。坍塌过程中牵引到 ZK8+906-911 段已换好的钢拱架，ZK8+900-913 段从单侧壁大断面的掌子面坍塌至 ZK8+913 二衬端头位置，同时山体地表出现长 14 m、宽 13 m、深约 7 m 左右的塌腔。

图 11-31　洞内坍塌

图 11-32　洞外坍坑

洞内第二次坍塌原因分析：

结合第一次塌方处治，ZK8+930-915 段和 ZK8+915-900 两位置出现不一样的情况发生，综合分析：ZK8+930-915 因原有的垮塌的初支仍部分（尤其是拱脚）保留，起到一定抵抗土体的作用力。通过 WSS 后退式注浆在改良土层后，土体较为稳定。且 ZK8+930-920 处仰拱已施作完成，初支完成接腿后，初支整体受力均匀。

ZK8+915-900 段 WSS 后退式注浆效果应受到长度限制（一次注浆

长度 30 m）和方向受限，注浆加固区域下移（如图 11-33），导致拱顶未起到加固作用。

图 11-33　注浆加固区域下移

ZK8+915-900 段开挖断面左侧仰拱及拱顶以上全是软塑性黄土，自稳能力差，初支钢拱架支腿处地基承载力差，锁脚钢管抗拔力差。采用后退式超前预注浆，虽改变土体的富水情况，但无法起到对土体的自重有效的抵抗，拱脚处注浆作用效果有限。导致左侧开挖过程中，中下导施工初支钢拱架沉降过大，没有足够的时间施作仰拱，闭合成环。

工序作业安排不合理，初支已发生侵线变形，在没有临时仰拱闭合成环和临时支撑的前提下，盲目对 ZK8+913-909 段进行换拱换拱处理，造成初支受力不均，引起坍塌。

从施工过程中分析，ZK8+946-930 使用 $\Phi 108 \text{ mm} \times 6 \text{ mm}$ 管棚过程，塌腔上方土体压力导致管棚下沉，初支上方失去超前支护作用。ZK8+930-900 改成采用后退式超前预注浆对拱脚处注浆作用效果有限。两种方法均存在局限性及优缺点，未能综合使用。

参建各方讨论洞内第二次坍塌处置方案：

ZK8+913 掌子面进行反压回填，山体塌腔处进行回填土并掺入 3% 水泥；防止山体继续塌陷扩大。

ZK8+895-ZK8+913 出口端洞内掌子面采用后退式注浆，注浆长度一次为 18 m 长，分为三排注浆，顶部二衬位置为第一排注浆孔，往上仰角 40°左右注浆，稳固拱顶土体，其他两排水平往掌子面注浆，主要为了稳固掌子面土体稳定便于开挖，因为坍塌过程中，右侧导洞初期支护未受损坏，为了缩短工期、确保右侧钢拱架支护不受到挤压破坏，对内空腔段泵送砂浆填充。右侧导坑先行注浆 2 孔，注浆压力控制在 0.5 MPa 以内，起到右侧已开挖导洞洞室土体密实的目的。注浆范围主要以左侧大断面的坍塌体为主，扩散半径控制在 1.5～2.0 m，采用 1：0.5（水玻璃）双液浆进行注浆加固，注浆压力控制在 1.5～2.0 MPa，持压 2 min；注浆前在 ZK8+913 掌子面封闭 0.6 m 喷射混凝土，保证注浆压力。进口端已开挖的初期支护进行临时支撑；防止洞内注浆对进口端已完成的初期支护钢拱架产生影响。

为加强左侧土体稳定，减少侧压，加强钢拱架锁脚的拉拔力，并达到提高初支钢拱架基脚地基承载力的作用。解决开挖过程中初支钢拱架未及时闭环就产生下沉的问题。ZK8+870-913 段进行山体地表注浆，注浆范围为中轴线至二衬外侧 6 m 内，采用 $\Phi42$ mm×5 mm 钢花管注浆，注浆深度为仰拱基础底部往下 1 m，注浆高度为拱顶以上 6 m，梅花形设置共 196 孔，注浆孔间距 1.5 m×1.5 m，扩散半径控制在 1.5～2.0 m，采用 1：0.5（水玻璃）双液浆进行注浆加固，注浆压力控制在 1.5～2.0 MPa，持压 2 min。

ZK8+870-910 段地基承载力较差，中导位置临时设置二排 $\Phi50$ mm×

5 mm 钢管，钢管长度 3 m；落下导时再设置二排 Φ50 mm×5 mm 钢管，钢管长度 3 m；钢管顶部铺垫枕木，在枕木上面再增设钢板，钢板尺寸为 80 cm×40 cm×1.5 cm，起到加强钢拱架支腿支撑稳定性的作用。

11.2.2.3　施工处治过程及调整

ZK8+913 掌子面进行反压回填喷锚封闭，如图 11–34。山体塌腔处进行回填土并掺入 3% 水泥。

图 11–34　掌子面反压回填喷锚封闭

对洞内掌子面塌腔内进行 6 m 长小导管注浆作为后退式止浆墙。此后，对洞内掌子面进行后退式注浆，如图 11–35，对山顶洞外地表塌坑进行钻孔，如图 11–36。

图 11-35　后退式注浆

图 11-36　洞外地表塌坑钻孔

在进行洞内后退式注浆与地表钻孔交叉作业过程中，发现洞内注浆浆液易串孔冒浆至地表（如图 11-37）。遂决定洞内注浆加大水玻璃用量，减少浆液流动性。

图 11-37 地表串孔冒浆

地表注浆（如图 11-38），在地表注浆过程中发现，浆液漫流至洞内掌子面（如图 11-39）。决定洞内注浆采用间歇注浆，地表加大水玻璃用量，减少浆液流动性。

图 11-38 地表注浆

图 11-39　浆液漫流至洞内掌子面

在地表注浆中发现塌坑山体外侧受到挤压并出现有多条纵向裂缝（如图 11-40）。随着注浆有扩大迹象，遂决定减小注浆压力。

图 11-40　山体裂缝

山体注浆完成后，对山体裂缝进行灌缝处理（如图 11-41），并进行山体喷锚封闭处理（如图 11-42）。

图 11-41 山体裂缝灌缝

图 11-42 山体喷锚封闭处理

此后洞内后退式注浆完成,如图 11-43。

第二部分　软弱隧道坍塌处置技术

图 11-43　注浆完成处治效

为了评价施工质量，对 ZK8+913 段塌方体进行开挖，开挖揭示，注浆达到预计理想状态，掌子面浆液饱满，达到稳定状态。

洞外地表注浆与洞内后退式注浆，虽在过程中出现串浆现象，但在一定程度上起到互补作用。使其浆液能加强拱脚及拱顶自稳性。

在第一次塌方后，经各方讨论，改为由进口端掘进，待出洞口明洞施工完成后两段同时掘进。洞口 ZK8+845-860 套拱施工情况，如图 11-44。

图 11-44　2021 年 10 月份某端套拱施工情况

后因持续大暴雨导致迟迟无法进洞，在经历两场暴雨后，进口端洞口边仰坡出现滑塌（如图11-45）。滑塌面积约为1000 m²，现场截水沟已破坏。

图 11-45　洞口滑塌

洞口滑塌原因分析：

从天气情况分析，持续降雨，雨水下渗导致洞顶原生崩坡积土失稳滑塌。

从地质情况分析，隧道入口的稳定性较差，进洞施工选在雨季施工，极易产生表层滑塌现象。

从施工安排情况分析，套拱及管棚完成后，未及时安排进洞，错过最佳进洞时机。经多次请教专家与讨论，共同确定了洞口滑塌处置方案如下：

进口端山体恢复截水沟，山体塌腔处进行回填土并掺入3%水泥，每米设置一层土工格栅。

左进口端套拱处进行回填石渣作业平台，ZK8+860-ZK8+890洞口边仰坡塌方处进行挂网喷射 10 cm 混凝土封闭，封闭后进行地表注浆处理。注浆管采用 $\Phi 42$ mm×4 mm，宽度为拱脚外侧 3 m。

注浆完成后明洞外侧土体增设双排 $\Phi 140$ mm 钢管桩作为开挖明洞基础支护。

采用侧壁导坑掘进，ZK8+860-ZK8+920 段工字钢由原设计 60 cm 每榀调整到 50 cm 每榀，工字钢 I20 调整到 I22，ZK8+920-ZK8+939 段工字钢 I20 调整到 H200 mm×200 mm。

ZK8+860-ZK8+946 先行洞加 I22 钢拱架基础连接纵梁。

ZK8+946-ZK8+860 段环向药卷锚杆调整为 $\Phi 42$ mm×4 mm 小导管，长度为 6 m，间距调整为 1 m。

ZK8+946-ZK8+860 段锁脚由 $\Phi 42$ mm×4 mm 调整为 $\Phi 89$ mm×6 mm 钢管，长度调整为 5 m。

施工过程：

进口端套拱处进行回填石渣作业平台，如图 11-46。

图 11-46　左洞进洞口回填石渣

此后 ZK8+860-890 洞口边仰坡塌方处进行挂网喷射 10 cm 混凝土封闭，封闭后进行地表注浆处理（如图 11-47）。

图 11-47　左洞进洞口喷锚封闭

洞口仰坡注浆钻孔，如图 11-48。注浆管采用 $\varPhi 42$ mm×4 mm，宽度为拱脚外侧 3 m。

图 11-48　左洞进洞口仰坡钻孔

洞口仰坡注浆处理完成，如图11-49。

图11-49 洞口仰坡注浆

开挖进洞：经讨论后原计划先单侧壁开挖12 m并支护完成，再返回开挖明洞施工。施工中洞口右半侧已回填的石渣进行开挖卸载，准备单侧壁掘进时，洞口套拱顶右侧仰坡出现开裂并有滑动迹象（如图11-50）。出现套拱位移6 cm。为了不继续扩大滑动并及时进行了回填反压，右侧仰坡滑动层采用帷幕注浆加固仰坡土体，并施工明洞支护钢管桩。

图11-50 洞口套拱顶右侧仰坡出现开裂并有滑动迹象

对右侧仰坡滑动层采用帷幕注浆加固仰坡土体，并完成仰坡右侧滑动层注浆（如图 11-51）。

图 11-51　仰坡右侧滑动层注浆

施工明洞开挖支护钢管桩，如图 11-52，并完成施工。

图 11-52　明洞开挖支护钢管桩施工

洞口单侧壁开挖，如图 11-53。首先开挖右侧导坑，按设计导坑分上下台阶，在开挖过程掌子面容易坍塌掉土，后改成侧导坑上中下台阶闭合，导坑上台阶开挖并用 I22 工字钢纵向连接，钢拱架立腿因土质较差故采用Φ89 mm钢管锁脚做支持点，保持稳定，因导坑洞也小，相对比较稳定。

图 11-53　洞口单侧壁开挖

完成上台阶 11 榀 5 m，中台阶 4 榀 1.5 m，并用 Φ89 mm 钢管作为锁脚，并做了工字钢临时闭环。

此后，观测拱顶下沉 9 cm，右侧套拱纵向开裂，被挤压位移 28 cm，掌子面容易坍塌掉土。考虑到施工安全，对已立架的钢拱架支撑形成临时闭合后，回填石渣封闭（如图 11-54）。

图 11-54　洞口回填石渣封闭

针对洞口施工方案召开专家评审会，讨论处置方案。

根据遂川段隧道开挖掌子面围岩情况可知，在小导坑掌子面 ZK8+910 发现，左洞基本位于土层范围，且由岩层面的走向，基本判定某端 ZK8+860-890 段，左洞均位于土层，岩层标高基本在仰拱以下，管桩的桩长按照仰拱以上悬臂段和仰拱以下锚固段等长布置。右侧边坡增设 3 排 Φ529 mm 管桩。内设钢筋笼，浇筑 C30 混凝土，梅花形布置，共 30 根，桩长暂定 30 m，需根据现场入岩情况调整。管桩顶部设置 80 cm 厚系梁，系梁宽度 4.5 m，长 30 m，可分台阶设置。

某端原削竹式洞门调整为端墙式洞门。待明洞施工完后，进行洞门墙施工，并进行洞顶回填，某端明洞主筋由 22 mm 调整为 25 mm，间距 20 cm 维持原设计不变，明洞厚度 60 cm 维持原设计不变。

原有 2 m 套拱已被挤压位移 28 cm，并有纵环向裂缝，已起不到作用，在增加一个 3 m 套拱管棚，套拱做大，做在原有的套拱上面。套拱长度 5 m，尾部 3 m，厚度 140 cm，新增管棚长度 35 m。布置在拱顶 150°范围内，套拱基础设置 Φ529 mm 管桩加固。

在新增套拱施工完毕后，再进行宜春端明洞施工。

洞口施工过程及调整：

新增 Φ108 mm 管棚跟管施工（如图 11-55）。并完成管棚注浆。

图 11-55　新增 Φ108 mm 管棚跟管施工

此后，开始洞口右侧 Φ529 mm 管桩施工（如图 11-56），并完成。（期间应考虑增加仰坡稳定性及减少偏压影响，延长 Φ529 mm 管桩纵向长度），然后开始新增套拱基础 Φ529 mm 管桩混凝土浇筑，同时为加强套拱基础的拱脚稳定性，对套拱基础进行注浆。并完成新增加长套拱混凝土浇筑（如图 11-57）。

图 11-56　洞口右侧 Φ529 mm 管桩施工

图 11-57 加长套拱混凝土浇筑

此后开始明洞仰拱开挖及封底混凝土浇筑。开挖过程中，明洞右侧边坡出现小面积滑塌及洞内土体有推移迹象（如图 11-58、图 11-59）。对滑塌处进行刷坡处理、洞内土体反压喷锚及明洞仰拱基础扩大，并完成明洞仰拱混凝土浇筑（如图 11-60）。然后开始明洞二衬钢筋绑扎，并完成明洞混凝土浇筑（如图 11-61）。

图 11-58 明洞右侧边坡出现小面积滑塌

图 11-59　洞内土体推移迹象

图 11-60　明洞仰拱混凝土浇筑

图 11-61 明洞混凝土浇筑

为保证洞口土体的稳定性，决定完成 4 m 洞门墙回填后再进行洞口开挖，此后开始洞门墙基础 Φ108 管桩施工，并完成 4 m 洞门墙及回填施工。此后开始洞口单侧壁开挖。

洞口存在侧向偏压时，施做 Φ529 mm 管桩做抗滑桩，起到了稳定体的作用，避免了偏压对洞内施工不利影响。新增加长套拱和双层管棚，起到了抵抗山体推移作用及避免了开挖时掉块现象。控制进洞施工顺序。在完成套拱和超前大管棚后，进行明洞主体模筑衬砌及回填，然后再进行暗洞浅埋段施工，是有效合理的施工安排。

贯通点施工处置：

洞内发生坍塌，进洞口单侧壁施工至小断面 ZK8+884、大断面 ZK8+880、仰拱 ZK8+870、二衬 ZK8+863。剩余开挖 20 m、仰拱 40 m、二衬 50 m。

进口端为防止洞内、地表注浆压力对进口端已完成的初期支护钢拱架产生影响。已开挖的初期支护进行横向临时支撑（如图 11-

62）。暂停掌子面开挖，全力抢中、下导、仰拱、二衬施工，先后完成 ZK8+863–870 段二衬与 ZK8+870–873 段仰拱（如图 11–63）。

图 11-62　横向临时支撑

图 11-63　ZK8+870–873 段仰拱混凝土

浇筑贯通点处置方法：

洞顶和洞内完成注浆后为保证贯通段平稳度过及防止再出现意外情

况，采取以下施工方法：

（1）进、出洞口均采用双侧壁导坑开挖掘进，如图11-64。

图11-64 双侧壁导坑开挖

开挖支护中每循环使用双层超前注浆小导管延贯通点递进，搭接不少于2 m（每循环）。

为缩短开挖后暴露时间，缩短仰拱及二衬距离。在开挖每循环中，采用3+3+4步距（3 m上台阶+3 m中台阶+4 m下台阶）后施工仰拱。仰拱每循环施工3 m，仰拱至掌子面步距不大于8 m，施作仰拱时，上中下台阶暂停施工，喷锚封闭做好横向临时支撑（如图11-65）。二衬缩短每循环作业长度不大于8 m，仰拱浇筑完成后，及时铺设防水层，浇筑二衬。

图 11-65　仰拱施工，上中下台阶喷锚封闭横向临时支撑

（2）双侧壁临时支撑落地至仰拱，如图 11-66。避免在仰拱闭环前产生沉降收敛的问题。

图 11-66　双侧壁临时支撑落地至仰拱

（3）加强跟踪监测工作（如图 11-67），每天不少于 4 次，随时掌握洞内沉降及收敛数据指导施工。发现异常现象，及时调整方案。此

后,左侧导坑贯通,如图 11-68。右侧导坑贯通,如图 11-69。全断面贯通,如图 11-70。仰拱全部完成,如图 11-71。

图 11-67　测量数据监控贯通过程

图 11-68　左侧导坑贯通

第二部分 软弱隧道坍塌处置技术

图 11-69 右侧导坑贯通

图 11-70 全断面贯通

图 11-71　仰拱全部完成

11.3　注意事项

塌方预防及处治预防措施在施工时应严格遵循十八字方针原则：管超前、严注浆、短开挖、强支护、快封闭、勤量测。

11.3.2.1　管超前

管超前指采用超前管棚或超前导管注浆加固地层。掌子面未开挖前先进行超前管棚或超前导管注浆加固地层，使松散、软弱地层经注浆加固后形成一个壳体，增强其自稳能力，防止地层坍塌现象产生。

超前管棚：塌陷体注浆固结后施做 Φ108 管棚进行超前注浆加固，在施做管棚时可扩大断面不少于 60 cm，既能作为管棚尾端套拱固定支撑，防止塌腔上方土体压力使管棚下沉至开挖轮廓线内，初支上方失去超前支护作用；又能为管棚机械施工所需工作面。管棚可采用直径 108 mm 跟管施工，环向间距 35 cm，外插角根据现场塌方形状及土体情况而定，（建议分段施工，塌腔"漏斗"区域，应加大外插角，大角度插入）长度可视情况而定。

11.3.2.2 严注浆

管棚注浆：在导管超前支护后，立即进行压注水泥浆液填充砂层孔隙，浆液凝固后，土体集结成具有一定强度的"结石体"使周围地层形成一个壳体，增强其自稳能力，为施工提供一个安全环境。

超前预注浆：

在掌子面封闭完成，超前管棚不具备施工条件、或存在涌水涌泥现象，超前管棚无法起到支护作用情况下，可考虑超前预注浆工艺。预注浆采用钻机引流钻孔，二重管后退式注浆，以压注WSS无收缩AC浆液为主，采用喷头混合器回路变换装置，进行一次、二次喷射方式对围岩进行霹雳压密，辅以溶液型AB浆对围岩土体进行渗透固结同时兼做护壁封孔；其特点：均匀布孔，纵向钻孔，易控制，浆液扩散分布比较均匀。在不改变地层组成的情况下，将土层颗粒间存在的水强迫挤出，使颗粒间的空隙充满浆液并使其固结，达到改良土层性状的目的，其注浆特性是使该土层内聚力和内摩擦角增大，从而使地层黏接强度及密度增加，起到加固作用，颗粒间隙中充满了不流动而且固结的浆液后，使土层透水性降低，而形成相对隔水层。

注浆加固采用地表定向大口径深孔注浆工法（简称DDD工法）。在地表用钻孔机械打孔，通过钻孔用一定的压力将水泥浆液压入土体孔隙、强风化岩体裂隙中，碎石土孔隙、岩土层的界面、岩土的裂隙以及细颗岩体内注入具有充填、胶结的浆液材料，经过浆体的充填压密、渗透、劈裂等作用后，使岩土体洞穴、孔隙、裂隙被浆体充填。在注浆开始时，浆液总是先充填较大的空隙，然后在一定的压力下深入土体。渗入性为主的注浆，主要影响因素是土体粒径和水泥颗粒粒径。随着土层空隙不断被浆液渗入，孔隙通道被堵塞，压力会上升，注浆压力对周围

特殊地质路段处置技术

土层作用,使土体裂隙扩张,浆液顺劈出的裂隙进入土体,形成劈裂注浆,劈裂注浆能形成以注浆孔为中心的垂直性的脉状注浆体,其扩散方向与地层分布有关,而不能人为控制。这种不规则脉状硬化物的形成对地基有一定的改良效果。脉状渗透在渗透过程中,通过它的压力使周围地基的土性强化,硬化物在各个方向以复杂的形状彼此相互交叉,能抵抗土的剪切破坏。继续注浆,浆液分割以前形成的脉,或沿脉渗透加厚,形成令人满意的交织网状效果,增强覆土强度、稳定性和防水性。

隧道加固范围:对于未开挖段,自拱顶上 8 m 加固至仰拱底,隧道两侧加固至轮廓线外 6 m,开挖面加固至上、中台阶交界处;对于已开挖支护段,如钻孔时探明先行洞已塌方,则加固至中台阶底部;塌方段,开挖范围内加固至中台阶底部,隧道外界均自拱顶上 8 m 加固至仰拱底,隧道两侧加固至轮廓线外 6 m。

超前管棚、超前预注浆、地表注浆的局限性:根据先峰顶隧道及杨梅一隧道塌方前后处理过程分析,超前管棚、超前预注浆、地表注浆的局限性各存在优缺点。

对于超前管棚,优点:梁拱效应,先行施设的管棚,以掌子面和后方钢拱架支撑为支点,形成一个梁式结构,二者构成环绕隧洞轮廓的壳状结构,可有效抑制围岩松动和垮塌。缺点:①在土体中,管棚尾端难以施做套拱固定支撑,容易形成自由端,由塌腔上方土体压力导致管棚下沉至开挖轮廓线内,初支上方失去超前支护作用,造成开挖困难,后期已成型的初支也容易侵线严重。②普通管棚注浆只适合裂隙发育较多的碎石土中,在软弱泥岩或密实土体中,尤其遇水软化后,无法起到固化帷幕作用,进而造成支护承受压力过大,无法承受上部过大的压力。③管棚作用距离有限,即使在明洞套拱作用下,有效距离只能达到

30 m以下，对长距离的软弱地质围岩，不利于控制。

对于超前预注浆，优点：①在隧道洞内均匀布孔，纵向钻孔，易控制，浆液扩散分布比较均匀，工期易控制。②在不改变地层组成的情况下，将土层颗粒间存在的水强迫挤出，使颗粒间的空隙充满浆液并使其固结，达到改良土层性状的目的，其注浆特性是使该土层内聚力和内摩擦角增大，从而使地层黏接强度及密度增加，起到加固作用，颗粒间隙中充满了不流动而且固结的浆液后，使土层透水性降低，而形成相对隔水层。缺点：①注浆有效半径过小，实际浆液在土体密实区域只能达到40 cm。②受隧道轮廓界面影响，只能在拱顶1 m、及塌腔体内范围内产生压密作用，对拱脚及拱顶上方压浆作用效果不大。

对于地表注浆，优点：①与超前管棚、超前预注浆相比，地表钻注可提前谋划，条件好、干扰小，不影响和占用掘进时间。②地表注浆预加固是在地表通过打孔机械成孔，控制范围广，在拱顶、拱腰处均可注浆加固。缺点：①注浆压力控制较难，容易对已成型的初支造成二次承压。②成本大、工序繁杂。

施工方法选择：在实际开挖过程中可根据不同的施工情况，选择单种或多种施工方法。综合先峰顶隧道及杨梅一隧道处治过程的分析，建议：①对于裂隙发育较多的碎石土中可选择超前管棚施工方法；②对于裂隙发育较多的碎石土，如果地下水丰富，可选择超前管棚+超前预注浆施工方法。③在软弱泥岩或密实土体中可选择超前管棚+超前预注浆及地表注浆施工方法。④在软弱泥岩或密实土体中如遇塌方，若原有的初支能起到一定的支撑效果，可选择超前预注浆施工方法。⑤地表注浆适用于涌水涌泥地质及各种浅埋地质，但成本过高，未遇特殊情况，不建议选择。⑥软弱地质段较长时，应优先使用地表注浆。

11.3.2.3 短开挖

注浆完成后可开始塌陷体开挖，塌陷体开挖可采用单/双侧壁开挖，必要时可再次注浆或沙袋反压稳定掌子面。根据地层情况和开挖工艺不同，采用不同的开挖长度。一般在地层不良地段每次开挖进尺采用 0.5～0.8 m，甚至更短，由于开挖距离短可争取时间架立钢拱架，及时喷射混凝土，减少坍塌现象的发生。开挖时应扩大断面至少 60 cm，预留足够变形量，为后续施工中加强采取双层拱架（施工监测过程中变形量过大可更换双层拱架初期支护）、管棚及环形临时支撑施工留足工作面。

11.3.2.4 强支护

初期支护：加大初期支护的结构的强度，加大工字钢本身的刚性强度（例如：更换承受压力更大的 H 钢），减小纵向拱架的间距，加强拱架的整体连接。加强初支钢拱架拱脚，加强锁脚可采用 Φ89 注浆导管，解决在未及时闭环就产生下沉的问题，必要时可考虑在拱脚地基和岩石分界处进行注浆加固处理。

二次衬砌：提高二衬砼标号，及二衬钢筋直径及间距。

11.3.2.5 快封闭

初期支护从上至下及早形成环形结构，是减小地基扰动的重要措施。采用台阶法施工时，下半断面及时紧跟，及时封闭仰拱成环，在开挖过程中，无论使用哪种开挖方法，均可选择 3+3+4 步距（3 m 上台阶 +3 m 中台阶 +4 m 下台阶及仰拱），做一个大循环，加强工序斜接，及时施做仰拱尽量减少围岩暴露时间、及未成环的沉降收敛。仰拱浇筑完成后，及时铺设防水层，浇筑二衬。

11.3.2.6　勤量测

坚持监控量测资料进行反馈指导施工，是浅埋暗挖法施工的基点，所以地面、洞内都要埋设监控点，通过这些监控点可以随时掌握地表和洞内土体各点因开挖和外力产生的位移来指导施工。

11.4　塌方处治措施之洞顶处理

地表塌坑区域应整平封水，山体塌腔处进行回填土并掺入 3% 水泥土工格栅加筋，防止山体继续塌陷扩大。如若地表塌陷过大、过深，可考虑对地表采用钢管进行坡体先吹砂后注浆处理。裂缝缝隙采用人工用土夯实，并用防水材料进行覆盖（如图 11-72）。防止外表水渗入。根据现场裂缝分布情况及实际地形进行施作截水沟，不具备条件可施工土沟进行砂浆抹面。

图 11-72　裂缝缝隙处理

洞内塌方处理可借鉴预防措施，并结合实际情况选择不同方法处理。塌陷体应及时回填石渣反压和喷射混凝土封闭，针对富水，应及时抽排或钻孔引排降低水位。对封闭后的塌陷体可打设长度为 6 m 小导管注浆固结（每 4.5 m 一个循环）（如图 11-73）。

图 11-73　小导管注浆

临时支撑：初支发生裂变及监控量测数据显示拱顶沉降较大情况下，洞内首先采用同规格或大规格工字钢做临时支撑，先铺设横向工字钢，支撑于两侧拱腰处的钢拱架上，竖向工字钢与横向工字钢焊接，在竖向工字钢两侧各立一根斜向工字钢，并在斜撑之间加强联系，工字钢加密并焊接牢固，与初期支护的每榀钢拱架对应支撑。支撑方法，如图 11-74。

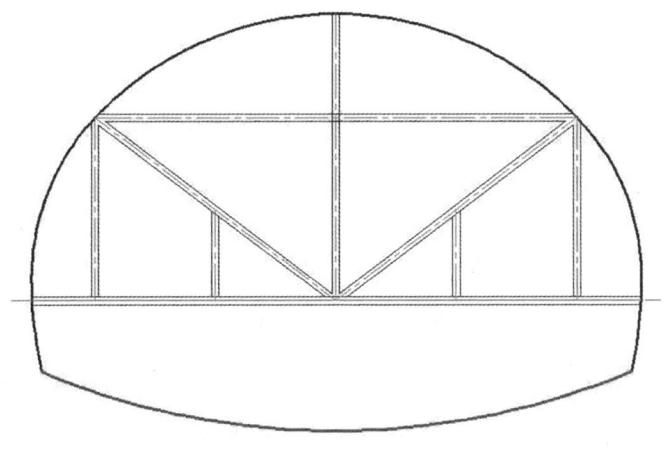

图 11-74 临时支撑

换拱施工在初支侵线情况下，需选择换拱时，应注意：待注浆完成且强度达到要求和横向支撑闭环或有条件在仰拱完成后，方可进行换拱施工，在换拱前先拆除 2 榀临时支撑，换拱时应遵循拆一榀更换一榀的原则进行施工。

11.5 洞口滑塌处理措施

对于坡积土体，应避免大面积开挖，减少对岩土体的扰动，尽量做到"零开挖"。需要进行开挖时，应在开挖后尽快进行防护。洞内可增加临时仰拱，提高其承载力，并尽快使初期支护成环，尽早施作二衬。

隧道工程洞口位置大多岩层破碎、松散，风化严重，地形和地质条件极不稳定，地表降雨容易侵入、软化破碎围岩，降低其自稳能力。故洞口段施工应在旱季进行，尽量在雨季到来之前穿过松散破碎带，提前做好天沟，及时完善洞顶和洞口排水系统。

洞口存在偏压时，应优先考虑施做抗滑桩施工，在抗滑桩难以实现时，也考虑在天气情况允许下，延长明洞，暗洞明凿，及时明洞回填，保持山体的稳定性。

洞口地质条件较差，边坡稳定困难时，特别是出现边坡不稳坍塌时，应采用接长明洞的方法进行洞口边仰坡坍塌处置。明洞结构（特别是端墙式洞门）对边、仰坡起到支挡作用可保持边、仰坡的稳定。严格控制进洞施工顺序。应在完成套拱和超前大管棚后，立即进行明洞主体模筑衬砌，然后再进行暗洞浅埋段施工。

在基底软弱区域，套拱、明洞基础应设置管桩加固基底承载力。如边坡存在滑塌位移可加大套拱厚度、长度，施做双管棚抵抗仰坡滑移。

施工时要加强洞内拱顶下沉、水平收敛、地表沉降等方面的观测，并将观测数据及时反馈，为准确分析事故原因及提出处理方案提供可靠依据。

参考文献

[1] 汪晗. 公路边坡工程防治技术 [M]. 安徽：合肥工业大学出版社，2014.

[2] 任祥，何勇成. 公路滑坡勘察与防护工程设计 [M]. 北京：冶金工业出版社，2019.

[3] 蒋鹏飞，李志勇，舒安平，欧阳心和. 公路边坡防护技术 [M]. 北京：人民交通出版社，2011.

[4] 周斌. 公路边坡生态恢复及防护技术的研究 [M]. 吉林：东北师范大学出版社，2018.

[5] 黄志全，王晓睿. 软弱隧道塌方机理及治理技术研究 [M]. 北京：科学出版社，2012.

[6] 中华人民共和国交通部. 公路工程地质勘察：JTGC20-2011 [S]. 北京：人民交通出版社，2011.

[7] 李波. 土力学与地基 [M]. 北京：人民交通出版社，2011.

[8] 中华人民共和国国土资源部. 滑坡防治工程设计与施工技术规范：DZ/T 0219-2006 [S]. 北京：中国标准出版社，2006.

[9] 沈珠江. 理论土力学 [M]. 北京：中国水利水电出版社，2000.

[10] 郑颖人，陈祖煜，王恭先.边坡与滑坡工程治理[M].北京：人民交通出版社，2007.

[11] 陈忠达.公路挡土墙施工[M].北京：人民交通出版社，2004.

[12] 山田刚二.滑坡和斜坡崩坍及其防治[M].北京：科学出版社，1980.

[13] 中华人民共和国国家发展和改革委员会.水电水利工程边坡设计规范：DL/T 5353-2006 [S].北京：中国水利水电出版社.2007.

[14] 熊传治.岩石边坡工程[M]湖南：中南大学出版社，2010.

[15] 廖国华.边坡稳定[M].北京：冶金工业出版社，1995.

[16] 中华人民共和国建设部.岩土工程勘察规范：GB 50021-2001 [S].北京：中国建筑工业出版社，2001.

[17] 中华人民共和国铁道部.铁路路基支挡结构设计规范：TB 10025-2006 [S].北京：中国铁道出版社，2006.

[18] 中华人民共和国建设部　建筑边坡工程技术规范：GB 50330-2002 [S].北京：中国建筑工业出版社，2002.

[19] 孙玉科，牟会宠，姚宝魁.边坡岩体稳定性分析[M].北京：科学出版社，1989.

[20] 尉希成，周美玲.支挡结构设计手册（第二版）[M].北京：中国建筑工业出版社，2004.

[21] 中交第二公路勘察设计研究院.公路路基设计规范[M].北京：人民交通出版社，2004.

[22] 铁道部第二设计院.挡土墙[M].北京：人民铁道出版社，1962.

[23] 李志刚，王春辉.公路边坡冲刷机理初探[J].解放军理工大学

学报（自然科学版），2003，（3），43-45.

[24] 李功伯，谢建清. 滑坡稳定性分析与工程治理 [M]. 北京：地震出版社，1997.

[25] 岩土工程手册编委会. 岩土工程手册 [M]. 北京：中国建筑工业出版社，1994.

[26] 林宗元. 岩土工程治理手册 [M]. 北京：中国建筑工业出版社，2005.

[27] 交通部第二公路勘察设计院. 公路设计手册（路基）[M]. 北京：人民交通出版社，1996.

[28] 崔政权，李宁. 边坡工程 [M]. 北京：中国水利水电出版社，1999.

[29] 孙广忠. 岩体结构力学 [M]. 北京：科学出版社，1988.

[30] 姜德义，朱合华，杜云贵. 边坡稳定性分析与滑坡防治 [M]. 重庆：重庆大学出版社，2005.

[31] 龚晓南. 土塑性力学（第二版）[M]. 浙江：浙江大学出版社，1999.

[32] 李广信. 高等土力学 [M]. 北京：清华大学出版社，2004.

[33] 杨航宇，颜志平. 公路边坡防护与治理 [M]. 北京：人民交通出版社，2003.

[34] 张天宝. 土坡稳定分析圆弧法的数值解 [M]. 北京：水利水电出版社，1980.

[35] 王毅才. 隧道工程 [M]. 北京：人民交通出版社，2000.

[36] 关宝树. 隧道工程施工要点集 [M]. 北京：人民交通出版社，2007.

[37] 张倬元, 王士天, 王兰生. 工程地质分析原理 [M]. 北京: 地质出版社, 1997.

[38] 蔡美峰, 孔广亚, 贾立宏. 岩体工程系统失稳的能量突变判断准则及其应用 [J]. 北京科技大学学报, 1997, 19 (4): 325-328.

[39] 许传华. 岩体破坏的非线性理论研究及应用 [D]. 南京: 河海大学, 2004.

[40] 闫长斌. 徐国元. 基于突变理论深埋硬岩隧道的失稳分析 [J]. 工程地质学报, 2006, 14 (4): 508-512.

[41] 祝云华, 刘新荣, 黄明, 等. 深埋隧道开挖围岩失稳突变模型研究 [J]. 岩土力学, 2009, 3 (3): 805-809.

[42] 于学馥, 郑颖人. 地下工程围岩稳定性分析 [M]. 北京: 煤炭工业出版社, 1993.

[43] 朱维申, 何满潮. 复杂条件下围岩稳定性与岩体动态施工力学 [M]. 北京: 科学出版社, 1995.

[44] 朱合华, 叶斌. 饱水状态下隧道围岩蠕变力学性质的试验研究 [J]. 岩石力学与工程学报, 2002, 21 (12): 1791-1796.

[45] 蔡美峰, 何满忉, 刘东燕. 岩石力学与工程 [M]. 北京: 科学出版社, 2002.

[46] 高新强, 汪海滨, 仇文革. 引水隧洞塌拱影响因素及其防治措施研究 [J]. 地下空间与工程学报, 2005, 1 (1), 140-144.

[47] 严晓新, 李玉河. 爆破动力对岩石边坡稳定性影响 [J]. 隧道建设, 2003, 23 (6): 15-17,

[48] 杨小林, 岩石爆破损伤断裂的细观机理及其力学特性研究 [D]. 北京: 中国矿业大学, 1999.

[49] 郑永学. 矿山岩体力学 [M]. 北京：冶金工业出版社，1995.

[50] 黄筑平，杨黎明，潘客麟. 材料的动态损伤和失效 [J]. 力学进展，1993，23（4）：433-467.

[51] 杨小林，王梦恕，王树仁. 爆破对岩体基本质量的影响及试验研究 [J]. 岩土工程学报 2000，22（4）：461-464.

[52] 丁浩，彭振华，程崇国. 通渝隧道涌水突泥灾害的处治 [J]. 隧道建设，2005，25：42-43.

[53] 饶军. 隧道塌方问题处理研究 [J]. 科技资讯，2007，（26）：58-62.

[54] 李万山. 采用管棚注浆固结法通过塌方段 [J]. 岩石力学与工程学报，1998，7（2）：107-114.

[55] 张崇栋. 大跨度公路隧道大型塌方处理 [J]. 铁道工程学报，2001，（4）：100-103.

[56] 黎荇. 高速公路隧道浅埋段特大塌方的综合处治技术 [J]. 地下空间与工程学报，2008，4（3）：591-594.

[57] 陈亚林. 隧道塌方原因与处理 [J]. 西部探矿工程，2006，（10）：182-185.

[58] 马涛. 浅埋隧道塌方处治方法研究 [J]. 岩石力学与工程学报，2006，25（S2）：3976-3981.

[59] Dawson E M, Roth W H, Drescher. A. Slope stability analysis by strength reduction[J]. 1999，（6）49：83-840.

[60] Egger P, Gindroz C. Anchored tunnels at shallow depth-a comparative study with physica and mathematical models[C]//Proceedings of the Fourth Congress of International Society for Rock Mechanics, 1979, 2:

121-136.

[61] JChambon P, Corte J F. Shallow tunnels in cohesionless soil: Stability of tunnel face[J]. Journal of Geotechnical Engineering, 1994, 120 (7): 1148-1165.

[62] Germanovich L N, Cherepanov G P. On some general properties of strength criteria[J]. International Journal of Fracture, 1995, 71 (1): 37-56.

[63] Liu L Q, Katsabanis P D. Development of a continuum damage model for blasting Analysis[J]. International Journal of Rock Mechanics and Mining Sciences, 1977, 34 (2): 217-231.

[64] Daehnke A, Rossmanith H P. Blast induced dynamic fracture propagation[C]//The First International Symposium on Rock Frag Mentation by Blasting, Balkema, 1996.

[65] Maidl B, Handke D. Overcoming a collapse in the Karawanken tunnel[J]. Tunnel Tunnelling, 1993. 25 (6): 30-32.